Más que maravilloso

La inmensurable persona de Dios

Leslie Thompson

¡Oh Dios mío!...
Si la ciencia engreída no te ve, yo te veo;
si sus labios te niegan, yo te proclamaré.
Por cada hombre que duda, mi alma grita:
«Yo creo»
¡y con cada fe muerta, se agiganta mi fe!

— Amado Nervo
(mexicano, 1870-1919)

Página titular

© 2012 LOGOI, Inc.
Derechos electrónicos reservados
Logoi, Inc.
14540 S.W. 136th. Street, Suite 200
Miami FL 33186
www.logoi.org
ISBN 978-1-938420-36-8
eISBN 978-1-938420-35-1

© 2000 L. J. Thompson
Primera edición 2000

Editor: Luis Nahum Sáez
Diseño textual: Ark Productions
Portada: Meredith Bozek
Ilustraciones: Earl Lam

Ninguna parte de esta publicación puede ser reproducida, ni procesada, ni transmitida en alguna forma o por algún medio — electrónico o mecánico— sin permiso previo de los editores, excepto breves citas en reseñas y debidamente identificada la fuente.

© Sociedades Bíblicas Unidas
Las citas bíblicas de la versión Reina Valera (RVR) revisión 1960, son usadas con la debida autorización.

DEDICATORIA

A mi amada esposa,
Carolina Ann Backlund de Thompson,
que desde el día en que nos casamos
—19 de agosto de 1961—
me acompaña amorosa y fielmente
en mi andar con Dios.
Nunca hombre alguno
tuvo más devota y leal compañera.

Más que maravilloso

AGRADECIMIENTOS

Faltan palabras para expresar el puro placer que he sentido en la escritura de este libro. En el proceso he establecido ricas amistades con autores, tanto de tiempos antiguos y muy difíciles —Atanasio, Agustín y Lutero, por ejemplo—, como de épocas más recientes — Bavinck, Hodge y Berkhof. ¡Cuánto conocimiento tenían! ¡Qué habilidad para hablar de Dios! Además, pasé largas horas leyendo las obras de contemporáneos (todos grandes exponentes de la teología sagrada) como Lacueva, Sproul y Boice, teólogos que el Señor me ha permitido conocer personalmente. A todos ellos les doy las gracias. Sus ricas experiencias con Dios me ayudaron a ahondar mi propia relación con el Creador.

Gracias doy también a todos los que escucharon mis charlas sobre el tema de este libro en Colombia, Argentina, Chile, Venezuela y México. Sus comentarios amables me dieron mucho ánimo. Fueron sus preguntas, sin embargo, las que me ayudaron a fortalecer mis argumentos y conclusiones. A ellos les estoy muy agradecido por permitirme comunicar estas verdades con mayor certidumbre.

Y gracias doy a Dios por mis colegas y compañeros en los minis terios hispanos, hombres como: Gerald Nyenhuis y David Legters de México, Evis Carballosa y Bernardo Serrano de España, y mis queri dos amigos Alfredo Smith y Salvador Dellutri (argentinos), así como también a Gerardo de Ávila (cubano). ¡Qué horas tan hermosas hemos pasado juntos! Por supuesto, con uno que otro argumento, pero siempre cumpliendo lo que dice Salomón: *El hierro con el hierro se aguza.*

Finalmente, debo unas palabras a mis incondicionales colaboradores —secretarias, ejecutivos, artistas y teólogos como Alberto Valdés y Ricardo Ramsay. Sus palabras de ánimo, así como los días y las horas que me permitieron trabajar en forma ininterrumpida, hicieron posible este libro. En particular, debo agradecer a Meredith Bozek, por su linda portada, que capta la hermosura de la Gloria de Dios. También a Earl Lam Mendieta, que inició su carrera en el periódico Miami Herald, por plasmar los conceptos aquí vertidos a través de su arte, valiosa contribución al colorido de esta obra. Sus ilustraciones son excelentes.

Además, tengo una palabra muy especial para el que siempre ha estado a mi lado en este esfuerzo: Nahum Sáez, mi editor. No sé cuántas veces le he hecho leer y releer mi manuscrito (uno de los privilegios de ser jefe) y él siempre, con paciencia y agudeza, me ha ayuda do a aclarar lo escrito para al fin culminar esta obra. ¡Dios te lo pague, Nahum!

El resultado de meses de trabajo está ahora en sus manos. Que el Dios que me dio tanto gozo al escribir esta obra le brinde inmensurable deleite al leer acerca de Aquel que en verdad es *Más que Maravilloso*.

Les Thompson
Autor

Comentarios acerca de *Más que Maravilloso*

Más que Maravilloso es un libro necesario en esta hora. Es ortodoxo, útil y ameno, cosa que no se da muy seguido. Thompson escribió un libro maravilloso, en un muy buen castellano que me dejó asombrado (creo que hay pocos hispano parlantes que usen el español con tanta propiedad) ...En mis predicaciones hago algunas referencias al libro, y mucha gente, al finalizar el culto, me pregunta dónde conseguirlo.

—Salvador Dellutri, teólogo, periodista, y pastor

Este libro choca frontalmente con la filosofía humanista moderna —esa que ensalza al hombre y presenta un Dios blando y ausente de su creación. En *Más que Maravilloso*, Les Thompson presenta al Dios vivo, capaz, inteligente y personal que con glorioso poder, justicia y santidad gobierna toda la creación. En esta obra se muestra a Dios tal como es —incomparable y sublime. No existe ningún otro ser como Él.

—Evis Carballosa, teólogo, profesor, autor y pastor

Más que Maravilloso es uno de los mejores libros que he leído en mi vida. Creo que aparece en un momento clave para la cristiandad que comienza el nuevo milenio con una nueva explosión de espiritualismos. Todo tipo de herejías, rituales y misticismos aparecen por doquier prometiendo paraísos místicos que no existen. Lo sensorial está a la orden del día.

El autor de este libro extraordinario, nuestro amigo Les Thompson, tiene lo que denomino (y anhelo) «una mente bíblica». Esta es la necesidad más urgente de la Iglesia de hoy. No me refiero a hablar acerca de la Biblia, ni a memorizar pasajes de ella, ni tampoco a recurrir a sus pensamientos para reforzar «nuestras» afirmaciones. Tener una mente bíblica es internalizar tanto la Palabra de Dios al punto que la mente de Cristo piense a través de la nuestra, y que la naturaleza del Señor se revele espontáneamente por medio de la nuestra. Necesitamos apropiarnos de las grandes verdades y los fundamentos de la fe bíblica a tal punto que desde nuestras mismísimas entrañas expresen la esencia divina.

Doy una cálida bienvenida, como evangelista que soy a esta obra que todo cristiano debe leer. Las multitudes hambrientas que están buscando a Dios necesitan entender que al Dios creador, omnipotente, libertador y *Más que Maravilloso* se le conoce en las páginas de su autobiografía, la Biblia.

Creo que presenciamos el amanecer de un nuevo y poderoso movimiento reformador. Las diferentes culturas y tradiciones del mundo serán fuertemente estremecidas y la Iglesia que afectará a la historia como elemento redentivo será una Iglesia sólidamente edificada en la Palabra. Me uno al autor lanzando un fuerte llamado a los lectores: ¡Volvamos a la Palabra de Dios!

Muchas gracias, Thompson, por este trabajo que aun cuando tiene la erudición de los entendidos, habla con la sencillez comprensible a los simples. Al leer este libro bellísimo, me imagino que exclamarás con el profeta Oseas: «*Conoceremos y proseguiremos en conocer al Señor*».

— Alberto H. Mottessi, evangelista y autor

PRÓLOGO

Hay libros que al leerlos hacen llorar o reír. También los hay que hacen pensar y reflexionar. *Más que Maravilloso* pertenece a la segunda categoría. Es un libro que desafía al lector a la meditación y a la reflexión, tanto por la importancia de su tema central como por la seriedad bíblico-teológica de su enfoque.

Su autor, Leslie Thompson, es un hombre dedicado plenamente al entrenamiento de líderes en el mundo de habla castellana. Su vasta experiencia como evangelista, misionero, pastor y enseñador le otorga el respaldo necesario para escribir una obra como la presente. Leslie tiene, además, una pasión por la comunicación clara y fiel de la Palabra de Dios.

Más que Maravilloso es un estudio acerca de Dios, el Primer y Gran Fundamento de todas las cosas. No hay tema que sobrepase en importancia al estudio del Creador, Soberano y Dueño del universo. El conocimiento que se tiene de Dios, sin embargo, es más que limitado y, casi siempre, inadecuado. De ahí la importancia de un libro como *Más que Maravilloso*. El autor procura elevar la doctrina de Dios a su altura correcta. Lo hace de una manera clara, amena, usando ilustraciones que ayudan a comprender el tema, pero sobre todo centrándose en la Biblia.

Hoy día, hablar o escribir acerca de Dios no es un tema popular. Mucho menos lo es enseñar que Dios es personal, inmutable y soberano sobre toda la creación. Insistir en la necesidad de conocer a Dios de manera íntima y personal no es un asunto que preocupe a muchos. Pero esa es precisamente la cuestión que plantea el autor de *Más que Maravilloso*.

Thompson no solo trata la cuestión de la existencia de Dios sino que expone las características de un Dios vivo y verdadero que gobierna el universo con infinita sabiduría y que se relaciona con Su creación y Sus criaturas. Por supuesto, que ese tema choca frontalmente con la filosofía moderna de un dios blando y ausente de su creación. El autor de *Más que Maravilloso*, por el contrario, presenta a un Dios inteligente y personal que gobierna con justicia y santidad. Él es incomparable y sublime. No existe ningún otro ser como Él.

Dos de los temas más cruciales en el estudio de Dios son los que se refieren al mal que existe en el universo y a los sufrimientos que los seres humanos experimentan. Les Thompson no elude dichos temas. Al contrario, confronta la realidad de lo que ocurre en el universo y en la vida humana desde la óptica del plan soberano y eterno de Dios. El autor destaca que Dios permite que el mal exista. Dios es el autor de un plan que incluye el mal. Nada sucede fortuitamente. Dios tiene un propósito para todo lo que sucede. No solo está enterado de lo que acontece sino que sabiamente lo ha diseñado todo y lo ejecuta para Su gloria. Enfatiza, además, que la enseñanza bíblica de la soberanía de Dios no anula en modo alguno la responsabilidad humana. El hombre es plenamente responsable delante de Dios.

Tampoco soslaya Thompson el problema de los sufrimientos. Hay quienes niegan la existencia de Dios sobre la base de los sufrimientos humanos. Con frecuencia se preguntan: Si hay un Dios bueno ¿por qué hay tanto sufrimiento en el mundo? Les Thompson destaca el hecho de que Dios creó un mundo que era «bueno en gran manera». Fue la entrada del pecado lo que trastornó la creación original de Dios. El pecado, tanto satánico como humano, es la causa del mal que existe en el universo. Sin embargo, Dios permite que el mal esté presente en el universo y que los inicuos prosperen pero, a la postre, el mal será plenamente derrotado y destruido. Los justos y los buenos sufren. Las catástrofes, las inundaciones, las guerras y las enfermedades afectan tanto a justos como a injustos. Muchas veces, Dios guía a sus hijos a situaciones difíciles para enseñarles alguna lección especial o para prepararles para alguna tarea concreta. Les Thompson explica con vocabulario claro y sencillo el difícil tema de por qué sufre el ser humano y en particular el justo.

El autor trata también la cuestión de la participación de Satanás en la miseria humana. Algo importante que destaca es el hecho de que, en algunos círculos, se ha exagerado el papel de Satanás en el gobierno del mundo. Hay quienes le atribuyen prerrogativas que solo pertenecen a Dios. El autor deja bien claro que Satanás no es el rey de la tierra. Solo Dios tiene esa autoridad. Satanás es el rey de los impíos, pero Dios es el soberano del universo. Esta soberanía de Dios incluye al mismo Satanás y a sus demonios.

Hoy, cuando los pensadores de este mundo intentan despersonalizar a Dios, es estimulante leer un libro como *Más que Maravilloso*. Es fortalecedor saber y entender que nada ocurre en este mundo de manera fortuita. Esta obra enseña sin ambages que hay un solo Dios —Padre, Hijo y Espíritu Santo—, que sabiamente diseñó un plan perfecto para Su creación y lo ejecuta con santa precisión hasta llevarlo a su consumación. Ese plan lo incluye absolutamente todo, tanto lo bueno como lo malo, lo agradable y lo desagradable, lo dulce y lo amargo. Es consolador saber que el universo no marcha a la deriva, sino que el Todopoderoso lo conduce sabiamente hacia un final glorioso.

Recomiendo, por lo tanto, la lectura cuidadosa de este libro de la pluma de Leslie Thompson. En primer lugar porque es una obra que da a Dios el sitio que solo a Él corresponde. *Más que Maravilloso* exalta, honra y glorifica al único Dios vivo y verdadero. Lo recomiendo, también, porque está centrado en la Sagrada Escritura. Su autor es un firme creyente y defensor de la inspiración total de la Biblia. Se acerca al texto bíblico confiado en que es la Palabra de Dios. Además de ser un tratado teológico, este libro está escrito en un tono pastoral, evangelístico y, sin duda, práctico.

Habrá quienes no compartan todas las conclusiones del autor. Nadie podrá, sin embargo, reprocharle su seriedad teológica y su respeto por la Palabra de Dios. Pastores, evangelistas, enseñadores, obreros cristianos y creyentes en general serán enriquecidos espiritualmente mediante la lectura de un libro como este, cuyo fin principal es exaltar la Persona de Aquel que es *Más que Maravilloso*.

E.L. Carballosa, Ph. D.
Can Miret, Sant Antoni Vilamajor
(Barcelona) España
20 de marzo de 2000

Más que maravilloso

INTRODUCCIÓN

¡Qué fantástica es la imaginación del hombre! Con solo su mente puede crear mundos enteros que no existen y poblarlos de gente extraordinaria que carecen de vida, seres inanimados que actúan como se les instruya.

Los griegos, con toda su mitología, dan amplio testimonio de esta habilidad creativa. Con la invención de sus innumerables dioses, los escritores de la antigua mitología —como Esquilo, Eurípides, Píndaro y Homero— transformaron el mundo en que vivían. A ese mundo lleno de temor a cuenta de lo desconocido, esos hábiles escritores lo sembraron de mitos, calmando sus conciencias con la fabricación de dioses de variada belleza. Cierto es que los griegos nunca supieron a dónde Zeus iba a lanzar el siguiente rayo, pero llegaron a persuadir a la población de que esa plétora de dioses creados eran, por lo general «gente buena», por tanto, no tenían nada que temer. Así vivían, con su confianza depositada en lo inexistente. Firmemente confiados en la irrealidad.

¡Qué fenómeno tan interesante! La gente más adelantada del mundo antiguo depositando su fe en seres imaginarios y en ideales que no tenían base en la realidad.

Toto, el ingenuo animal que descubre la verdad.

Hoy ni nuestros escritores ni nuestra «realidad» son muy distintos. Los primeros siguen imaginando y creando mitologías. La segunda continúa siendo vestida con hermosos atuendos de incoherencia absoluta. La ventaja que tienen los modernos sobre aquellos griegos es que sus obras más exitosas son compradas por Hollywood para luego aparecer en gigantescas pantallas cinematográficas regadas por todo lo ancho y largo de nuestro mundo.

Y nosotros, en vez de escuchar los novedosos relatos de labios de un bardo itinerante, nos sentamos en nuestras cómodas sillas para ver los mitos cobrando vida, a todo color, electrónicamente, en cinemascope y con sonido estéreo digital.

¿Quién puede pedir más que las maravillas de la nueva versión de *Guerra de las galaxias*? Pagando unos pocos centavos, así de fácil, podemos entrar al cine donde imaginariamente montamos en la nave Estrella Real Naboo, y con Lucas Skywalker y Ben Kenobi llegar pronto a las lejanas galaxias para emprender batalla contra el diabólico Darth Maul. Con la ayuda del anfibio Jar Jar Binks (¡qué feo lo hicieron!), con los increíbles y bien armados soldados droides, con el gracioso TC-14, y el invencible Obi-Wan Kenobi. Llegamos al colmo de vivir esa fantasía e incluso nos creemos guerreros victoriosos como los del celuloide.

Ah, pero no nos olvidemos del maestro —Yoda— el más antiguo miembro del Alto Concilio, que tiene 800 años de estar acumulando sabiduría. Es él quien nos anima a poner nuestra fe en el poder y sabiduría de la FUERZA —una misteriosa, omnipresente y sutil energía impersonal que está presente en todo lo que tiene vida. Esa fuerza que —digámoslo de una vez— sustituye a Dios, brinda poder telequinético y habilidades para saber cosas futuras y pasadas, y hasta lo que otros están pensando. Del cine salimos olvidándonos que lo que vimos durante esas dos horas y media fue pura mitología, todo — de principio a fin— la fabricación de una fértil imaginación, produciendo a todo color, como hemos dicho, un mundo que no existe, poblado de gente sin vida y formulando normas de conducta sin base en la realidad.

Tan absortos y satisfechos quedamos con la idea de una fuerza superior allá en el universo, que sentimos, aun cuando no es real, como si lo fuera. Así de fácil despedimos al verdadero Dios para prendernos de un inexistente producto, invento de los mitos modernos.

De algo parecido pudiésemos hablar respecto a muchas películas. En gran parte, son ellas las que hoy establecen las pautas del pensamiento popular. De ahí nacen nuestros conceptos del amor. De ahí brotan nuestras ideas acerca de la felicidad. De ellas sacamos los propósitos de la vida. Lo trágico es que en lugar de seguir lo que es la realidad, nos convertimos en simples seguidores de mitos que sustituyen la verdad.

¿Recuerdan a *El mago de Oz*? Otro famoso mito de nuestros tiempos. Al final de una larga búsqueda, Dorotea con sus amigos llegan al palacio. Son llevados al majestuoso trono del mago y tiemblan ante su poderosa presencia. Las luces destellan y la poderosa voz de trueno los cubre. Son aterrorizados. Pero entonces Toto, el perro de Dorotea, abre la cortina con sus dientes. Al instante se dan cuenta de que detrás de toda una fantástica maquinaria hay solo un mero ser humano. El mago es desenmascarado. Dorotea lo acusa de ser un deplorable y deshonroso individuo. A lo que este contesta que es muy buen hombre, pero muy mal mago.

Lo interesante es que en esa obra el mito se «deconstruye» —esta es una de las nuevas expresiones del postmodernismo— quizás causándonos aun más desilusión que si se hubiera dejado tal como se pensaba que era. Ojalá todas las películas tuvieran la misma honestidad para aclarar su propio engaño.

Voy, sin embargo, a otro efecto aun más dañino. Si lo sentido allí en el cine, ante una obra tan finamente elaborada, no es cierto, ¿dónde está la realidad?

Sentimos ese vacío, esa desilusión, producto de la mitología moderna. En lugar de querer y apreciar al verdadero Dios de los cielos y lo que Él pide de nosotros, ahora nuestros mitos han despertado apetitos falsos. Nos agradan y satisfacen los nuevos planteamientos que brotan de personajes y situaciones ideadas tras la pantalla —un mundo libre, sin leyes, sin prohibiciones, dedicado solo a satisfacer los más exóticos y eróticos deseos que sentimos.

Por ejemplo, una Fuerza impersonal nos parece preferible al Dios real de la Biblia, que condena el pecado y nos asusta con imágenes del infierno. Después de todo, esa Fuerza impersonal no demanda obediencia, ni establece normas de conducta, ni determina lo bueno o lo detestable, ni castiga, ni recompensa. ¡El mito es mil veces preferible!

He aquí el dilema que enfrentamos: Más creíble y aceptable es una producción de Hollywood que los 66 libros de la Biblia. Más real nos lucen los protagonistas de las películas que las personas de las que habla la Palabra de Dios. Más gustoso y preferible el permisivo credo de los artistas modernos que la lista de requisitos morales de Jesús y los profetas. ¿Quién prefiere a Juan el apóstol si puede tener a Obi-Wan Kenobi? Ciertamente la nave Estrella Real Ns preferible al Arca de Noé llena de animales apestosos. ¿Quién quiere a un legislador como Moisés cuando puede tener al dulce y sabio Yoda o al fascinante Dalai Lama? ¿Por qué buscar a San Pablo si el escritor Lucas Skywalker o el sacerdote satanista Anton Lavey nos pueden llevar a mundos fantásticos, galaxias imaginarias... o al paraíso, que posiblemente esté un poquito más allá? Evidentemente preferimos los mitos que hoy nos están alimentando antes que la verdad.

Todo es un triste comentario de cuánto nos hemos apartado de la verdad para ser alimentados por las doctrinas y mitos de los hombres. Fue esta la advertencia de San Pablo a los Colosenses: *Que nadie os engañe por medio de filosofías y huecas sutilezas, conforme a los rudimentos del mundo, y no según Cristo* (Colosenses 2.8). Es triste que una película de Hollywood cobre más atención y valor que la misma Biblia, la Palabra del Dios viviente.

Mi ardiente deseo, al escribir estas páginas, es sacar a nuestros lectores de la falsa creencia en la mitología de nuestros días. Quiero ser como el perro Toto que abre la cortina, no solo para revelarle a «Dorotea» y a todos sus amigos la falsedad de la fantasía creada por Hollywood (u otras fuentes modernas), sino para demostrar en contraste la real y verdadera gloria del incomparable Dios. A pesar de ser virtualmente desconocido —a consecuencia del bagaje espiritual sobrecargado de distorsiones en nuestros días— Él sigue siendo el glorioso, eterno, Jehová de los ejércitos, el Dios que siempre será *Más que Maravilloso*.

Les Thompson
5 de julio de 2000

Capítulo 1: Dios y su inigualable gloria

El Señor vuestro Dios es Dios de dioses y Señor de
señores, Dios grande, poderoso y terrible.
— Deuteronomio 10:17

Cuando Miguel de Cervantes re introduce al ingenioso hidalgo, Don Quijote de la Mancha, en el segundo tomo de su obra, hallamos a nuestro clásico personaje en cama, atendido por su sobrina y ama de casa. En las condiciones en que se encuentra solo le suministran «cosas confortativas y apropiadas para el corazón y el cerebro, de donde procedía, según buen discurso, toda su mala ventura».

Un señor cura y el barbero local —amigos ambos del hidalgo— se proponen visitar al noble caballero con el fin de «hacer experiencia de su mejoría». Así que un triste día llegan al lecho del debilitado héroe y, como lo narra Cervantes:

> ...halláronle sentado en la cama, vestida una almilla de bayeta verde, con un bonete colorado toledano;tan seco y amojamado, que no parecía sino hecho de carne momia.[1]

Cervantes pinta una imagen patética del menoscabado Quijote. Podemos visualizar con claridad a aquel hombre de innumerables sueños bordeando el oscuro abismo de una gran batalla, a un paso de la muerte. Pareciera, por lo dicho, que solo falta el consabido ataúd en el cual meter al seco, *amojamado* hidalgo, ya en proceso de momificación.

Cuán importantes son las descripciones, particularmente si se trata de alguien cuya personalidad nos atrae. Siempre ha sido así. Cuando un amigo se nos acerca y comienza a hablar de un personaje que acaba de conocer, se nos aguzan los oídos y llueven las preguntas: ¿Cómo es su parecido? ¿Qué edad tiene? ¿Cuán alto es? ¿De qué color son sus ojos? ¿Cómo viste? ¿Es simpático o antipático? Queremos visualizar la imagen del personaje, sobre todo si es relevante para nuestra vida.

Visiones acerca de Dios

Lo mismo nos sucede con Dios. Queremos visualizarlo, saber cómo es. Eso le ocurrió a una niña de cinco años que, al nacer su hermanito, corrió a su lado, preguntándole con insistencia: «Por favor, dime ¿cómo es Dios?» La pequeña pensaba ingenuamente que el recién nacido, como venía de Dios, tendría la información que anhelaba acerca del Todopoderoso. Por supuesto, ese es un gran deseo, como nos dice el apóstol Juan: *Y esta es la vida eterna: que te conozcan a ti, el único Dios verdadero, y a Jesucristo, a quien has enviado.* Y Pablo añade otra descripción: *el bienaventurado y único soberano, el Rey de reyes y Señor de señores; el único que tiene inmortalidad y habita en luz inaccesible* (Jn 17:3 y 1 Ti 6:15-16).

La Biblia no nos da mucha información acerca de cómo es Dios. Sin embargo, fíjese, por ejemplo, en la detallada visión que tenemos en el primer capítulo de Ezequiel (vv. 26-28):

> *Veía la figura de un trono que parecía de piedra de zafiro; y sobre la figura del trono había una semejanza que parecía de hombre sentado*

sobre él. Y vi apariencia como de bronce refulgente, como apariencia de fuego dentro de ella en derredor, desde el aspecto de sus lomos para arriba; y desde sus lomos para abajo, vi que parecía como fuego, y que tenía resplandor alrededor. Como parece el arco iris que está en las nubes el día que llueve, así era el parecer del resplandor alrededor. Esta fue la visión de la semejanza de la gloria de Jehová. Y cuando yo la vi, me postré sobre mi rostro, y oí la voz de uno que hablaba.

Un poco más tarde, hace casi dos mil años, un hombre sencillo, sin ansias de gloria, y exiliado en una lejana isla de Asia Menor, también tuvo una asombrosa visión: Seres que eran más maravillosos que los imaginados por gente que se devana los sesos, como los modernos creadores de ciencia ficción. El apóstol Juan cuenta que:

Estaba yo en el Espíritu; y he aquí, un trono establecido en el cielo, y en el trono, uno sentado. Y el aspecto del que estaba sentado era semejante a piedra de jaspe y de cornalina; y había alrededor del trono un arco iris, semejante en aspecto a la esmeralda. Y alrededor del trono había veinticuatro tronos; y vi sentados en los tronos a veinticuatro ancianos, vestidos de ropas blancas, con coronas de oro en sus cabezas.

Y del trono salían relámpagos y truenos y voces; y delante del trono ardían siete lámparas de fuego, las cuales son los siete espíritus de Dios. Y delante del trono había como un mar de vidrio semejante al cristal; y junto al trono, y alrededor del trono, cuatro seres vivientes llenos de ojos delante y detrás. El primer ser viviente era semejante a un león; el segundo era semejante a un becerro; el tercero tenía rostro como de hombre; y el cuarto era semejante a un águila volando. Y los cuatro seres vivientes tenían cada uno seis alas, y alrededor y por dentro estaban llenos de ojos; y no cesaban día y noche de decir: Santo, santo, santo es el Señor Dios Todopoderoso, el que era, el que es, y el que ha de venir.

Y siempre que aquellos seres vivientes dan gloria y honra y acción de gracias al que está sentado en el trono, al que vive por los siglos de los siglos, los veinticuatro ancianos se postran delante del que está sentado en el trono, y adoran al que vive por los siglos de los siglos, y echan sus coronas delante del trono, diciendo: Señor, digno eres de recibir la gloria y la honra y el poder; porque tú creaste todas las cosas, y por tu voluntad existen y fueron creadas (Apocalipsis 4).

Quienes ven la Palabra de Dios como otra obra de la mitología popular podrían relacionar la visión de Juan con las especulaciones o desvaríos de algún enajenado, pero nunca con la realidad. No obstante, aun cuando estamos acostumbrados al cine moderno, y a los fantásticos efectos electrónicos, estas escenas de lo visto por Ezequiel y Juan van más allá del simple espectáculo. ¡Son reales! Pensar en Dios es reflexionar en la gloria, la majestad, la magnificencia de su persona; es meditar en un ser que no solo sobrepasa toda descripción imaginaria, sino uno que en verdad existe y es real.

Nótese el panorama que esboza el autor al hablar sobre el resplandor de las piedras preciosas, los ancianos con coronas, los relámpagos y los truenos, el océano claro como el cristal, los cuatro seres vivientes llenos de ojos por delante y por detrás —cosas para nosotros increíbles. Cuando nos percatamos de que estas descripciones del apóstol Juan, sin embargo, son intentos por poner en términos humanos escenas vívidas que vio acerca del Dios único y verdadero, nos sobrecoge el asombro. El divino Dios tiene que ser más refulgente que toda cosa conocida por el hombre. Lo que vio Juan no fue un invento como las fantasías de Steven Spielberg o George Lucas, sino una escena real de incomparable y sublime belleza.[2]

Desde lo alto de una montaña

Me encontraba en Venezuela, en lo alto de las montañas que dan sombra al pueblo de Caripe. Bajo el aire puro de esa región, estuve una noche contemplando el glorioso y gigantesco manto de estrellas que cubría el firmamento. Eran como innumerables diamantes centelleantes en el cielo oscuro. Las observaba una por una. Absorto en mi meditación, súbitamente me dirigí a una que superaba a las demás en brillo y le dije: «Fuiste creada por un *decir*, por un mandato pronunciado por Dios. Allí estás, sostenida y mantenida por la increíble *palabra* de tu Creador» (véase Hebreos 1:3).

Es inconcebible que con solo un «decir» cada estrella llegara a existir. ¡Qué glorioso, maravilloso y poderoso es Dios! ¿Cómo habría sido presenciar ese día de la creación y ver al cielo poblarse de estrellas? Ciertamente *los cielos cuentan la gloria de Dios y el firmamento anuncia la obra de sus manos* (Sal 19:1).

Las estrellas, sin embargo, no son las únicas que hablan de Dios. Si, por ejemplo, es usted amante de las flores, debe viajar a Colombia, especialmente a la región de Medellín, donde se cultivan en grandes cantidades para su exportación. Allí, en el altozano, encontrará una linda variedad: rosas, tulipanes, gladiolos, geranios, claveles, margaritas, pensamientos, peonías, azucenas, lirios. Con solo verlas, percibirá la maravillosa creatividad de Dios. Cada flor tiene un diseño único y exclusivo. Palpar cada pétalo es sentir su delicada y tersa textura; oler su perfume es experimentar su frescura; ver la armonía de sus vivos colores es como sentir el refulgente reflejo del rostro de Dios. En ninguna de ellas repite el Creador su diseño.

¡Cuán blasfemo es atribuir toda esa grandiosa obra a algo tan absurdo como la selección natural! ¿Cómo es posible pensar en algo tan erróneo como la evolución de las especies cuando uno pasea en un zoológico? ¿O cuando admira un hipopótamo y contempla la perfección del leopardo; observa a los monos con sus chifladuras; tiembla ante el león; o se imagina entre los dientes de un cocodrilo? Y no solo allí, sino también en la casa, cuando acaricia alguna mascota —un conejito, un gato, o le enseña trucos a su perro. Pregúntese ¿cómo fue que Dios no se cansó de crear cosas tan distintas, variadas y únicas?

Analice los pájaros, el colorido de cada especie, la forma peculiar de volar que cada uno tiene, la manera distinta en que hacen sus nidos. ¿Cómo pudo Dios crear tantas cosas y tan diferentes? Cuando veo una película con extrañas criaturas inventadas por Disney, Spielberg u otro, me resulta divertido ver todo el esfuerzo que hacen para crear algo especial. Por ejemplo, Yoda, Iwoks o los chistosos *gremlins* que, cuando les cae agua encima no solo se multiplican, sino que se vuelven feroces. Puede que algunas luzcan graciosas, pero, ¡cuán feas son la mayoría de las criaturas que inventan los hombres!

Contrario a ello, Dios solo «habló» y todos los animales —terrestres, acuáticos y alados— llegaron a existir con todas sus maravillosas características individuales... y ¡ninguna de ellas necesita ni baterías ni computadoras para moverse! Dios les otorgó vida a todas.

Por otro lado, ¡qué maravilloso es ver un campo de trigo listo para la cosecha! Un potrero lleno de ganado. Un arroyo cercado por árboles. Un arco iris luciéndose entre la llovizna. Una puesta de sol. Una vista al mar. *Cuando veo todo lo que pusiste debajo de tus pies: ovejas y bueyes las bestias de los campos, las aves de los cielos y los peces del mar ...¡Oh Jehová, Señor nuestro, cuán grande es tu nombre en toda la tierra!* (Salmo 8)

Y pensar que todo lo hizo Dios para su propia gloria. Al decir esto hay un detalle que el gran predicador bautista de Minneapolis, el Dr. John Piper, enfatiza. Nos lleva a 1 Timoteo 1.11, a la frase «*según el glorioso evangelio del Dios bendito*». ¿Qué tiene que ver esa expresión con lo que estamos describiendo? El secreto está en la traducción. El texto debiera decir: *según el glorioso evangelio del Dios feliz*.[3] Hay allí un elocuente comentario sobre Dios. Él no es un Dios triste, amargado, aburrido, cansado ni preocupado. Así como el «*glorioso evangelio*» que salva a los perdidos le da gran felicidad, igualmente todo lo que ha creado le produce mucho gozo y satisfacción. Maravilloso concepto este, que ¡Dios es un Dios feliz!

Nuestro anhelo es ver a Dios

Recuerdo cuando vi por primera vez una copia del famoso fresco de Miguel Ángel pintado en la cúpula de la Capilla Sixtina del Vaticano (1508-11), pintura que ilustra la historia desde la creación al diluvio con lujo de detalles. Vivía en Cuba, cursaba el noveno grado y uno de los textos que estudiábamos trataba la historia de los grandes pintores del mundo. El texto tenía muchas reproducciones de pinturas famosas a todo color, entre ellas el conocido cuadro que muestra a Dios con su mano extendida en el acto de crear a Adán.

Ahora bien, usted debe entender que vengo de un hogar cristiano con un padre muy celoso de la verdad bíblica. ¡Cuántas veces, en los estudios bíblicos hogareños, discutimos el segundo mandamiento! *No te harás imagen, ni semejanza de lo que esté arriba en el cielo, ni abajo en la tierra*. Cada vez que lo estudiábamos papá nos recalcaba la seriedad del caso. Pero ahora, en las páginas del texto que tenía frente a mí, había una *imagen* de Dios. Allí estaba el dilema. No sabía si estudiarla o si voltear la página y seguir leyendo.

Al fin ganó mi curiosidad y me quedé absorto en el cuadro. Entiéndase también que comprendía que Dios es Espíritu (mi padre me lo enseñó bien). Sabía que Él no tiene un cuerpo físico. Supuse, además, que Miguel Ángel también conocía el segundo mandamiento. ¿Sería el cuadro un intento idólatra, o simplemente el deseo de tomar lo conocido —la figura de un hombre— para hacernos entender lo desconocido —la imagen de Dios? Es indudable que la pintura —aun cuando le da figura de hombre a Dios y bordea en lo prohibido—, ciertamente irradia la grandeza divina en la creación.

¿Qué conocía Miguel Ángel de Dios para darle aquella cara —con ese intenso propósito en sus ojos, esa mirada de resolución divina, llena de energía omnipotente realizando su acto creador? Además, vemos alrededor de Él a los ángeles —como mostrando su abierto interés en lo que hacía su Dios, algunos hasta esforzándose para ayudarlo. Recuerdo que después de meditar en tan hermosos cuadros, cerré el libro con gran satisfacción y me dije: «Así, con su dedo maravilloso, me hizo Dios».

Dios es mi Padre —pero ¿cómo es eso? Además, es mi Rey —y ¡qué gusto me daría ver la gloria que rodea su gran trono celestial!

El deseo de ver a Dios, que he sentido desde niño, en vez de mermar ha aumentado con el pasar de los años. Quizás sea porque mientras más sabemos de Él, más queremos conocerlo. Al observar su creación, y considerar la grandeza de su persona, nos invade un gran anhelo por verlo en toda su gloria. Como Moisés, balbuceamos: *«Te ruego que me muestres tu gloria».* Sin embargo, el mismo Dios nos responde: *«No podrás ver mi rostro, porque no me verá hombre, y vivirá»* (Éx 33.18-20). Lo dice por su incomparable grandeza. A la luz de nuestra simple finitud, ¿quiénes somos nosotros para que Dios se nos revele?

David reconoce nuestra pequeñez en el Salmo 22. Se da cuenta de que Dios no tiene por qué escucharnos ni auxiliarnos. Como seres creados, somos insignificantes. David se siente tan pequeño que ¡se compara con un gusano! (Salmo 22.6) Debemos reconocer que no hay virtud en nosotros para que Dios se vea obligado a cumplir con nuestros deseos. Lo único que tenemos a nuestro favor es la gracia sin límite que recibimos por medio de Jesucristo. Aunque ya disfrutamos parte de esa gracia porque somos creados a la imagen de Dios. Pero debido a nuestro pecado, hay una brecha infranqueable entre Él y nosotros. A no ser por la cruz de Cristo, no habría puente para llevarnos a Dios. Solamente por sus méritos tenemos acceso a Dios el Padre. Por lo tanto, también podemos reclamar con David:

> *¡Oh Jehová, Señor nuestro, cuán glorioso es tu nombre en toda la tierra! Has puesto tu gloria sobre los cielos; de la boca de los niños y de los que maman, fundaste la fortaleza, a causa de tus enemigos, para hacer callar al enemigo y al vengativo. Cuando veo tus cielos, obra de tus dedos, la luna y las estrellas que tú formaste, digo: ¿Qué es el hombre, para que tengas de él memoria, y el hijo del hombre, para que lo visites? Le has hecho poco menor que los ángeles, y lo*

coronaste de gloria y de honra. Le hiciste señorear sobre las obras de tus manos; todo lo pusiste debajo de sus pies: ovejas y bueyes, todo ello, y asimismo las bestias del campo, las aves de los cielos y los peces del mar; todo cuanto pasa por los senderos del mar. ¡Oh Jehová, Señor nuestro, cuán grande es tu nombre en toda la tierra! (Salmo 8).

A pesar de lo insignificante que somos, podemos aferrarnos a la revelación de Dios que tenemos en la Santa Biblia. A través de sus páginas, ella nos muestra su magnificencia, amor y gracia. Además, como se manifestó a sus siervos en el pasado, creemos que en nuestro siglo también deberíamos disfrutar semejantes privilegios. Creemos que por los méritos de su amado Hijo, uno de esos privilegios ciertamente es conocer al Padre. Por tanto, ¿cómo podemos acercarnos a Él? ¿Cómo podemos satisfacer ese ardiente deseo de ver a nuestro Padre celestial?

Recuerdo lo que me contó un compañero de clases en el seminario:

«Nunca olvidaré la vez en que vi a Dios —me dijo—. Lo vi sentado sobre su trono, alto y excelso. Su pelo era muy, muy blanco, como la nieve. Tenía una barba hermosa que llegaba a su cintura. Se veía anciano pero, al mirar su cara, también lucía joven. Lo más hermoso eran sus ojos azules.

»Parecían penetrar hasta lo más íntimo de mi alma. El trono era de oro, adornado con las piedras más brillantes imaginables. Nunca vi algo tan hermoso. Vestía telas finas de púrpura, telas que solo un poderoso monarca podría lucir. Su capa cubría la parte más baja del trono y se extendía por varios escalones. Alrededor del trono había un esplendor tan brillante que era difícil mantener la vista fija sobre Él. Nunca en la vida vi algo tan glorioso».

Así me lo contó. Y esto, no obstante, me inquietó: ¿De veras habría visto a Dios? ¿Será Dios así como él lo describió? Los profetas, al contar sus visiones, siempre usaban expresiones condicionales como «parecido a» o «semejante a»; sin embargo, mi amigo hablaba en términos afirmativos. Esa diferencia era lo que me causaba dudas.

Igual ocurre hoy. En estos días de tantas especulaciones y manifestaciones, me imagino que si se preguntara en muchas iglesias si alguien ha visto a Dios, no faltarían los que darían una detallada descripción de Él. Precisamente en ese punto surgen mis dudas, pues Dios nos ha dicho claramente: «*No podrás ver mi rostro, porque no me verá hombre, y vivirá*». Hoy los anuncios de apariciones tanto de Dios como de los ángeles entre evangélicos parecen tan comunes como las de la Virgen a los católicos.

¿Será que Dios en verdad se les ha aparecido? ¿Será así tan fantástico como lo describen?

Hace poco, mientras viajaba en mi auto por la ciudad de Miami, sintonicé una emisora para distraerme mientras llegaba al lugar de destino. Un señor predicaba: «¿Saben? —dijo, y se echó a reír estruendosamente—, ayer en la oficina me pasó algo increíble. Estaba estudiando la Palabra de Dios cuando de pronto oí detrás de mí una voz que me dijo: "Pon la Biblia a un lado porque quiero hablar contigo". Mis amigos, ¡era Dios, estaba ahí, a mi lado! No solo cerré la Biblia. ¡Tremenda fiesta! Conversé con Él de tú a tú. Hablamos de mi trabajo, de la iglesia, de mi familia. ¡Qué tremendo amigo es Dios!»

¡Quedé perplejo!

¿Será cierto que ese predicador tuvo un encuentro con Dios, tal como lo describió, y que ese acontecimiento fue como una fiesta, un diálogo de tú a tú, una conversación genial?

¿Cómo podemos evaluar esas declaraciones?

Si en verdad llegásemos a ver a Dios, ¿cómo sería tal encuentro? Ya que muchos por aquí y por allá declaran haberlo visto, ¿cómo podríamos verificarlo? Al analizar estos testimonios debemos meditar al menos en cuatro posibilidades:

   a. Que lo que vieron fue una experiencia real.
   b. Que fue algo soñado, pero que no ocurrió en realidad.
   c. Que fue un simple invento de la imaginación.
   d. Que puede ser un engaño deliberado; es decir, la persona quiso impresionar a sus receptores, pero en realidad no tuvo tal visión.

Descartemos la cuarta opción y demos por sentado que la persona fue honesta y que relató su experiencia con sinceridad. Aun en este caso, ¿debemos como creyentes cuestionar esos testimonios? ¿Con qué derecho?

Hay varias respuestas bíblicas. La primera y más importante es: *A Dios nadie le ha visto jamás* (Jn 1:18; Éx 33:20; Jn 6:46; Col 1:15; 1 Ti 6:16;

1 Jn 4:12). Si es cierta esa declaración de la Biblia, lo que algunos individuos afirman no puede ser cierto.

La segunda enseñanza bíblica va más allá de una simple declaración. Nos da claras instrucciones acerca de cómo hemos de responder a las afirmaciones que se hacen respecto a cosas espirituales como las que tratamos. Ejemplo de ello es el gran precedente establecido por los creyentes en Berea: *Recibieron la palabra con toda solicitud, escudriñando cada día las Escrituras para ver si estas cosas eran así* (Hch 17:11). Esto nos enseña que nunca debemos aceptar un testimonio que no concuerde con las declaraciones de la Biblia.

Otra vez, por medio de Pablo, Dios nos indica: *Examinadlo todo; retened lo bueno* (1 Tes 5.21). Nuestro deber es examinar lo que la gente dice y rechazar aquello que no se ajusta a lo bíblico. La Biblia nos advierte una vez tras otra respecto a las falsas afirmaciones: *Porque hay aún muchos... habladores de vanidades y engañadores... a los cuales es preciso tapar la boca; que trastornan casas enteras, enseñando... lo que no conviene... Profesan conocer a Dios, pero con los hechos lo niegan* (Tito 1.10-16). Tenemos que recordar que desde la antigüedad hay falsos maestros y profetas. Satanás los usa para engañar y confundir a los fieles. Nuestro deber es escudriñar las declaraciones de ellos para ver si se ajustan a la verdad.

En 1 Corintios 14.29 leemos: *Hablen dos o tres, y los demás juzguen*, porque cuando se trata de un posible error doctrinal, Dios nos invita a examinar lo que se ha dicho, y a juzgarlo.

En el Antiguo Testamento tenemos varios casos, y aun instrucciones, de la manera en que debemos tratar a maestros y profetas falsos (véanse Dt 13.1-5; 18.20-22; y Jer 23.9,11,16,30-40). Necesitamos revisar y aplicar estas enseñanzas a todo lo que ocurra hoy que parezca dudoso.

Si alguien llegara diciendo que ha visto a Dios, ¿qué podemos hacer para averiguar la veracidad de tal testimonio a la luz de la Biblia? Deberíamos comenzar reconociendo que tal tipo de declaración no se puede hacer irresponsablemente, pues el que lo hace se auto denomina *profeta o soñador de sueños que anuncia una señal o un prodigio* (Dt 13.1). Cuando alguien declara que ha visto a Dios, ciertamente se puede clasificar tal acontecimiento como un prodigio, ya que el mismo Dios afirmó que no se le puede ver. Tenemos derecho, pues, a cuestionar lo narrado a la luz de la Biblia.

En Números 12.6 hay una clara indicación de cómo se revelaría Dios a su pueblo: *Oíd ahora mis palabras. Cuando haya entre vosotros profeta de Jehová, le apareceré en visión, en sueños hablaré con él. No así a mi siervo Moisés, que es fiel en toda mi casa. Cara a cara hablaré con él, y claramente, y no por figuras; y verá la apariencia de Jehová.* De acuerdo con el texto, Dios habló «cara a cara» solo con una persona: ¡Moisés! Con los demás sólo ha tenido contacto a través de *visiones* o de *sueños*.

Confiados en lo que acabamos de leer —a menos que se trate claramente de una visión o de un sueño— podríamos decir que se pueden descartar todos los testimonios de personas que dicen haber visto a Dios. La Biblia afirma con claridad que *nadie puede ver a Dios jamás*.

Hay otra razón por la que se puede cuestionar lo relatado, porque ni siquiera cuadra respecto a los encuentros entre seres humanos, angelicales y Dios. La Biblia nos cuenta cómo reaccionan los que han visto una teofanía[4] o una angelfanía.

Descripciones bíblicas de angelfanías

Una pared de nuestras oficinas de Logoi está adornada con una pintura titulada El anuncio de los ángeles, del pintor argentino Kike Compdepadrós. El cuadro ilustra el cielo alumbrado esplendorosamente cuando los ángeles surgen pronunciando el glorioso anuncio, mientras abajo se observa la Tierra cubierta en penumbras. Es interesante notar que con el reflejo de la luz celestial se ve a los pastores atemorizados, exactamente como se dice en la Biblia:

Y he aquí, se les presentó un ángel del Señor, y la gloria del Señor los rodeó de resplandor; y tuvieron gran temor. Pero el ángel les dijo: No temáis. (Lc 2.9-10)

Aun ante apariciones visibles y reales que marcan un encuentro entre ángeles y hombres, estos últimos siempre se llenan de temor. Al santo Daniel se le aparecieron repetidas veces. El propio profeta afirma:

Alcé mis ojos y miré, y he aquí un varón vestido de lino, y ceñidos sus lomos de oro de Ufaz. Su cuerpo era como de berilo, y su rostro parecía un relámpago, y sus ojos como antorchas de fuego... y sus brazos y sus pies como de color de bronce bruñido, y el sonido de sus palabras como el estruendo de una multitud... y vi esta gran visión, y no quedó fuerza en mí, antes mi fuerza se cambió en desfallecimiento, y no tuve vigor alguno. (Dn 10.4-8)

Teofanías

Si cuando aparecen los ángeles, los hombres tiemblan y se quedan sin fuerza, entonces ¿cómo han de ser los encuentros con el majestuoso y soberano Dios?

En el monte de la Transfiguración (Marcos 9.2-6), los discípulos ya conocían a Jesucristo íntimamente, pero no lo habían visto en su gloria. En esta ocasión el velo de su humillación (Filipenses 2.7) fue quitado y vieron su gloria (recuerde que no fue al Padre que vieron, solo al Hijo). Nótese que:

> *Jesús tomó a Pedro, a Jacobo y a Juan, y los llevó aparte solos a un monte alto; y se transfiguró delante de ellos. Y sus vestidos se volvieron resplandecientes, muy blancos, como la nieve, tanto que ningún lavador en la tierra los puede hacer tan blancos. Y les apareció Elías con Moisés, que hablaban con Jesús. Entonces Pedro dijo a Jesús: Maestro, bueno es para nosotros que estemos aquí; y hagamos tres enramadas, una para ti, otra para Moisés, y otra para Elías. Porque no sabía lo que hablaba, pues estaban espantados. Mateo 17.6-7 añade: los discípulos, se postraron sobre sus rostros, y tuvieron gran temor.*

Pensemos en el amigo mío que contó su experiencia y el pastor que habló en su programa de radio respecto a un encuentro en el que el propio «Dios» se le apareció en persona y le habló como cualquier hombre. Aparentemente no experimentó nada de miedo ni de temor. Todo lo contrario. De inmediato nos percatamos de que la experiencia relatada no se ajusta a lo que enseña la Biblia: *A Dios nadie lo vio jamás*. En segundo lugar, ante las manifestaciones de Dios, todos los hombres se llenan de temor. En los testimonios citados no hubo ninguna indicación de espanto o de temor ante Dios. Tal caso nos llevaría a cuestionar su veracidad.

La vivencia de Pablo, en 2 Corintios 12.1-9, también arroja luz sobre este tipo de experiencias. El apóstol inicia el recuento diciendo: *Hace catorce años (si en el cuerpo, no lo sé; si fuera del cuerpo, no lo sé; Dios lo sabe) fue arrebatado hasta el tercer cielo.* La experiencia fue tal que Pablo no sabía en que estado la recibió. Dice que fue... *arrebatado al paraíso, donde oyó palabras inefables que no le es dado al hombre expresar... Para que la grandeza de las revelaciones no me exaltase desmedidamente, me fue dado un aguijón en mi carne... para que no me enaltezca sobremanera.*

Pablo nos enseña dos cosas: (1) Las visiones extraordinarias tienden a ser motivo de orgullo y jactancia. (2) Dios mismo, por tanto, crea la manera de mantener humildes a tales siervos. Con Pablo usó un aguijón. En cuanto a Jacob, después de luchar con Jehová, cojeó el resto de su vida. Él que anda jactándose de haber visto a Dios, ¡no lo ha visto en realidad, su propia jactancia lo desmiente!

Ante los muchos reclamos que se hacen hoy día, necesitamos tener muy en claro cómo se distingue lo falso de lo verdadero en estas manifestaciones. En los primeros siglos de la era cristiana, cuando se hablaba de visiones, sueños y aun milagros, los líderes de la iglesia los examinaban cuidadosamente para asegurarse que eran en verdad de Dios y no algo inventado o un engaño satánico.[5] Hoy, debido al sensacionalismo excesivo que ha entrado en las iglesias, necesitamos hacer lo mismo.

La presencia de Dios sobrecoge

El hombre que más encuentros tuvo con Dios fue Moisés. Un estudio cuidadoso de esas experiencias nos puede revelar mucho. Comencemos con el primer encuentro: Moisés y la zarza ardiendo (Éx 3.1-6).

La Palabra de Dios dice que: «*le apareció el Ángel de Jehová en una llama de fuego en medio de una zarza*». En esta teofanía,[6] Dios no se aparece como persona, únicamente se oye su voz. El hecho de que lo llame por nombre «*¡Moisés, Moisés!*» es importante, pues indica que Dios conoce a toda persona íntimamente, y ¡por nombre! La demanda: «*No te acerques; quita tu calzado de tus pies, porque el lugar en que tú estás, tierra santa es*» nos muestra el profundo respeto que hay que tener ante Dios.

Dios entonces aclara que no es un dios cualquiera, sino el Dios inmutable, el de «*hoy, ayer, y por los siglos*», el mismo que se apareció a Abraham, Isaac y Jacob. Es importante observar la reacción del hombre: «*Entonces Moisés cubrió su rostro, porque tenía temor de mirar a Dios*». Lo único que pudo ver Moisés fue la llama de fuego gloriosa, y escuchar esa voz sobrenatural. Sin embargo, sabía, sin lugar a duda, que había tenido un encuentro real con el Dios de los cielos.

Más tarde, ante el monte Sinaí, Dios se le manifestó al pueblo (Éx 19.17-20): *Y Moisés sacó del campamento al pueblo para recibir a Dios; y se detuvieron al pie del monte. Todo el monte Sinaí humeaba, porque Jehová había descendido sobre él en fuego; y el humo subía como el humo de un horno, y todo el monte se estremecía en gran manera. El sonido de la bocina iba aumentando en extremo; Moisés hablaba, y Dios le respondía con voz tronante. Y descendió Jehová sobre el monte Sinaí, sobre la cumbre del monte.* Terrible y atemorizador es estar ante la presencia del Todopoderoso. Cuando Él desciende, tanto el hombre como la naturaleza se estremecen.

Hoy día, cuando se dice que Dios «descendió» en tal y cual sitio y la reacción humana consiste en aplausos y gritos, hay motivo para cuestionar tal presencia. Todo lo creado, incluidos nosotros mismos, tiembla ante la presencia gloriosa y majestuosa de nuestro Creador.

La presencia de Dios purifica

De nuevo Moisés prepara al pueblo para otro acercamiento. Dice el texto que «*habló Dios todas estas palabras*» y presentó los Diez Mandamientos. Antes de darlos por escrito, los anunció en voz alta. ¿Cómo habrá sido esa voz? Mientras Dios hablaba, dice el texto (Éx 20.18-21): *Todo el pueblo observaba el estruendo y los relámpagos, y el sonido de la bocina, y el monte que humeaba; y viéndolo el pueblo, temblaron, y se pusieron de lejos. Y dijeron a Moisés: Habla tú con nosotros, y nosotros oiremos; pero no hable Dios con nosotros, para que no muramos.*

Es incuestionable que temblaríamos igual ante la presencia y la voz del mismo Dios. Pero en lugar de fijarnos en la voz y en el pavor de la gente, notemos de qué se trataba: Dios estaba estableciendo sus leyes. Indicaba cómo quería que los hombres vivieran ante Él.

Dios pide pureza de vida y pensamiento. Él es santo y tiene una ley santa y, por tanto, demanda que vivamos en santidad. Ese fue el motivo de esa impresionante demostración divina. Dios quiere que el hombre sepa quién es Él en su gloriosa y sublime majestad.

La presencia de Dios abre el apetito espiritual

En el monte Sinaí el obediente y fiel Moisés recibió las instrucciones y leyes para el pueblo (de paso, no es la ley de Moisés, es la de Dios que luego transmitió Moisés al pueblo). Vemos por qué el pueblo desobediente necesitaba ser atemorizado. Pocos días después de oír la voz de Dios, y de haber subido Moisés al monte, pecaminosamente le pidieron a Aarón que les fabricara un dios a su gusto —el becerro de oro (Éx 32).

¡Cuán llenos de maldad estamos los hombres! Estamos tan llenos de nosotros mismos que cuando Dios se manifiesta, nos olvidamos de su majestad, y desafiamos sus leyes. Decía San Agustín: «Oh hombres avaros, ¿qué les satisfará, cuando ni el mismo Dios les es suficiente?»[7]

Cuando Moisés bajó del monte y vio el pecado del pueblo infiel, rompió las tablas de la ley. Castigó al pueblo y le rogó a Dios perdón por su terrible y ofensivo pecado. Misericordiosamente el Señor los perdonó. Atónito ante la magnanimidad del misericordioso Dios, Moisés sintió un deseo indescriptible de llegar a conocerlo en una manera íntima. Por ello su extraordinaria súplica: *Te ruego que me muestres tu gloria* (Éxodo 33.18).

Dios le respondió:

No podrás ver mi rostro; porque no me verá hombre, y vivirá. Y dijo aún Jehová: He aquí un lugar junto a mí, y tú estarás sobre la peña; y cuando pase mi gloria, yo te pondré en una hendidura de la peña, y te cubriré con mi mano hasta que haya pasado. Después apartaré mi mano, y verás mis espaldas; mas no se verá mi rostro. (Éx 33.20-23)

La recompensa del que busca a Dios

Pablo, como uno nacido fuera de tiempo —ya que no tuvo el privilegio de ver a Jesús en carne, como lo vieron los doce— fue llevado al mismo cielo (2 Cor 12.1-9). Allí, por el importante ministerio que le fue encomendado de anunciar y aclarar el evangelio a los gentiles, pudo ver a Jesucristo glorificado. ¿Cómo se compara esa experiencia con la de Moisés en el Sinaí? No sabemos. Ambas tienen que haber sido maravillosas.

En cuanto a Moisés, el texto bíblico señala:

Y Jehová descendió en la nube, y estuvo allí con él, proclamando el nombre de Jehová. Y pasando Jehová por delante de él, proclamó: ¡Jehová! ¡Jehová! fuerte, misericordioso y piadoso; tardo para la ira, y grande en misericordia y verdad; que guarda misericordia a millares, que perdona la iniquidad, la rebelión y el pecado, y que de ningún modo tendrá por inocente al malvado; que visita la iniquidad de los padres sobre los hijos y sobre los hijos de los hijos, hasta la tercera y cuarta generación. Entonces Moisés, apresurándose, bajó la cabeza hacia el suelo y adoró. (Éxodo 34.5-8)

¿Qué vio Moisés? ¡Las «espaldas de Dios»! Como ya mencionamos, el Señor le reveló su carácter ya que Él es espíritu y por tanto no tiene cuerpo. Lo que conocemos de Él tiene que ver con sus características: cómo es, cómo actúa, cómo ama, cómo cuida de los que le pertenecen.

¿Podemos llegar a conocer a Dios en esa plenitud? Cristo nos asegura que sí, y Pablo nos lo confirma. Al igual que Moisés podemos llegar a conocer a nuestro bendito Dios en una manera íntima. ¿En qué forma? Dios nos muestra el proceso: Envió a su Hijo amado para hacerlo posible.

Asombrosamente, lo vemos primero envuelto en pañales, un bebé en un pesebre: ¡Dios hecho carne! Crece, como todo hombre, y seguimos sus pasos, reconociendo que es como uno de nosotros, aun cuando a la vez es Dios, haciendo lo que jamás hombre ha hecho, hablando como ninguno ha hablado. Es Dios —sin pecado— viviendo entre pecadores.

Al cabo de tres años de ministerio es condenado, como un vulgar criminal. Lo vemos colgado en el Calvario, muriendo en nuestro lugar, cargando sobre sí la pena que todos merecíamos. Lo seguimos hasta la tumba. Lo vemos, al tercer día, salir de entre los muertos, ¡Vive! Lo escuchamos dar el mandato final a sus seguidores, una vez resucitado y glorificado: «*Id, pues, y haced discípulos a todas las naciones* (Mt 20.19)». Lo vemos ascender al Padre, con su misión salvadora cumplida. Lo vemos luego a la diestra del Padre, en posición de poder y gloria, dirigiendo todos los detalles y pormenores de su Iglesia.

Ello nos hace preguntar: ¿Cuál es el significado de todo lo que vimos? ¡Vimos a Dios! Lo vimos en Cristo, proveyéndonos salvación y perdón. Vimos a Dios, en Cristo, librándonos de las cadenas del pecado. Vimos a Dios, en Cristo, regalándonos su propia justicia (la nuestra de nada vale). Vimos a Dios, en Cristo, haciéndonos miembros del reino de los cielos. Dándonos el poder para vivir santamente. Asegurándonos una eternidad a su lado en gloria.

Y volvemos a la pregunta que nos ha preocupado en todo este capítulo: ¿Cómo podemos ver a Dios?

Agustín, el teólogo, decía: «Los hombres usan palabras para comunicarse; Dios decidió emplear tanto palabras como hechos especiales».[8] Y ese glorioso acontecimiento de «Dios en Cristo» es el que tristemente perdemos de vista, que Dios se humanó, se hizo carne, vino y vivió entre nosotros en la Segunda Persona de la

Trinidad. Y nos desviamos tanto que buscamos otra visión de Dios, una manifestación como la de Moisés o la de Pablo, cuando ya tal demostración es totalmente innecesaria.

Hoy día, puesto que Dios en Cristo se manifestó aquí en la tierra, no tenemos que subir al Sinaí ni al tercer cielo. ¿Recuerda a Felipe? Él también quería ver al Padre. Cuando Jesús les anunció a los doce que su obra en la tierra terminaba y que regresaba a la casa del Padre, este discípulo lo interrumpió con su petición: Señor, muéstranos el Padre, y nos basta.

Nótese la importantísima respuesta del Señor: *¿Tanto tiempo hace que estoy con vosotros, y no me has conocido, Felipe? El que me ha visto a mí, ha visto al Padre; ¿cómo, pues, dices tú: Muéstranos el Padre? ¿No crees que yo soy en el Padre, y el Padre en mí?* (Jn 14.8-10).

La gran bendición de vivir en estos tiempos neotestamentarios es que ya tenemos la revelación más completa posible del Padre. ¡Él ya se reveló! Se mostró en toda su gloria, grandeza y perfección a través de Jesucristo. Esto fue lo que le indicó Jesús a Felipe, realidad que también enfatiza el escritor de la carta a los Hebreos, cuando señala: «*Dios, habiendo hablado muchas veces y de muchas maneras en otro tiempo [el del Antiguo Testamento] a los padres por los profetas, en estos postreros días [los tiempos desde la venida de Jesús] nos ha hablado por el Hijo, a quien constituyó heredero de todo*» (Heb 1.1-2).

Esta realidad es tan importante para el apóstol Pablo que afirma: *Doblo mis rodillas ante el Padre de nuestro Señor Jesucristo ...a fin de que... seáis plenamente capaces de comprender con todos los santos cuál sea la anchura, la longitud, la profundidad y la altura* [de la grandeza de Cristo, para que conociendo ese] *...amor de Cristo que excede a todo conocimiento... seáis llenos de toda la plenitud de Dios* (Ef 3.14-19).

¿Quiere usted ver al Padre? Mire a Jesucristo. Estudie a Jesucristo. Llénese con Jesucristo. Satisfágase con Jesucristo. En Él se revela el Padre con toda perfección, virtud, elocuencia y detalle. ¿Y dónde puede ver a Jesucristo? En la Biblia, solo en ella. Cualquier otra visión puede ser falsa. Al observarlo a Él en la Palabra, tendrá todo lo que necesita ver de Dios Padre. Él mismo es quien le dijo: *El que me ha visto a mí, ha visto al Padre.*

Con Jesús en el corazón no hay necesidad de visiones, ni de apariciones, ni de experiencias extraordinarias. Es más, pida una visión, pida una experiencia y estará actuando como Felipe. Será como decir que lo que Dios nos ha revelado en su Palabra es insuficiente. Ya que Dios satisfizo todo nuestro deseo de conocerlo a través de su amado Hijo, ir más allá de Jesús es buscar algo falso e indigno del propio Dios Padre.

¿QUÉ QUIERES?

¿Qué quiero, mi Jesús? «Quiero quererte».
Quiero cuanto hay en mí, del todo darte
Sin tener más placer que agradarte,
Sin tener más temor que el ofenderte.
Quiero olvidarlo todo y conocerte,
Quiero dejarlo todo por buscarte,
Quiero perderlo todo por hallarte,
Quiero ignorarlo todo por saberte.

Quiero, amable Jesús, abismarme
En ese dulce hueco de tu herida,
Y en sus divinas llamas abrasarme.

Quiero, por fin, en ti transfigurarme,
Morir a mí, para vivir tu vida,
Perderme en ti, Jesús, y no encontrarme.

—Calderón de la Barca
(español, 1600-1681).

Capítulo 2: Dios y sus atributos admirables

Cuando dices ley, yo digo Dios
Cuando dices paz, justicia y amor, yo digo Dios
Cuando dices Dios, yo digo libertad, justicia y paz.
— Don Pedro Casaldaliga

El primer y gran mandamiento es este: *Amarás al Señor tu Dios de todo tu corazón, de toda tu alma y de toda tu mente* (Dt 6.5). No obstante, ¿Cómo es posible amarlo si en realidad no lo conocemos? ¿Podemos amar a alguien sin conocerle? ¿Es posible manifestarle un sentimiento tan íntimo y puro a un ser con el que no tenemos comunión?

Recuerdo mi primer amor. Se llamaba Betty. La idealicé al punto de que llegué a creer que era maravillosa. Era muy bonita, simpática y encantadora. Ambos teníamos 15 años de edad. Todas las tardes, a las 4:30 p.m., nos encontrábamos en un florido parquecito contiguo a la secundaria.

Un día, locamente enamorado, decidí ir al lugar en que nos reuníamos un poco más temprano de lo normal. Quería estar en el escenario de nuestros encuentros para soñar un rato antes de que llegara el objeto de mi narcosis. Al acercarme, oí un cuchicheo como de dos voces. Una de ellas me pareció extremadamente familiar, por cierto. Pero, ¿de quién era esa otra voz, la de un hombre? Apresuré mis pasos y me dirigí a un arbusto sigilosamente sin pensar que descubriría algo que me iba a afectar tanto. ¡Cuál no fue mi sorpresa al encontrar a mi idealizada Betty en los brazos de otro hombre!

Con qué rapidez rehice mi lista de sus atributos. Casi al instante, en vez de linda, me pareció horrible. ¿Buena? De eso nada. ¡Traidora y engañadora es lo que era! *Con el corazón partío*, como dice la canción, me dije: «¡Nunca más trataré con mujeres!» (Resolución que no duró mucho, por supuesto.) Luego, con la rabia de la consecuente decepción, hallé consuelo al reconocer que estuve enamorado solo con el concepto del amor. Porque si de veras se ha de amar a una persona, primero hay que conocerla.

Unos años más tarde me enamoré de Carolina. Ahora, con un poco más de sabiduría, me aseguré que mi raciocinio no fuera desplazado por los sobre cogedores sentimientos del corazón, y que la belleza de esta hermosa mujer que tenía delante de mí fuera más profunda en su interior que en su apariencia externa.

El verdadero y duradero amor —sea con quien sea— está compuesto con el cemento de una profunda e inquebrantable entrega a alguien que es cabalmente conocido. Decía Sebastián de Grazia: «El teólogo tiene la razón. ¿Por qué no admitirlo? Más que cualquier otra cosa, lo que el mundo necesita es amor». De acuerdo. Necesitamos amor. Y el más importante, al que se refiere el teólogo es el amor a Dios.

Amar a alguien que vemos —hombre, mujer, niño, tío, abuela, madre, padre—, tiene su lógica. Pero... ¿amar a Dios? ¿Cómo se le ama cuando no se le puede ver, cuando no se le puede sentir, cuando no se le puede oír?

Es más, ¿cómo podemos decir que no se siente a Dios, que no se le ve y que no se le oye? Dios se hace sentir, oír y ver todos los días. Lo vemos en su Palabra. Lo oímos en su Palabra. Lo sentimos en su Palabra.

El problema de muchos es que prefieren la voz sonora de un evangelista famoso saltando, gritando y corriendo de un lado al otro en un programa de televisión, que sentarse tranquilamente con la Palabra de Dios para recibir los consejos que nos da, por ejemplo, la carta a los Filipenses.

Prefieren sentir un hormigueo en la piel leyendo barbaridades narradas por alguien que afirma haber ido al cielo o al infierno, que deleitarse en el estudio de las parábolas del glorioso Jesús. Prefieren imaginarse frente a alguien que les sopla y les hace tambalear y caer al piso, antes que inspirarse con un pasaje interesante del evangelio de Juan.

Leer y estudiar la Biblia, al parecer, no es muy emocionante. Es más, a muchos ¡les parece aburrido! Preferimos que nos entretengan hábiles personajes. Pero, si en verdad hemos de conocer a Dios, lo haremos de la misma forma que lo hicieron todos los grandes desde Jesucristo: leyendo y estudiando la Palabra que Él escribió. No hay otra manera. Conocer a Dios requiere ese paso muy particular. A Él se le conoce únicamente en el bendito libro en que decidió revelarse.[9] Cualquier otra fuente en que lo busquemos terminará en un frustrante vacío. Usted podrá conocer, saludar y disfrutar a los personajes famosos del mundo cristiano, pero al hacerlo solo los habrá conocido a ellos y lo que digan de Dios, no a Dios en su gloriosa persona. Si en verdad quiere conocerlo, lo hará a solas. Dios se muestra a aquellos que lo buscan en su gloriosa Palabra; allí es donde Él se da a conocer abundantemente.

Hace un tiempo, en Venezuela, una joven me preguntó: «Señor Thompson, soy cristiana hace dos meses. Quiero crecer para ser una mujer que verdaderamente ame a Dios. Por favor, ¿podría darme tres secretos para alcanzar esa meta?» En la libreta de notas que me extendió, escribí:
1. Leer la Biblia todos los días hasta llegar a amar profundamente a su bendito autor.

2. Obedecer de inmediato todo lo que Él le ordene.
3. Cuidar su corazón constantemente para no pecar contra Él. Piénselo bien. ¿Habrá otro camino para conocer a nuestro gran Dios? No se deje llevar, entonces, por sustitutos atractivos, que no son más que eso, sustitutos, en resumidas cuentas.

El atributo del amor

Al leer e investigar (que es lo mismo que aquella extravagante palabra escudriñar) la Biblia con cuidado, ¿qué podemos conocer acerca de Dios?

> *En esto consiste el amor: no en que nosotros hayamos amado a Dios, sino en que Él nos amó a nosotros, y envió a su Hijo en propiciación por nuestros pecados* (1 Juan 4.10).

¡Eso sí que es amor! Ese es precisamente el gran atributo de Dios. Difícil de explicar ese amor divino, pero muy glorioso y real. Es a cuenta de ese incomparable amor que usted y yo nos sentimos tan seguros como hijos y miembros de su bendita familia. ¿Habrá manera alguna de ilustrarlo? Max Lucado, en uno de sus inimitables relatos, nos ayuda a apreciar ese amor tan grande, del cual somos inmerecedores.[10] Él narra esta historia verídica ocurrida en Brasil.

Cristina y María, su madre, vivían solas en una pequeña casita en las afueras de Río de Janeiro. La joven acababa de cumplir los quince años, y sabía que su madre se había sacrificado demasiado por ella. Ya era hora de asumir sus propias responsabilidades.

María trabajaba fuera de casa. Ganaba poco, pero lo suficiente para vivir con sencillez. Enviudó poco después de nacer Cristina. Por cierto, tuvo varias propuestas de matrimonio, pero prefirió una vida sin compromisos conyugales, ya que el placer de su vida era criar a su hija. Sin embargo, una vez que esta cumplió los quince, notó que Cristina comenzó a quejarse de sus limitaciones y a comportarse inquieta. María se desvelaba muchas noches, escuchando a su hija intranquila en su cama, y pensando en lo que sería de su vida si Cristina le faltara.

Varias veces trató de hablar con ella, de advertirle los peligros del mundo, y de asegurarle que no tenía por qué irse. Intentó convencerla de que lo que ganaba bastaba para las dos, de que al terminar sus estudios conseguiría empleo, y de que podrían arreglar la casita y vivir mejor que todos los vecinos.

Un día, ocurrió lo esperado. Al regresar a su casa después de la jornada de trabajo, María no halló a Cristina allí. Lo único que había dejado era una nota que simplemente decía: «Mamá, lo siento, pero tengo que vivir mi propia vida. No te preocupes, de alguna forma me las arreglaré. Gracias por todo lo que has hecho por mí. Te quiero mucho, Cristina».

Esa noche María no pudo dormir. A la mañana siguiente, pidió sus vacaciones y se fue en busca de su hija. Sabía que Cristina tenía muy poco dinero y que una vez agotado, desesperada, haría cualquier cosa para comer. Rumbo a Río, María partió sin saber a dónde ir, ni dónde comenzar la búsqueda. Llegando al centro, bajó del autobús, sin ninguna clase de orientación. En eso vio al frente de ella un pequeño estudio de fotografía y se le ocurrió una idea.

Se tomó una foto, y con el poco dinero que tenía, reprodujo cuantas copias pudo. Comenzó a deambular por las calles, entrando en bares, hoteles, cantinas, centros de prostitución, y a todo lugar donde se imaginaba que Cristina pudiera estar. En cualquier sitio visible —el espejo de un baño, al pie de una ventana, en los cristales de los pasillos, encima de cuadros o pinturas— María pegaba una copia de la foto, con una nota escrita al dorso.

Una vez que las fotos y el dinero se agotaron, María tomó el ómnibus de regreso a su solitaria casa, trabajando de día y pasando las noches bañada en lágrimas. De sus labios temblorosos constantemente brotaba una palabra: «¡Cristina! ¡Cristina! ¡Cristina!» Su corazón parecía explotar de dolor: «Dios mío —imploraba—, ¡que Cristina encuentre una de las fotos!»

Pasaron varias semanas. Un día, Cristina bajaba por la escalera de un hotel. Su cara ya no parecía la de una inocente quinceañera. Sus ojos ya no chispeaban con la pureza juvenil. Lucían tristes, cansados y llenos de temor. De sus labios sólo escapaban sollozos. Ese sueño dorado que engañosamente la había convencido de una vida de lujo y placer, ahora se había convertido en una espantosa pesadilla.

Llegando al fondo de la escalera, sus ojos atormentados captaron la vista de una cara conocida. Se acercó al pequeño espejo del pasillo para ver mejor. ¡Allí, pegada, estaba la foto de su madre! Sus ojos se llenaron de lágrimas. Sintió su garganta seca. Extendió una mano temblorosa para agarrar la foto. Le dio vuelta y leyó: «No importa lo que hayas hecho, no importa lo que has llegado a ser. Nada más importa. Solo regresa a tu casa, por favor».

Y Cristina regresó.

¡Qué cuadro tan maravilloso! Nos recuerda el amor de Dios. ¡El glorioso atributo divino! Dice el apóstol Pablo: *Dios demuestra su amor para con nosotros,en que siendo aun pecadores, Cristo murió por nosotros* (Ro 5.8). Al llegar a Dios, todos nosotros —como Cristina— descubrimos ese gran, inexplicable, inquebrantable e inagotable amor. No importa lo que hayamos hecho, ni dónde hayamos estado, ni lo que hemos llegado a ser, ese amor es lo suficientemente grande para alcanzarnos y llevarnos de regreso a casa. El poeta lo expresa así:

EL AMOR DIVINO

Con vuestro amor, es sabio el ignorante;
sin vuestro amor, es necio el más prudente;
con vuestro amor, se absuelve al delincuente;
sin vuestro amor, varía el más constante.

Con vuestro amor, el rudo es elegante;
sin vuestro amor, culpable el inocente;
con vuestro amor, festivo el displicente;
sin vuestro amor, lo humilde es arrogante.

Con vuestro amor, es claro el más oscuro;
sin vuestro amor, es nada al que más sobre;
con vuestro amor, es justo el más inicuo.
Sin vuestro amor, es torpe el más puro;
con vuestro amor, es rico el que es más pobre;
sin vuestro amor, es pobre el más rico.

—Baltasar Estazo
(español, siglo XVII)

Maneras erróneas de conocer a Dios

Claro está que el amor viene por medio de las relaciones. En otras palabras, Dios actúa primero haciendo algo único a nuestro favor; así establece un nexo amoroso. Eso nos da motivos para amarlo. Nos muestra su bondad, su gracia, su aceptación. Conocer ese amor despierta una respuesta en nosotros. Conocerlo en toda su maravillosa persona es amarlo.

A su vez, explica el apóstol Juan que *El que no ama* [a Dios] *no ha conocido a Dios; porque Dios es amor* (1 Jn 4.8). Cuando una persona reconoce que no ama a Dios, el motivo principal de ello es que no lo conoce. Es que no ha llegado a sentir, a palpar, a saborear las muchas y grandes dimensiones del amor divino. Sabemos por experiencia que conocer a alguien requiere tiempo y dedicación. Esto también es cierto en cuanto a Dios.

Posiblemente comencemos aceptando la realidad de su existencia. Pero pronto descubriremos que el razonamiento no basta. La imaginación es insuficiente. Además, el apuro en el proceso de descubrirlo nos puede llevar a hacer lo que dice Pablo: ¡Crear un dios falso —un ídolo— un ser a nuestra imagen! (Ro 1.21-23) Entonces, ¿cuál es el proceso a seguir para conocerlo, ya que es tan fácil crear caminos equivocados?

¿Será a través de la contemplación que lo conocemos?

Cierto día, un señor llegó a las oficinas de Logoi para realizar un trabajo. Cuando se enteró de que éramos «religiosos», se alegró.

—Yo también soy cristiano? —dijo—. Soy de la Iglesia del yoga.

Un silencio invadió la oficina. Todos los presentes nos vimos con los rostros asombrados. ¿A quién teníamos entre nosotros? Uno de la iglesia de la meditación, ¡casi nada!

¿Se podrá conocer a Dios a través de esas largas horas de meditación? ¡No!

¿Podremos conocerlo pasando largas horas de oración, así como hacen en Corea? Es interesante hablar con líderes evangélicos que trabajan allá. Ellos nos informan que la iglesia coreana en verdad ora mucho, pero es porque orar (meditar) es parte arraigada de la cultura budista. La oración cristiana, en muchos casos, sustituye meramente la meditación. La realidad, como me explicó un pastor, es que «son poco estudiosos de la Biblia, por lo tanto su conocimiento bíblico es bastante superficial. Oran mucho, pero saben muy poco de Dios, porque no estudian su Palabra».

Hay otra idea que afirma que a Dios se le conoce por medio del ayuno. Oímos de personas que tratan de pasar más de cuarenta días en ayuno para superar lo que Jesús hizo —como si esa fuera una meta espiritual. ¿Dónde está eso en la Biblia? Otros promueven que para atraer la atención de Dios hay que ayunar. Para que Él responda nuestras peticiones, tenemos que unirnos en un gran ejército de ayunadores. La idea es que si todos hacemos tal tipo de sacrificio, obligaremos a Dios a actuar. ¿Qué clase de dios será ese que han inventado? Ese no es el Dios de la Biblia. No es el Dios soberano. Ese dios de ellos es distante, difícil, caprichoso y tirano. Hay que ofrecerle grandes sacrificios para que escuche y responda.

Tal idea de Dios es pagana y anti bíblica. Dios se revela en la Biblia como el Dios de gran amor, que nos oye antes de que clamemos, que mueve cielo y tierra a favor de su pueblo sencillamente porque nos ama, y no porque hagamos esto o aquello.

No es por el tiempo dedicado a la oración, ni por los días de ayuno que cumplamos que llegamos a conocer a Dios. A Él lo conocemos de una sola manera: encontrándonos con Él en la Biblia. Si en verdad queremos conocerlo, tenemos que ir a donde Él se revela —a la Biblia —. Es allí donde veremos cómo es y de qué manera actúa. Solo allí encontraremos la revelación que hizo de sí mismo.

Busquemos entonces en su Palabra aquellas cosas acerca de Dios que en realidad nos den a entender su persona y su manera de obrar.

¿Qué se entiende por «conocer»?

Permítanme un breve alto en la exposición. Creo que verán que lo que sigue nos ayudará a entender mejor la manera en que llegamos a «conocer» a Dios.

De acuerdo a la filosofía moderna, todo conocimiento real debe tener dos componentes (eso viene de Emanuel Kant en su *Crítica a la pura razón*):

1. Contenido: provisto enteramente por la percepción de nuestros sentidos.
2. Forma o estructura: provista por la capacidad cognoscitiva de nuestra mente.

La idea de estos dos puntos se explica en palabras de Kant: «Las percepciones sin conceptos [ideas de sus fines o propósitos] son ciegas; pero los conceptos sin percepciones son abstractos, es decir, vacíos o sin sentido».

El resultado de usar esta fórmula es la triste conclusión a la que han llegado los modernos: Ya que a Dios no se le ve, ni se le palpa, ni se le mide, ni se le pesa, ni se le puede reducir al tiempo, es imposible que lo conozcamos. Kant no negó la existencia de Dios, lo que hizo fue localizarlo más allá de nuestro alcance. Como resultado de estas conclusiones, a la ciencia moderna le importa poco el tema de Dios. Confían solo en lo que se puede medir: volumen, espacio y tiempo; no confían en lo abstracto.

En parte, esto describe el proceso de muchos cristianos, en el día de hoy. Lo único que se puede creer es lo que se mide, se pesa, y se siente, siguiendo a Kant en lugar de Cristo, descartan la búsqueda de Dios por medio del estudio de la Biblia y del intelecto (cosas que no se pueden medir) y tratan de «sentir» a Dios por medio de experiencias y emociones. Observe un culto en una iglesia y podrá ver que se hace énfasis en todo —el canto, las ofrendas, los anuncios— menos en el estudio de la Palabra de Dios.

Esa es la confusión y frustración que hemos vivido como cristianos ante los que siguen la ciencia como fuente suprema de conocimiento. En vez de luchar intelectualmente con los filósofos para demostrar que Dios es en verdad conocible,[11] nos hemos distanciado de ellos. Es así que por varios siglos la ciencia y el cristianismo se han considerado incompatibles, por no decir «enemigos».

Hoy, gracias a unos atrevidos filósofos evangélicos —Alvin Platinga, Tomás Morris, Ricardo Creel, Keith Ward, William Alston, etc.—, la teología ha vuelto a ser un campo que exploran los sabios en las grandes universidades. Estos muy capaces y renombrados filósofos evangélicos están removiendo las aguas. Ya han desacreditado las ideas evolucionistas a tal grado, que en los centros científicos de importancia se descarta como ciencia cierta. Por cierto, no han podido añadir nada al conocimiento que tenemos acerca de Dios, pero sí han formulado muchas nuevas preguntas que han ayudado a aclarar y refinar las doctrinas de la Biblia.

Si el mundo define el «saber» bajo las limitaciones del kantianismo explicado anteriormente, ¿cómo explicamos los cristianos la manera de poder conocer a Dios? Pues, apelamos a las conclusiones del gran teólogo cristiano Agustín de Hipona: «Todo conocimiento viene por iluminación de Dios». Es decir, Dios se revela en su Palabra. Él que se dedique a estudiar esa Palabra recibirá iluminación del Espíritu Santo para conocer cómo y quién es Dios (véase Jn 14.23-26; 16.13-15).

Esto es especialmente cierto cuando tratamos el tema de Dios. Conocemos solo lo que Él ha querido revelarnos de sí mismo en la naturaleza, en la Biblia y por medio de Jesucristo. Para comprobar que esto es cierto, propongo una interesante y breve prueba. Tome el libro de Génesis. Lea los capítulos uno por uno con cuidado y vaya enumerando cuántos atributos de Dios puede hallar. («Atributo» es algo que se conoce de Dios, que podemos afirmar acerca de su naturaleza. Es algo que podemos sostener como verdadero acerca de Dios.[12] Algunos prefieren usar el término «perfecciones» de Dios.)

Atributos de Dios en Génesis

Capítulo 1
«En el principio» — noción de eternidad (antes del mundo, Él es).
«Creó Dios» — ¡Él es el Creador! (Crea *ex nihilo*, es decir, sin nada de la nada.)
Es el Creador de todo lo que existe, ¡el dueño, el soberano!

Capítulo 2
Es un Dios personal — hace al hombre «a su imagen».
Es un Dios moral — coloca el árbol del «bien y del mal» en Edén.
Es un Dios soberano — demanda obediencia del hombre.

Capítulo 3
Es un Dios comunicativo — al atardecer se acerca para conversar.
Es un Dios con derechos — castiga a quienes lo ofenden.
Es un Dios puro — cuando le desobedecen, los saca del Edén.

Capítulo 4
Es un Dios que puede ser ofendido — la ofrenda de Caín.
Es un Dios compasivo — se acerca a Caín para darle otra oportunidad.
Es un Dios justo — cuando no hay arrepentimiento, castiga.

Capítulo 5
Es un Dios que busca nuestra adoración — Set y su búsqueda.
Es un Dios que recompensa la fidelidad — lleva a Enoc al cielo.

Capítulos 6 y 7
Es un Dios que no resiste la iniquidad — el Diluvio.
Es un Dios que derrama gracia sobre quien quiere — Noé.

Capítulo 11
Es un Dios que se conocerá solo a su manera. De ningún modo se conoce o se encuentra con métodos humanos —la Torre de Babel.

Capítulos 15-22
Es un Dios salvador, protector, proveedor —la historia de Abraham. Es un Dios que hace promesas y las cumple —Todopoderoso. Es un Dios que sabe el principio y conoce el futuro —omnisciente.

Nótese que solo hemos tocado la mitad inicial del primer libro —¡y hay 66! El gozo del cristiano es estudiar la Palabra de Dios, leerla y encontrar en cada página no solo la presencia y la actividad de Dios entre nosotros los hombres, sino su mismo rostro.

Clasificaciones de los atributos

Si deseamos conocer a Dios en verdad, podemos comenzar con sus atributos. El estudio de los atributos de Dios no es nuevo. En el primer capítulo «La gloria de Dios», por ejemplo, vimos que Moisés tuvo esa grandiosa revelación de Dios en el Sinaí. Allí descubrió varios de sus gloriosos atributos:

Pasando Jehová por delante de él, proclamó: ¡Jehová! ¡Jehová! fuerte, misericordioso y piadoso; tardo para la ira, y grande en misericordia y verdad; que guarda misericordia a millares, que perdona la iniquidad, la rebelión y el pecado, y que de ningún modo tendrá por inocente al malvado; que visita la iniquidad de los padres sobre los hijos y sobre los hijos de los hijos, hasta la tercera y cuarta generación. (Éx 34.6-7)

En el Salmo 139, David celebra la omnisciencia de Dios: *¿A dónde me esconderé de tu presencia?* Los salmos están llenos de expresiones que exaltan los gloriosos atributos de Dios, como este de la omnipresencia. Aunque quizás en la antigüedad no los tenían organizados como hoy, los creyentes en todas las edades han estado muy conscientes de los atributos de Dios.

En tiempos más modernos —nos remontamos a los años 675-749 d.C. — a un tal Juan de Damasco (teólogo de la Iglesia Ortodoxa Oriental) le intrigó el tema de los atributos de Dios. Estudiando toda la Biblia, investigó hasta el cansancio y determinó clasificarlos por categorías. Así que preparó una lista que hasta hoy ha sido concluyente.

Dividió los dieciocho atributos escogidos en cuatro categorías:

1.   Dios respecto al **tiempo** (*pote*, cuándo): 1. Sin principio. 2. No creado. 3. No generado. 4. Imperecedero. 5. Inmortal. 6. Eterno.
2.   Dios respecto al **espacio** (*pou*, dónde): 1. Infinito. 2. Irreductible. 3. Ilimitado. 4. Poder infinito.
3.   Dios respecto a la **materia** (*ti*, qué): 1. Simple. 2. No compuesto. 3. Incorpóreo. 4. Sin flujo.
4.   Dios respecto a sus **cualidades** (*poion*, cómo): 1. Desapasionado. 2. Inmutable. 3. Inalterable. 4. Invisible.

Varias clasificaciones subsecuentes aparecieron luego. Sin embargo, aunque esta lista de Juan de Damasco ha sido trabajada y discutida exhaustivamente, permanece intacta y concuerda con lo que la Biblia enseña acerca de Dios. La teología, sin embargo, como otras disciplinas, tiene sus énfasis. Lo que hoy se acepta de común acuerdo mañana puede ser argumentado con suma pasión.

Lo que dicen algunos teólogos contemporáneos

Ahora tomemos algunos de estos relevantes atributos divinos y estudiémoslos con el fin de entender su riqueza e importancia. Para abrirle el apetito al estudio de la teología,[13] en vez de explicar estos atributos de Dios en mis palabras, veremos algunas opiniones de varios teólogos reconocidos.

Si toma un texto de teología y busca la sección de los atributos de Dios, observará que normalmente se dividen en atributos *incomunicables* y *comunicables*. La nomenclatura es fácil de entender. Los incomunicables son cuatro: *aseidad* (que existe por sí mismo), *simplicidad* (no es compuesto, no tiene partes), *inmutabilidad* (la imposibilidad de cambiar, evolucionar, progresar, crecer o degenerar), e *infinitud* (no tiene limitaciones). Se clasifican como incomunicables porque están más allá de nuestra comprensión. ¿Y qué de los atributos comunicables? Estos son los que Dios comparte con nosotros: *soberanía, sabiduría, bondad, amor, santidad, justicia, veracidad, y soberanía limitada*. Es decir, aun cuando Dios tiene esas cualidades en forma perfecta, nosotros las tenemos en manera real, aunque limitada.

Tomemos varios ejemplos para entender la maravilla de estas cualidades tan especiales de Dios.

Dios es «infinito» (Sal 90.2; 102.12; Ef 3.21; 2 P 3.8; 1 R 8.27; Is 66.1; Hch 7.48-49).

Para conocer algo de lo que esto significa, acudamos a Gerald Bray,[14] un teólogo anglicano británico. Él menciona algo interesante en cuanto a este atributo. Dice:

«Debemos aclarar que la infinitud de Dios no es un concepto matemático. Infinitud en matemáticas, es simplemente algo sin fin, aunque pueda referirse a un número infinito de dimensiones. La matemática es esencialmente un concepto finito, que controla el sentido de infinitud cuantificable (por ejemplo, 1, 2, 3, 4, 5, etc.), y de infinitud no cuantificable (los posibles decimales que se pueden colocar entre 0 y 1, y reconocido por el símbolo ∞)»

Bray explica que la infinitud de Dios es cualitativamente única, ya que no tiene límites ni fronteras. Como se trata de un Dios infinito (omnipotente, omnipresente y omnisciente), el Dios de la Biblia es totalmente distinto a los dioses limitados de los paganos. Por ejemplo, tómese la frase: *No te desampararé, ni te dejaré* (Hb 13.5). Esta sería incomprensible de no ser por la omnipresencia divina, que en este caso es la base de su poder, asegurándonos que Él puede actuar en todo lugar y en todo momento. Considerando estos atributos infinitos, podemos entender expresiones como las del Salmo 139, que Dios es omnipotente aun en el infierno. De inmediato preguntamos: «¿Qué conexión hay entre Dios y el infierno?» Primero, que Él fue su Creador, y también que es el carcelero. Además, por ser infinito, no hay lugar entre cielo y tierra donde no esté Dios.

Así surgen otras preguntas: ¿Puede Dios hacer aquello que es contrario a su naturaleza? ¿Puede Dios pecar o cometer suicidio? ¿Qué significa que Dios puede hacer cualquier cosa —como se canta en algunos estribillos? ¿Puede Dios hacer algo más grande que Él mismo?

Bray responde:

«La omnipotencia de Dios es perfecta. Cualquier cosa que sea contraria a la naturaleza de Él representa imperfección, o aun impotencia. La omnipotencia de Dios está totalmente realizada, es decir, lo que puede hacer lo hace. Por lo tanto, ni peca ni puede cometer suicidio. No hay potencial latente en Él. Además, cuando vemos un actuar particular del poder de Dios dentro de nuestro universo, tenemos que reconocer que en realidad es una manifestación de su acción dentro de la eternidad».

Dios es eterno: Como otro ejemplo, veamos ese gran atributo que descubrimos en el primer texto de la Biblia, Génesis 1.1: *en el principio,* dándonos a saber que **Dios antecede a la creación, que es eterno** — una de las expresiones de su infinitud (textos afines: Gé 21.33; Is 9.6; Jer 10.10; Sal 90.2,4; 102.11-12, 25-27; 2 P 3.8; Ef 3.21). ¿Cuán importante es reconocer que Dios es eterno?

El muy conocido teólogo español, Francisco Lacueva, afirma:[15]

«La eternidad de Dios es una perfección que nos interesa de modo especial, porque si sabemos que nuestro Dios siempre ha existido y nunca dejará de existir, podemos estar seguros de que todo lo que nos afecta está siempre bajo su control directo».

Y cuenta acerca de Boecio (524 d.C.), filósofo cristiano de Roma, que definió la *eternidad* de Dios así: «La posesión perfecta, simultáneamente total, de la infinita vida divina». Entonces contrasta lo dicho por Aristóteles, el filósofo griego, que definió el *tiempo* como: «La numeración del movimiento según un antes y un después».

La definición de Boecio de eternidad es la que merece análisis: Habla de «vida», con lo que este vocablo implica en cuanto al ejercicio de las facultades de toda índole. Esta vida es «infinita», puesto que es «divina». Es «poseída perfectamente» —es decir, tenida y disfrutada— por Dios. Al contrario, una vida inactiva, triste, miserable —como la de los condenados en el infierno— no es *vida eterna*, sino *existencia inmortal*. Esta vida infinita y gloriosa la posee Dios por completo en cada uno de los momentos lógicos en que nuestra mente imagina una *duración que carece de cambio y sucesión*, por eso añade Boecio «simultáneamente total».

Lacueva ilustra la habilidad de Dios para ver y conocer todo lo que ocurre en la eternidad así:

«En lo alto de una torre está un hombre viendo pasar una procesión muy numerosa por una calle estrecha. Los que marchan solo pueden ver con claridad a los que van inmediatamente delante de ellos. Pero él, que está en la torre, observa toda la procesión de principio a fin. Así Dios, desde lo excelso de su eternidad, puede ver con perfecta claridad a todos y a cada uno de los que van pasando por este mundo en una sucesión de generaciones sin solución de continuidad».

Aunque seguramente no entendamos «eternidad» con una explicación tan breve, estos cortos párrafos nos dan a entender algo de la grandeza de esta realidad aplicada a Dios. Él siempre existió en el pasado. Siempre existirá en el futuro. No tiene principio. No tiene fin. ¡Qué grande es nuestro Dios!

Dios es «incorpóreo» (Jn 4.24; Lc 24.39; Dt 4.5-19; Jn 1.18; Col 1.15; 1 Ti 1.17).

Tratamos ahora de Dios en su ser o naturaleza. ¿Cómo es Él? ¿De qué se compone? La definición de la Confesión Abreviada de Westminster dice: «Dios es espíritu, infinito, eterno e inmutable en su ser, sabiduría, poder, santidad, justicia, bondad y verdad».

El profesor Richard Stanton[16] afirma:

> «La frase "Dios es espíritu" denota un ser personal, muy claramente demostrado en Juan 4.24. Por lo tanto, la definición implica que Dios se caracteriza por conciencia y determinación propias. Esto elimina toda idea que niegue su personalidad. Por ejemplo, hace imposible toda afirmación de los puntos de vista que lo describen como "flujo cósmico", "conciencia social", "alma mundial", "personificación"».

A.A. Hodge, uno de los grandes del pasado y reconocido profesor de teología en el Seminario Princeton, escribió en 1860:

> «Cuando decimos que Dios es incorpóreo —espíritu— queremos expresar que: (a) *Negativamente*, Él no posee ni partes ni pasiones físicas; no es compuesto de elementos materiales; no está sujeto a las limitaciones de una existencia material; y, por tanto, no ha de ser percibido como uno que posee nuestros sentidos corporales.
>
> (b) *Positivamente*, es un ser racional que se distingue con eterna precisión entre lo verdadero y lo falso; es un ser moral, en quien puede distinguirse lo correcto de lo incorrecto; es un ente libre, cuyas acciones son determinadas por su propia voluntad; es un ser en el que todas las propiedades esenciales de nuestra naturaleza y más aun pueden preverse infinitamente...
>
> »Lo material es obviamente inferior a lo espiritual, ya que implica imperfecciones y limitaciones. Además, está compuesto de átomos separados que continuamente reaccionan entre sí, por lo cual carecen de capacidad de ser "uno", "infinito" o "inmutable"... En el Creador y Gobernante

Providencial del universo, no hay ni una sola iota de características materiales».[17]

A esto añade Gerald Bray:

«Nosotros adoramos no la "esencia" de Dios [como hacen los musulmanes y los judíos], sino su persona. Por supuesto, los judíos y musulmanes dirían que Dios es personal. A su entender, sin embargo, la idea de "persona" es más bien un atributo que la esencia misma de Dios. Los cristianos negamos esto, y sostenemos que cada una de las tres Personas es una realidad, porque es a nivel personal que entramos en relación con Dios».

Para algunos, pareciera que los hebreos de la antigüedad, a pesar de que les era prohibido hacer imágenes de Dios, creían que Dios tenía ojos, manos, boca, etcétera. Eso ha servido de fuente para debates entre "liberales" y "conservadores". Los primeros afirman que la gente antigua (por creer en esas partes del cuerpo de Dios) eran al menos semi-politeístas, y que se habían corrompido con las creencias de sus vecinos paganos. En contraste, los "conservadores" argumentan que el uso de "las manos de Dios", "el ojo de Dios", o "el brazo de Jehová" eran sólo expresiones poéticas, explicando las obras de Dios en términos fáciles de entender.

»De acuerdo con esta segunda línea de pensamiento, decir que Jesús *"está sentado a la diestra del Padre"* no se debe entender en sentido literal. Tiene que ser interpretado en su sentido espiritual, algo simbólico. Cuando así lo hacemos, entendemos que lo que se dice es que Jesús participa del reinado del Padre. Al ascender al cielo tomó las riendas del gobierno espiritual, con el resultado de que ahora es nuestro Salvador y también nuestro Señor y Rey.

»Al decir que Dios es Espíritu y un ser "simple" queremos expresar que Dios no se compone de diferentes sustancias o partículas, ni aun de cosas que no pueden tener existencia independiente. Dios es plenamente consistente. No hay partes de Él que tengan más concentración de divinidad que otras; tampoco se extiende en el espacio, por decir, como un perfume. Dios no puede extenderse porque ya llena la totalidad de todo lo que existe con la totalidad de todo lo que Él es».[18]

Dios es «inmutable» (Sal 102.25-27; Mal 3.6; Stg 1.17).

Un teólogo muy reconocido actualmente es Millard J. Erickson.[19] Dejemos que él nos explique el sentido y la importancia del atributo de la inmutabilidad:

> «Como que Dios es perfecto y no tiene deficiencias en ninguna de sus cualidades, le es imposible cambiar para hacerse mejor de lo que es, ya que Él es el bien máximo. Puesto que Dios es perfecto en todo aspecto de su ser, Él no puede ser cambiado mediante influencias externas. Dado que Dios es perfecto, si fuese a cambiar, solo sería para empeorar.
>
> »La confianza que tenemos en las promesas de Dios pueden ser reales únicamente si Él es un Dios que no cambia. Solo si es cierto que Dios no cambia tenemos garantía de la estabilidad, regularidad y constancia de las cosas temporales. Si Él está en proceso de cambio —según declaran ciertos teólogos modernos como Richard Rice, Clark Pinnock, John Sanders, William Hasker, David Basinger[20] — no puede ser el Dios que preserva la creación, ni el Dios de la Providencia».

Entonces, ¿qué hacemos con los pasajes que hablan del arrepentimiento de Dios? (Éx 32.12; Jer 26.2-3, 12-13; Jn 3.4,9,10; Gé 6.5-7, etc.) Erickson indica:

> «Si consideramos estas promesas y advertencias como condicionales en su expresión, y si pudiéramos aceptar como principio de acción divina que Dios recompensa la justicia y castiga la injusticia o desobediencia, entonces, decir que Dios "se arrepiente" y no ejecuta el juicio prometido, no significa que Él haya cambiado, sino que en realidad fueron los que habrían de recibir el castigo quienes cambiaron de conducta».[21]

Luego añade:

> «El Dios de la Biblia es un Dios dinámico, que obra activamente en el mundo. Esa actividad dinámica, a su vez, es estable e inmutable. Todas sus acciones son acordes con su naturaleza fundamental y sus valores, planes y decisiones».[22]

¿Qué hemos descubierto acerca de Dios?

Hemos visto que el anhelo de todo creyente debe ser conocer a Dios, sabiendo que ese acto será recompensado con un amor profundo hacia nuestro soberano Creador.

Comenzamos observando la manera en que Dios se revela a sí mismo en su Palabra, anotando algunos de sus atributos expuestos en Génesis. Luego vimos brevemente la manera en que personas como Moisés y David llegaron a comprender la grandeza de Dios; uno «viendo» las espaldas, el otro comprendiendo la presencia, el conocimiento y el poderío divinos. Concluimos saboreando las declaraciones de sabios hombres de Dios del pasado y de hoy que con profundidad han procurado entender lo incomprensible, reuniendo los conceptos revelados en la Biblia, clasificándolos y catalogándolos para ayudarnos a todos los amantes de Dios en nuestra propia búsqueda.

Sin embargo, apenas iniciamos el estudio, apenas abrimos la puerta de entrada al conocimiento de los atributos de Dios. Ahora que sabe de qué se trata, de aquí en adelante, ¡esa búsqueda le corresponde a usted!

Capítulo 3: Dios y su majestuoso gobierno

*A Dios jamás le daremos importancia,
a no ser que de antemano le hayamos dado
la suprema importancia.*
— Abraham Joshua Heschel

Hay temas que nos dejan atónitos, boquiabiertos, como niños pasmados frente a un enorme fantasma. Así es el que estudiamos ahora: la soberanía de Dios. Para poder apreciar este aspecto maravilloso de la Deidad, primero permítanme ilustrarlo. Luego iremos a las definiciones, a los textos y a las pruebas. La historia es verídica. El joven que la cuenta es de Chicago y prefiere el anonimato:

«Mi abuelo Nybakken era un amante de la vida. Le encantaba hacerle trampas a la gente. Cuando eso ocurría, su alargado cuerpo noruego se convulsionaba entre risas, mientras simulaba cierta ingenuidad, gritando: "¡Ah, caramba! ¿Quién se lo habría imaginado?" Sin embargo, aquel frío sábado del agobiante invierno norteño, con los helados vientos del Lago Michigan soplando a más no poder, el cuerpo del anciano estaba tan congelado que no sentía deseos de reír.

»Su oficio era la carpintería. Ese gélido día trabajaba en la calzada, frente a su iglesia, construyendo unas cajas de madera. Cuando terminó las llenó con ropa, zapatos y provisiones que se enviarían a un orfanato en China. De regreso a su casa, metió la mano en el bolsillo de su camisa para sacar sus anteojos, pero no los encontró. Recordó claramente que los puso allí esa mañana antes de salir de su casa. ¿Se le caerían entre las cajas?, pensó. Así que regresó a la iglesia, pero tampoco los halló allí.

»Al repasar mentalmente lo que hizo durante el día, mi abuelo pensó que seguramente sus anteojos se habrían caído en una de las cajas. El problema era que todas estaban tan bien cerradas, y además había tanto frío que no las iba a abrir de nuevo para registrarlas. Sus nuevos anteojos se irían a la China.

»Lo sintió porque le costaron muchos dólares, y tenía seis hijos que estaba levantando en aquellos difíciles tiempos financieros. Perder esos dólares por un descuido le parecía una insensatez. Y pensar que los extravió haciendo un trabajo para la iglesia. "Señor", se quejaba, "te he sido fiel con mis diezmos y mi dedicación a la iglesia. ¿Por qué me ocurre esto?"

»Unos meses más tarde, el director del orfanato en China regresó y pasó por Chicago contándoles a las iglesias las bendiciones de Dios en las vidas de los niños que atendía en aquel lejano país. Un día, llegó a la pequeña iglesia donde asistía mi abuelo. Allí, entre la congregación, estaba sentado junto a mi abuela y los seis hijos.

»El misionero comenzó agradeciéndole a la iglesia su fidelidad, sus oraciones y sus donativos. "Especialmente", señaló, "tengo que agradecerles el regalo especial que me hicieron, enviándome aquellos anteojos". Poco tiempo antes, los soldados de Mao llegaron al orfanato y destruyeron todo, incluso mis lentes. Me desesperé.

»Aunque hubiese tenido el dinero necesario, no habría podido comprarlos. Con esta vista tan terrible que tengo, no habría podido trabajar. Además, cuando no los uso, me dan dolores de cabeza insoportables. Mis ayudantes y yo estuvimos orando que Dios me supliera unos anteojos. En eso llegaron las cajas de esta iglesia. Al abrirlas, lo primero que vi fue ese tesoro.

»El misionero hizo una pausa como para que todos comprendieran el aprecio que sentía, y luego añadió: "Lo que más me sorprendió fue que al ponérmelos, eran de mi medida exacta, como si un oculista me los hubiera hecho especialmente. Con todo el corazón quiero agradecerles esa provisión tan milagrosa.

»La gente se miraba extrañada, como preguntándose si el pobre misionero se habría equivocado de iglesia, pues allí nadie había comprado anteojos para él ni para enviarlos en aquellas cajas a China. Pero atrás, con su cara empapada por las lágrimas, estaba mi abuelo convencido de que el Soberano Dios, lo había usado en una forma misteriosa y extraordinaria sin que él mismo se percatara de ello».

Como acabamos de ver, en su soberanía, Dios maravillosamente toma lo que nosotros no vemos, ni planeamos, ni imaginamos siquiera y en forma soberana obra para cumplir sus eternos y gloriosos propósitos. Pero aun hay más. Misteriosamente, en ese proceso del obrar divino, muchas veces Dios nos involucra, haciéndonos copartícipes de sus santos y maravillosos planes —y además nos recompensa como si lo hubiésemos hecho por iniciativa propia; como ocurrió con el caso del abuelo Nybakken.

Lo mismo se observa en el llamamiento de Abraham. Dios se le presenta donde él vive, en Ur de los caldeos, y le dice:

Vete de tu tierra y de tu parentela, y de la casa de tu padre, a la tierra que te mostraré. Y haré de ti una nación grande, y te bendeciré, y engrandeceré tu nombre, y serás bendición. Bendeciré a los que te bendijeren, y a los que te maldijeren maldeciré; y serán benditas en ti todas las familias de la tierra (Génesis 12.1-3).

¿Quién tomó la iniciativa? No fue Abraham. ¿Quién dio la orden? No fue Abraham. ¿Quién indicó el camino? No fue Abraham. Pero en resumen, ¿en quién serían benditas todas las familias de la tierra? ¡En Abraham! Solo un Dios soberano puede actuar así —Él lo hace todo y luego le da el crédito a otro.

Es al apreciar estas grandiosas facetas del actuar divino que el teólogo Arthur Pink concluye que «la soberanía de Dios es la base sobre la cual la teología cristiana se afirma. Es el centro de gravedad de todo el sistema de la verdad —el sol alrededor del cual giran todos los orbes menores».[23]

El caso es que la Palabra de Dios, de principio a fin, destaca el gobierno divino, visto en toda su magnitud, sin excepciones y abarcando todo lo que ocurre sobre la tierra. Cientos de textos lo confirman. Veamos algunos:

Tuya es, oh Jehová, la magnificencia y el poder, la gloria, la victoria y el honor; porque todas las cosas que están en los cielos y en la tierra son tuyas. Tuyo, oh Jehová, es el reino, y tú eres excelso sobre todos. Las riquezas y la gloria proceden de ti, y tú dominas sobre todo; en tu mano está la fuerza y el poder, y en tu mano el hacer grande y el dar poder a todos (1 Crónicas 29.11-12).

En Apocalipsis, el último libro de la Biblia, leemos:

Y a todo lo creado que está en el cielo, y sobre la tierra, y debajo de la tierra, y en el mar, y a todas las cosas que en ellos hay, oí decir: Al que está sentado en el trono, y al Cordero, sea la alabanza, la honra, la gloria y el poder, por los siglos de los siglos (Apocalipsis 5.13).

En el mero centro de la Biblia, los Salmos, declaran:

De Jehová es la tierra y su plenitud; el mundo, y los que en él habitan (Salmos 24.1). *Estad quietos, y conoced que yo soy Dios; seré exaltado entre las naciones; enaltecido seré en la tierra* (Salmos 46.10).

Porque Dios es el Rey de toda la tierra (Salmos 47.7).

También en los profetas mayores observamos que se proclama:

Que se sepa desde el nacimiento del sol, y hasta donde se pone, que no hay más que yo; yo Jehová, y ninguno más que yo, que formo la luz y creo las tinieblas, que hago la paz y creo la adversidad. Yo Jehová soy el que hago todo esto. Así dice Jehová Rey de Israel, y su Redentor, Jehová de los ejércitos: Yo soy el primero, y yo soy el postrero, y fuera de mí no hay Dios (Isaías 45.6-7).

Y los profetas menores no son la excepción:

Alabé y glorifiqué al que vive para siempre, cuyo dominio es sempiterno, y su reino por todas las edades. Todos los habitantes de la tierra son considerados como nada; y Él hace según su voluntad en el ejército del cielo, y en los habitantes de la tierra, y no hay quien detenga su mano, y le diga: ¿Qué haces? (Daniel 4.34-35)

Del Nuevo Testamento escogemos dos textos que declaran lo mismo:

Él es la imagen del Dios invisible, el primogénito de toda creación. Porque en Él fueron creadas todas las cosas, las que hay en los cielos y las que hay en la tierra, visibles e invisibles; sean tronos, sean dominios, sean principados, sean potestades; todo fue creado por medio de Él y para Él. Y Él es antes de todas las cosas, y todas las cosas en Él subsisten. Y [Él, Cristo, el Hijo de Dios] siendo el resplandor de su gloria, y la imagen misma de su sustancia... sustenta todas las cosas con la palabra de su poder (Colosenses 1.15-17; Hebreos 1.3).

Todas son proclamaciones inequívocas de que Dios es soberano, que no solo posee la suprema y absoluta autoridad para gobernar sobre todo lo creado, sino que ejerce activamente esa soberanía hoy. Esto no es simplemente un dogma filosófico sino una verdad absoluta: Dios gobierna a este mundo soberanamente.

Como humanos tenemos problemas al considerar esta doctrina, pues nuestro mundo perverso no parece reflejar ese gobierno de Dios. A nosotros nos parece que son los hombres —la mayoría de ellos malvados— los que deciden lo que ocurre en el mundo. ¿Cómo hemos de entender esta aparente contradicción?

Una diferencia que tenemos con Dios

Para apreciar esta increíble actividad divina en nuestro mundo poblado por gente que hace y deshace, construye y destruye, necesitamos recordar algo que explica el gran teólogo holandés,

Herman Bavink (1854-1921):[24] «Somos criaturas. Estamos a nivel de criaturas».

Necesariamente contemplamos lo divino desde nuestra perspectiva de criaturas. Lo que está ante nuestra vista cobra mucho más valor que lo que no percibimos. Por eso que observamos en la enseñanza de la soberanía de Dios una incoherencia aparente. ¿Cómo puede ser Dios soberano y ocurrir aquí en la tierra tantas cosas terribles? Mirando a nuestro derredor, leyendo el periódico, oyendo los comentarios, viendo las perversidades que ocurren a diario, pareciera que Dios está en otro planeta.

Conviene leer la cita completa de Bavink:

«Somos criaturas. Estamos a nivel de criaturas. Conocemos las cosas después y como resultado de su existencia y, en nuestra percepción y pensamiento, avanzamos de las cosas visibles a las invisibles del mundo de Dios».

Él, al contrario, conoce antes o previamente la existencia de cualquier ser u objeto. El mundo existe porque Él lo «habló»; es decir, lo dijo, y llegó a la existencia ese decir: «*Sea la luz*»; «*Produzca la tierra hierba verde*»; «*Haya lumbreras en la expansión de los cielos*»,etc. El pensamiento y el conocimiento divinos preceden a lo que existe; precisamente, contrario a lo que ocurre con nosotros.

Rememorando la historia del abuelo Nybakken, a esa lista del «hablar» o del «mandar» de Dios que menciona Bavink, bien pudiéramos añadir aquellas órdenes divinas inauditas en el relato: «Cáiganse los anteojos del carpintero Nybakken en la caja que va a China».

Cuando el anciano perdió sus anteojos no percibía la mano de Dios en el asunto. Percibió el caso «a nivel de criatura».

Recuerdo años atrás cuando estuve en los bosques norteños del estado de Michigan. Guiaba mi auto de regreso al que sería mi último año de estudios en el seminario. La noche estaba clara. Cuando los frondosos árboles lo permitían, se podían ver las estrellas brillantes. Al llegar a una curva noté que los focos del auto alumbraron un letrero luminoso que decía: «Cuidado, venados en la vía». Observé alrededor y no vi ningún animal, así que, sin hacerle caso al aviso, continué ciegamente por la carretera. Otra curva me sorprendió, pero en esta había un ligero declive. ¡Fue cuando sucedió lo inevitable! Vi la sombra del venado venir contra el auto, mientras el impacto hacía que el cándido animal volara a dos metros de altura hasta aterrizar en una zanja al otro lado de la carretera.

En ese momento descubrí lo que dice Bavink: «Somos criaturas. Conocemos las cosas después y como resultado de... ¡chocar con ellas!».

También podemos ilustrar este principio reflexionando en cuanto al noviazgo y el matrimonio. Durante el primero, todo es hermoso. Conocemos a la chica que nos atrajo a primera vista y quedamos cautivados con esa imagen inicial. Tan enamorados nos sentimos que lo único que vemos en ella es perfección. Solo hasta después del matrimonio es que despertamos a la realidad y conocemos a la novia tal cual es en verdad. Y la conocemos tanto que nuestra visión —a veces por fortuna, y otras para felicidad nuestra— tiene que ser corregida.

Dios, al contrario, lo ve todo antes, nunca después. Precisamente por ser creador y omnisciente, nada puede ocultarse de Él. No hay ni hombre, ni diablo, ni condición que lo sorprenda. «Su conocimiento precede total y perfectamente a todo lo que existe». Eso mismo descubrió David (Salmos 139.7-10):

> *¿A dónde me iré de tu Espíritu? ¿Y a dónde huiré de tu presencia? Si subiere a los cielos, allí estás tú; y si en el Seol hiciere mi estrado, he aquí, allí tú estás. Si tomare las alas del alba y habitare en el extremo del mar, aun allí me guiará tu mano, y me asirá tu diestra.*

Como criatura, veo las acciones de mis colegas. Sufro las decisiones de mi egoísta jefe. Pierdo mi auto en un choque por otro conducido por un borracho. Soy víctima del ladrón que me roba mientras adoro a Dios el domingo en la iglesia. Desde mi perspectiva, no puedo ver por encima de mis luchas y pesares diarios. Hasta me es difícil imaginar a un Dios todo sabio que... *sustenta todas las cosas con la palabra de su poder* (Hebreos 1.3).

Pudiéramos racionalizar las verdades espirituales con las concretamente materiales de la forma siguiente: ¿Cómo puedo llegar a creer que *todas las cosas obran para bien a los que aman a Dios*? (Romanos 8.28) Es como pedirme algo irracional, pues mi fe tiene que evadir la realidad de todo lo que sufro y siento, cosas que ni me imagino ni en las que creo son para mi bien. Si rechazo la realidad y salto a una simple fe en la promesa de Dios, ¿no sería tal fe un síntoma de fanatismo? ¿Cómo, entonces, sincronizo lo que dice la Biblia acerca del soberano Dios que obra todo para mi bien, y la realidad de lo que sufro?

Historias como las del abuelo Nybakken nos ayudan. Comencemos por no negar lo concreto de nuestro dolor. Vimos que el anciano se molestó cuando notó que había perdido sus anteojos. No lo entendía a la luz de su consagración a Dios y su trabajo desinteresado a favor de los niños en China. Si —tal como Dios lo hace— Nybakken pudiera haber visto previamente a dónde iban sus anteojos y el propósito que cumplirían, ¡por supuesto que los hubiera regalado!

He ahí el meollo del problema. En nuestra condición de criaturas, tenemos que comenzar a analizar nuestro entendimiento acerca de la soberanía de Dios, aun cuando carezcamos de la evidencia que nos mostrará el resultado final. Lo único que tenemos es la promesa del Dios todopoderoso en cuanto a que todas las cosas obran para bien a los que aman al Señor. Es así como comprendemos que nuestra visión de lo que sucede ahora en el mundo es sumamente limitada. La panorámica de Dios, al contrario, es total, eterna y absoluta. A Él no le falta ni el más mínimo detalle. Él ve el mañana como si fuera hoy; por tanto, en su soberanía determina aquello que es para nuestro bien.

En segundo lugar, desde nuestra perspectiva terrenal, descubrimos nuestra terrible insuficiencia. No tenemos poder para lograr nada. Nadie nos escucha ni nos presta atención. Pedimos cambio, decencia, ética, comportamiento moral, pero la gente se ríe de nosotros. El poder de Dios, al contrario, no tiene límites. Además, su soberanía está ligada tanto a su omnisciencia como a su omnipotencia.

Un Dios que no ve, que no conoce todo el detalle, que es limitado, jamás hubiera visto que las medidas de los anteojos del abuelo Nybakken eran exactamente las del misionero en China. Un Dios sin poder jamás podría haber hecho que los anteojos se cayeran en la caja —sin que Nybakken se percatara— y que fueran llevados por un barco desde Chicago a China. Pero para un Dios que todo lo sabe, y que solo con su hablar crea las poderosas estrellas, tal *cosita* como mandar anteojos de Chicago a China solo requiere un simple susurro.

Además, si fuera un Dios atado por las acciones y decisiones humanas, seguramente que el misionero que estaba en China nunca habría recibido esos anteojos que tanto necesitaba. Es más, Mao y sus soldados lo hubieran impedido. El diablo y sus demonios habrían hundido el barco en el camino. Hombres malvados hubiesen abierto las cajas y robado su contenido. Pero Dios es un ser totalmente soberano. Libre de actuar, proteger y lograr lo que quiere, cuando lo quiere y donde lo quiere. A Él ¿quién se le puede oponer? Nada lo restringe, ni aun las leyes que Él mismo puso sobre la naturaleza — por que el que crea las leyes es el mismo que las controla (por eso Jesús pudo caminar sobre las aguas y mandar a Pedro a hacerlo también).

Dios todo lo conoce. Dios posee todo poder. Dios es absolutamente libre, cumple los requisitos indispensables en su calidad de Soberano. Es decir, como criaturas pocas veces reconocemos los actos soberanos de Dios en los sucesos ordinarios de la vida. Lo conocemos. Estamos conscientes de su Persona y majestad. Oímos la doctrina (por lo general sin comprenderla). Pero llega el momento en que, por decirlo así, llega nuestro misionero de la China y da su informe.

Es entonces que saltamos repentinamente y gritamos: ¡Dios, Dios! ¡Qué maravilloso eres! ¡Lo hiciste! ¡Mira lo que has hecho con tu soberano poder! ¡Y me usaste a mí! Recalco, como dice Bavink: «Somos criaturas. Estamos a nivel de criaturas. Conocemos las cosas después y como resultado de su existencia y, en nuestra percepción y pensamiento, avanzamos de las cosas visibles a las invisibles del mundo de Dios».

Poco a poco descubrimos su soberanía

Al ver su divino obrar se nos amplía el panorama de su inigualable belleza. Conocer algunas cosas acerca de su maravillosa Persona, nos cautiva sutilmente. Ese conocimiento, además, aumenta con el tiempo. Vemos que mientras más aprendemos de su persona, más hermoso, más glorioso, más espléndido, más admirable nos parece «y a la vez profundizamos más y más nuestro amor por Él».

>En la voz de los raudos huracanes,
>En los trémulos rayos de la lumbre,
>En el plácido arroyo, en el torrente,
>En el ósculo suave de la aurora,
>En el fuego, en la llama, en los volcanes:
>En la hondura, en el llano y en la cumbre:
>Allí, gran Dios, mi corazón te siente.
>*Allí, gran Dios, mi corazón te adora*[25]

Algunos menosprecian esta doctrina, la que afirma que Dios, como rey supremo, gobierna y controla activamente todo lo que creó en el cielo y en la tierra. Alegan que es anticuada; que concierne al Antiguo Testamento. «Hoy», señalan, «deberíamos enfatizar la idea de Dios cual "Padre", o como "amor", pero nunca como "Rey". Nosotros los hombres somos los que controlamos las cosas, no Dios».

Por supuesto, sabemos que Dios es «Padre», pero ese hecho, teológicamente hablando, más bien define la relación eterna que tiene con el Hijo, y no con nosotros. Solo llega a ser *nuestro* Padre[26] cuando a causa de los méritos de Cristo se nos aplica la gracia perdonadora.

Grande e importante es su atributo del «amor». Pero este es sólo expresión de tierno afecto. El amor por sí mismo no tiene poder para actuar. Es más, no necesita omnisciencia. Sencillamente se derrama sobre el objeto de su deleite. Más aun, Dios, para poder expresarlo, necesita ser soberano. Sin tal virtud, ¿cuántos impedimentos no habrían para expresar ese amor?[27]

Al ver la conducta humana y considerar el libre albedrío que poseemos, titubeamos ante los hechos, ignorantes e incapaces de saber quién gobierna en realidad, y hasta qué punto. Desde nuestra perspectiva finita: ¿No son los gobiernos y los gobernantes los que deciden en un país? ¿No somos nosotros los hombres los que decidimos en cuestiones de finanzas, leyes, costumbres, guerras y procesos de paz? ¿No soy yo el que decido lo que voy a comer, vestir, comprar, hacer? Si Dios es soberano, ¿a dónde y en qué se ve su gobierno divino respecto a los asuntos terrenales?

El tema es supremamente importante, ya que cuando hay un entendimiento correcto de la soberanía de Dios experimentamos cuatro cosas:

1. Una profundización mayor de nuestra veneración al Dios vivo y verdadero.
2. Consolación en medio de las pruebas, la tentación y la tristeza.
3. Ánimo y gozo en la evangelización.
4. Un profundo sentimiento de seguridad.[28]

Lo que Dios afirma de sí mismo

Tomemos en cuenta lo que Él nos dice respecto a cómo es y en qué manera actúa. *Porque mis pensamientos no son vuestros pensamientos, ni vuestros caminos mis caminos, dijo Jehová. Como son más altos los cielos que la tierra, así son mis caminos más altos que vuestros caminos, y mis pensamientos más que vuestros pensamientos* (Isaías 55.8-9). Para entender esto, imaginémonos dos caminos. El primero pasa frente a nuestra casa. Por ahí fluye todo el tráfico que se mueve en la localidad —los taxis, los autobuses, los camiones, la gente camino a sus empleos, los niños rumbo a sus escuelas, los comerciantes, la policía. Aun los ladrones, estafadores, traficantes de drogas, prostitutas y borrachos —en fin, todo cuanto crea actividad en una ciudad. A través de la ventana podemos verlos. Sabemos quiénes son. Hasta nos podemos imaginar lo que cada uno hará durante el transcurso del día.

Sin embargo, hay otro camino que no es visible. Para verlo, nos tiene que suceder lo que le pasó al criado, cuando Eliseo oró: *Te ruego, oh Jehová, que abras sus ojos para que vea. Entonces Jehová abrió los ojos del criado, y miró; y he aquí que el monte estaba lleno de gente de a caballo, y de carros de fuego alrededor de Eliseo* (2 Reyes 6.17). Este es el camino del Dios todopoderoso y soberano —invisible, misterioso, pero lleno de poder ilimitado.

Tristemente, la mayoría de nosotros nunca vemos este segundo camino. Muchos ni saben que existe. Ignoran que comienza en el trono de Dios, que cruza por cada finca, aldea, pueblo, ciudad, país y continente, y que viene de la eternidad pasada prosiguiendo hasta la eternidad futura —obrando y determinando todo lo que Dios quiere que suceda aquí en la tierra, sin que nada ni nadie lo pueda detener o cambiar. Nuestra limitada vista solo ve esa otra pequeña, insignificante y estrecha carretera llena de baches y de perversidades de los hombres que cruza frente a nuestra casa.

Definiciones, explicaciones y pruebas

El reconocido teólogo Luis Berkhof apunta que esta doctrina de la soberanía divina abarca la ejecución del propósito eterno de Dios. «Todas sus obras desde el principio, todo lo que fue, es y será "incluyendo las cosas más insignificantes"[29] están bajo el control absoluto de Dios».

La soberanía de Dios implica que Él es dueño de todo. La palabra hebrea para «señor» (*adon*) implica posesión. Igualmente las dos palabras griegas para «Señor» (*kyrios y despotes*) implican el mismo sentido de posesión. De principio a fin la Biblia confirma que Dios es dueño y gobernador de todo. Todo le pertenece, particularmente, lo que por la fe llama los «hijos de Dios» (1 Corintios 6.20; 7.23).

Dos antiguos documentos pueden ayudarnos: Dice el primero, el *Catecismo de Heidelberg*[30] «con su mano [Dios] sustenta y gobierna el cielo, la tierra y todas las criaturas, de tal manera que lo que la tierra produce, la lluvia y la sequía, la fertilidad y la esterilidad, la comida y la bebida, la salud y la enfermedad, la riqueza y la pobreza, así como todas las cosas no acontecen sin razón alguna, como al azar, sino por su consejo y voluntad paternal». Eso confirma lo que ya hemos dicho, que cada detalle de lo que sucede en el mundo está en sus divinas manos.

Ese poder soberano se probó en Egipto, con las diez plagas. Allí vemos una muestra de que Dios controla la naturaleza, los ríos, los insectos y la muerte. Con poder dividió el Mar Rojo y permitió a su pueblo —unos dos millones de personas— cruzar por el fondo del mar totalmente convertido en tierra seca. Purificando el agua amarga y convirtiéndola en dulce muestra de que su poder se extiende a los elementos. Cuando suple el maná —ese pan celestial— prueba que puede suplir del aire lo que su pueblo necesita. De día provee una nube que da sombra a pleno sol. De noche, a pleno frío en el desierto, brinda una nube que da luz y calor. Ese glorioso Soberano guía a su pueblo por el desierto y establece las leyes y normas de conducta.

Ese poder soberano se extiende sobre cada esfera humana. Manda la serpiente venenosa para castigar al pueblo por su falta de fe, luego levanta otra de bronce sobre una vara para que con solo mirarla, los moribundos escapen de la muerte. Endurece el corazón de Faraón. Confunde el consejo de los sabios. Hace que los tres amigos de Daniel puedan caminar entre las devoradoras llamas del horno del rey de Babilonia. Cierra la boca de los leones. Abre el corazón de Lidia para que comprenda lo que Pablo enseña.

La Biblia está llena de las acciones de Dios, su intervención, sus obras, mostrando una y otra vez que lo que el soberano Dios quiere hacer lo hace y lo que quiere permitir lo permite. ¿Quiénes somos nosotros para cuestionar sus obras?

Los derechos de Dios

El segundo documento, la *Confesión de Fe de Westminster*,[31] declara:

«Aunque Dios sabe lo que puede suceder en toda clase de supuestas condiciones (Hechos 15.18; 1 Samuel 23.11,12; Mateo 11.21; Salmos 139.1-4), sin embargo, nada decretó porque lo preveía como futuro o como cosa que sucedería en circunstancias dadas (Romanos 9.11,13,16,18; Efesios 1.4-5)».

Es decir, las acciones de Dios no ocurren porque Él tenga que protegerse de algo que inevitablemente sucederá en el futuro. Más bien, todo lo que ha de pasar en el futuro llegará porque así lo determinó Él, detalle que veremos con más claridad cuando tratemos el tema de Dios y el mal.

Lo que ahora nos importa es reconocer que, como todo le pertenece, tiene autoridad sobre la totalidad de las cosas. Esto significa que Dios tiene absoluto derecho para imponer su voluntad sobre lo que creó. Al mismo tiempo, sus actos soberanos nunca son arbitrarios (1 Juan 5.3), y sus juicios son todos justos (Salmos 45.6). Él obra con amor santo (1 Juan 3.1), y todas sus acciones corresponden a la relación que tiene con nosotros como Redentor y Padre (Apocalipsis 5.9-10; 2 Corintios 6.18). Finalmente, Dios nos hace ver que su autoridad es concluyente (Romanos 9.20-21). No podemos negociar con Él. Mucho menos desobedecerle sin sufrir las consecuencias (Gálatas 6.7-8).

Veamos la cantidad de textos bíblicos que respaldan las siguientes conclusiones: Él tiene control sobre todo (Éxodo 15.8; Salmos 29.10; 2 Reyes 29.15; Jeremías 10.7,10). Él es Dios y Señor del universo (Salmos 115.3; Isaías 14.24,27; 46.10, 55.10). Si lo desafiamos, se ofende; y su ira se revela (Éxodo 4.11-14; 15; Deuteronomio 32.39; 26.8; 29.2; 32.12; 1 Samuel 2.6; 14.6; 2 Reyes 5.7; Oseas 13.14; Mateo 10.28; Lucas 12.20). Y como controla todo, nunca puede ser sorprendido ni frustrado (Salmos 8, 18, 19, 29, 33, 104; Job 5.9-27; 9.4ss; 12.14-21; 34.12-15; 36.37).

Dios se preocupa por nosotros

Cuenta un amigo pastor, Stephen Brown,[32] que mientras se preparaba para predicar en cierta iglesia, tuvo que esperar unos minutos.

Durante ese tiempo encendió la televisión para relajarse. Al instante apareció en la pantalla una mujer muy conmovida, llorando amargamente. Entre sollozos contaba acerca de una experiencia extraordinaria. Explicó que no había nacido en un hogar religioso, que nunca había visto una Biblia, que jamás había orado. Vivió casi toda su vida, se casó y tuvo hijos sin referencia alguna a Dios. Pero llegó el momento en que su familia y ella sufrieron un accidente automovilístico. Tuvieron que sacar a su hija del auto en estado de coma. El médico reportó que tal vez nunca superaría esa condición. Que la niña permanecería como un vegetal el resto de su vida. Contado todo ese trasfondo, la mujer relató lo que la conmovió tan extraordinariamente:

«Salí del hospital y corrí a un bar que estaba cerca, y allí me emborraché. Luego me fui a casa en mi auto, llorando por todo el camino. Cuando llegué, frené el auto y apagué el motor. Comencé a maldecir a Dios, usando las peores blasfemias que conocía —y conocía muchas. Luego de media hora, totalmente agotada, dejé de blasfemar. En el silencio oí una voz. Esa voz me dijo: "Esta es la primera vez en tu vida que me hablas. Quiero que sepas que te amo"».

¿Cómo explicar al Dios soberano? Dios, ¡cuán maravilloso es! No hay hombre, ni diablo, ni condición que lo sorprenda. Todo le pertenece — hasta la mujer más impía—, y tiene autoridad para hacer lo que Él quiere con quien lo desee. Su especialidad es buscar y salvar al que está perdido.

Para terminar, y con referencia a la soberanía de Dios, quiero ofrecer una breve selección de textos bajo cuatro importantes categorías:

1. **La Biblia no expresa limitación alguna al poder de Dios**

    1. Dios es llamado el grande y terrible, cuya faz ningún hombre puede ver y vivir, Deuteronomio 7.21ss.

    2. El poderoso de Israel, Isaías 1.24

    3. El grande y poderoso Dios, cuyo nombre es Jehová de los ejércitos, Jeremías 32.18.

    4. Poderoso y fuerte, Job 9.4; 36.5; Salmos 24.8.

    5. Señor (es decir, dueño y rey), Mateo 11.25; Apocalipsis 1.8; 22.5.

    6. El Rey que gobierna sobre todo, Éxodo 15.8; Salmos 29.10; 2 Reyes 29.15; Jeremías 10.7,10.

    7. El Rey de Israel que reina, protege y salva, Números 23.21; Deuteronomio 33.5; Jueces 8.23; 1 Samuel 6.7; Salmos 10.16; 24.7; 48.3; 74.12; Isaías 33.22; 41.21;

    8. En el Nuevo Testamento se le llama el Gran Rey, Mateo 5.35;1Timoteo 1.17.

9. Rey de reyes y Señor de señores, 1 Timoteo 6.15; Apocalipsis
10. El Señor Todopoderoso, 2 Corintios 6.18; Apocalipsis 1.8; 4.8; 11.17.
11. El bienaventurado y solo soberano, 1 Timoteo 6.15.
12. El que posee tanto el derecho como la autoridad, Mateo 8.18; Romanos 9.21.
13. El que tiene habilidad y poder para actuar, Mateo 6.13; Romanos 1.20.

2. **La Biblia muestra su omnipotencia a través de sus obras**

1. Él es fuerte y poderoso, Isaías 40.26.
2. Crea el cielo y la tierra, Génesis 1; Isaías 42.5; 44.24; 45.12,18; 48.13; 51.13; Zacarías 12.1.
3. Establece todo por sus eternos decretos, Jeremías 5.22; 10.10; 14.22; 27.5; 31.35.
4. Causa la lluvia y el viento; torna la sombra de muerte en día, y oscurece el día como la noche, hace la paz y crea el mal, Amós 3.6; 4.13; 5.8; Isaías 45.5-7; 54.16.
5. Crea el habla, mata y hace vivir, libra y destruye, Éxodo 4.11; 15; Deuteronomio 32.39; 26.8; 29.2; 32.12; 1 Samuel 2.6; 14.6; 2 Reyes 5.7; Oseas 13.14; Mateo 10.28; Lucas 12.20.
6. Posee absoluto poder, nada puede detenerlo, Salmos 8, 18, 19, 29, 33,104; Job 5.9-27; 9.4ss; 12.14-21; 34.12-15;6.37.
7. Nada es demasiado difícil para Él, todo le es posible, Génesis 18.14; Zacarías 8.6; Jeremías 32.27; Mateo 19.26; Lucas 1.37; 18.27.
8. De las piedras puede levantar hijos a Abraham, Mateo 3.9
9. Hace lo que le place, Salmos 115.3; Isaías 14.24,27; 46.10;
10. Nadie le puede asignar un tiempo, Jeremías 49.19; 50.44.
11. Su poder se evidencia en la redención, y en la resurrección de Cristo, Romanos 1.4; Efesios 1.20.

12. Se evidencia en el fortalecimiento de la fe, Romanos 16.15; Efesios 1.19.
13. En la distribución de su gracia más de lo que pedimos y pensamos, Efesios 3.20; 2 Corintios 9.8; 2 Pedro 1.3.
14. En la resurrección de todos los hombres en el día final, Juan 5.25.

3. **La omnipotencia de Dios es la fuente de todo poder, autoridad, habilidad y fuerza**

   1. Entre las criaturas, y en el dominio de los hombres, Génesis 1.26; Salmos 8.
   2. En el imperio de los reyes, Proverbios 8.15; Romanos 13.1-16.
   3. En la fuerza de su pueblo, Deuteronomio 8.17,18; Salmos 68.35; Isaías 40.26ss.
   4. En la fuerza de los caballos, Job 39.22.
   5. En la fuerza de los truenos, Salmos 29.4; 68.33.

4. **En suma, todo poder pertenece a Jehová: Gloria y fuerza son sus posesiones**, Salmos 62.11; 96.7; Apocalipsis 4.11; 5.12; 7.12; 19.1.

¡Cuán maravilloso es nuestro Dios soberano! No tenemos palabras para expresar lo que sentimos al pensar en su grandeza. Nuestros sentimientos se unen al del poeta que pronunciara tan hermosos versos:

¡BENDICE, ALMA MÍA, A JEHOVÁ!

Alaba, ¡oh alma! A Dios: Señor, tu alteza
¿Qué lengua hay que la cuente?
Vestido estás de gloria y de belleza
Y luz resplandeciente.

Tú, que los montes ardes si los tocas,
Y al suelo das temblores,
Cien vidas que tuviera y cien mil bocas
Dedico a tus loores.

Mi voz te agradará, y a mí este oficio
Será mi gran contento.
No se verá en la tierra maleficio
Ni tirano sangriento.

Sepultará el olvido su memoria:
Tú, alma, a Dios da la gloria.

  —Estrofas escogidas de Fray Luis de León
   (español, 1528-1591)

Más que maravilloso

Capítulo 4: Dios y su maravillosa creación

> El mundo que habitamos tuvo que haber tenido un origen;
> ese origen tuvo que haber tenido una causa;
> esa causa tuvo que haber sido inteligente;
> esa inteligencia tuvo que haber sido un ser supremo;
> y ese ser supremo, que siempre fue y siempre será,
> tuvo que haber sido el Dios eterno,
> creador de los cielos y de la tierra.
> — Anónimo

A los niños de un colegio cristiano en Chula Vista, California, se les pidió que expresaran lo que pensaban acerca de cómo es Dios, qué hace, entre otras cosas. La siguiente descripción es un resumen de lo que escribió un niño llamado Daniel Dutton, de ocho años de edad:

¿Cómo es Dios? Bueno, yo empezaría diciendo que una de las tareas principales que Dios tiene es hacer personas. Las hace para reemplazar a los que mueren de modo que siempre haya suficiente gente aquí en la tierra para cuidarla.

Cuando Dios crea a las personas, no las hace grandes, solo crea bebés. Pienso que eso se debe a que como son pequeñas es más fácil fabricarlas...

La segunda tarea más importante es escuchar las muchas oraciones que le hace la gente. Esto le lleva mucho tiempo, porque hay una cantidad enorme de personas como los predicadores que oran durante todo el día, y no solo al acostarse. Por eso es que Dios no tiene tiempo para escuchar radio ni ver televisión... Además, Dios tiene un hijo que se llama Jesús. Hace mucho tiempo, cuando este vino a la tierra, hizo cosas maravillosas, como caminar sobre el agua y muchos otros milagros. Al mismo tiempo, trataba de enseñar a la gente, pero ellos no querían saber de Dios. Por fin se cansaron de oírlo predicar y lo crucificaron.

Sin embargo, Él era muy amable; igual que su Padre. Por eso le dijo que la gente no sabía lo que hacía, y que debía perdonarlos. El Padre dijo: O.K...

Ahora [en el cielo] Jesús ayuda a su Padre, escuchando las oraciones y haciendo muchas de las tareas difíciles... Es como un secretario, aunque más importante.

Un consejo para todo el que vea esto: No dejes de ir a la iglesia para hacer algo que creas más placentero, como ir a la playa. Eso es malo. Además, los domingos el sol no sale en la playa hasta después del medio día.

Es bueno saber que Dios está cerca, especialmente cuando está oscuro y tienes miedo, o cuando no puedes nadar muy bien y los chicos más grandes se lanzan al agua profunda de un río... Es por todo eso que creo en Dios.

Dios el Creador

No hay nada que nos intrigue más que la doctrina de la creación. Nos obliga a contrastar a un Dios —que no podemos ver y que nunca tuvo principio— con algo increíblemente grande —que si podemos ver— y que por toda la evidencia científica tuvo que tener un comienzo. Si tomamos la extensión general de lo creado y le añadimos tiempo, espacio, y masa, quedamos anonadados ante la totalidad de lo que eso representa.

Por ejemplo, la estrella más cercana a nuestro sol es Alfa de Centauro y está a 4.3 años luz de la tierra (cualquier chico en secundaria nos multiplica la velocidad de la luz −299.792,5 kilómetros por segundo — por los 4.3 años luz y nos informa que esa estrella está solo a 15.625 billones de kilómetros). ¡Y esa es la más cercana! ¿Qué diremos de las galaxias que en años recientes se han descubierto y que están a unos 9 trillones de kilómetros?

La inmensidad del universo (en términos de espacio), la enorme cantidad de masa (peso, materia) que cada estrella y planeta —incluso el nuestro— tienen, además de la cuestión del tiempo que llevó para que todo eso existiera es lo que causa los grandes debates científicos. ¿De dónde vino toda esa materia física, materia que es indispensable para que cada cosa exista? ¿Cuánto tiempo —años, milenios— llevaría formarlo? ¿Cuál fue la primerísima cosa formada? ¿Para qué fue hecha?

Contestar esas preguntas es lo que les hace a los filósofos arrancarse el pelo. ¿Han notado que casi todos son calvos?

Veamos algo aparentemente más sencillo. Tómese, por ejemplo, el caso de la araña europea.[33] Esta pequeña criatura hace su morada en el fondo de los lagos, pero como cualquier otro arácnido, tiene que respirar aire. ¿Cómo hace entonces para poder vivir en el fondo del agua? Eso llevó a varios científicos a observar sus maniobras. Descubrieron que la genial arañita llega a la superficie y da un salto mortal, absorbiendo aire en ese peculiar esfuerzo. Ese buche de oxígeno lo lleva al fondo y lo vacía en una bolsa de una telaraña especial que ella misma tejió. Sube una y otra vez a la superficie hasta llenar su burbuja de aire. Luego, allá abajo, vive, cría y atrapa su comida. Apenas hace unos pocos años que esta criatura fue descubierta, pero allí ha estado por siglos, observada y disfrutada por el gran Creador.

Bien podríamos preguntar, ¿para qué propósito sirve tal criatura? El salmista nos responde: *He allí el grande y anchuroso mar, en donde se mueven seres innumerables, seres pequeños y grandes... Todos ellos esperan en ti* [Dios], *para que les des su comida a su tiempo. Tú les das, ellos recogen; abres tu mano, se sacian de bienes* (104.25-28). Maravillosamente este

Más que maravilloso

pequeño insecto verifica la observación de Anselmo:«Dios hace perfectamente lo que más le place, y todo lo que hace sigue un orden perfecto, no solo en un sentido racional, sino perfecto también por su singular belleza».

Leí en la revista National Geographic (ejemplar de mayo, 1999) acerca de la increíble inteligencia de los cuervos. Por ejemplo, desde el cuarto de su hotel Jean-Pierre Germain, comerciante canadiense, vio a un perro encadenado que trataba de alcanzar a un cuervo que lo molestaba a pocos centímetros de su hocico. Mientras este entretenía al perro, otro cuervo se comía la comida del can. Pero lo más curioso es que, al rato, los cuervos cambiaban de lugar y entre los dos se comían el alimento del perro.

Cuenta Karen Nelson de Alameda, California, que siendo niña se entretenía viendo a los cuervos arreglarse la comida. Resulta que recogían nueces de los árboles, y esperaban hasta ver venir un automóvil por la calle. Uno o dos cuervos entonces tomaban unas nueces y, volando hacia el auto, las dejaban caer. Cuando las llantas del auto las arrollaban partiendo las cáscaras, los cuervos entonces celebraban su banquete.

¡Cuántas cosas habrá en el mundo por las que hay que celebrar la grandeza de Dios en su creación! Además, quedan maravillas estelares que los poderosos telescopios espaciales todavía no han podido enfocar; como también seguramente hay curiosos microbios que aun los más poderosos microscopios no han descubierto. No solo eso, hay misterios increíbles escondidos bajo el hielo y la nieve cisandina, así como fenómenos por descubrir en los abismos subterráneos del mar. Todos son productos y prodigios de la mente de Dios, asombrosas creaciones que Él ha hecho sencillamente para complacerse a sí mismo!

Un artículo de Douglas Chadwick captó mi interés, se trataba de las enormes ballenas jorobadas, animales que llegan a medir hasta 17 metros de largo y pesar hasta 40 toneladas, y que aun así surcan con gracia y fluidez los mares del mundo. Douglas pasó varias semanas en las islas hawaiianas, Maui y Lanai, precisamente para estudiar las canciones entonadas por esas ballenas. Bajó un micrófono a unos metros debajo del barco que usaba y captó la música en una grabadora. Luego informó: «Podíamos oírlas cantar por los audífonos, pero en realidad no era necesario. Se podía oír reverberando a través del casco del barco y sobre las propias olas del mar. Primero se oía un bajo que retumbaba como si fuera la octava más baja de un órgano de una catedral, gradualmente cambiando a quejidos lamentosos, y terminando en chillidos como los que emiten los globos cuando se les estira la boca para que les salga el aire. Parecía que las notas cantadas se construían en frases y esas frases en temas que se repetían, algunas duran hasta 30 minutos, sin duda la música más compleja creada por el mundo animal».[34] Portentos como el que acabamos de leer obligan al salmista a exclamar:

> *Alabad a Jehová desde la tierra, los monstruos marinos y todos los abismos; el fuego y el granizo, la nieve y el vapor, el viento de tempestad que ejecuta su palabra; los montes y todos los collados, el árbol de fruto y todos los cedros; la bestia y todo animal, reptiles y volátiles* (Salmos 148.7-10).

Dios crea lo que quiere y además lo gobierna, sencillamente porque es inigualable en su poder. No lo hace por necesidad, sino por deseo. El pastor y teólogo, John Piper[35] nos da cinco razones de ello:

1. La creación no es simplemente una obra del Padre, hecha por Él como algo que tuvo que hacer porque el Hijo no lo satisfacía del todo. Ni tampoco es la obra que tuvo que hacer el Hijo en vista de la incapacidad del Padre. [La creación] es la obra de ambos... creando para [satisfacer] la gloria que siente cada uno en el otro.
2. Dios se gloría en las obras de la creación porque estas lo alaban a Él.
3. Dios se deleita en las obras de la creación porque expresan su incomparable sabiduría.
4. Dios se gloría en las obras de la creación porque revelan su inigualable poder.
5. Dios se gloría en las obras de la creación porque ellas nos llevan a apreciar la hermosura de su divina persona.

Algo parecido nos dice David en el Salmo 8, maravillándose del hecho de que Dios en su voluntad nos creó a los hombres sencillamente para regocijarse en nosotros. Recordemos que, complacido en la perfección de Adán y Eva antes de que pecaran, exclamó que esa creación especial que había hecho era «*buena en gran manera*» (Génesis 1.31).

Sin duda alguna, la comunidad científica admira toda la creación y comprende su maravilla, pero como rechaza la existencia de Dios, procura explicar lo que existe en maneras naturales. Tomemos el caso de varios ateos prominentes.[36] Carlos Darwin, en su libro *El descenso del hombre*, escribe: «En cuanto a mí, prefiero descender de un pequeño heroico mono... que de un salvaje que se deleita en torturar a su enemigo, trata a su esposa como esclava, no conoce la decencia, practica el infanticidio y vive aterrorizado por sus supersticiones».

Se dice que el *Origen de las especies* hizo famoso a Darwin y la defensa del darwinismo a Tomás Enrique Huxley, el primer gran agnóstico. El caso es que tratando de defender las teorías de Darwin fue desacreditándose por las cosas insensatas que decía. Como ejemplo, al final de su vida se dispuso a atacar a la Biblia. El pasaje que más usaba era el del endemoniado gadareno (Marcos 5). Alegaba que ese relato mostraba la crueldad de Cristo con los animales (por tanto no podía ser Dios), y que era muestra de lo falso de la Biblia, pues los judíos no criaban cerdos. Pero igual a tantas de sus otras aseveraciones, no sabía los detalles, por ejemplo, que los gadarenos eran gentiles y que esa era una zona no habitada por judíos.

Otra muestra de la consecuencia de negar a Dios la tenemos en Friedrich Nietzche. Negando a Dios colocó a la *tierra* como lo más importante: «Os conjuro, mis hermanos, que sean leales a la tierra, y no crean a aquellos que les hablan de una esperanza más allá de este mundo. Lo que hacen es envenenar, aunque no lo sepan... Antes se declaraba que la blasfemia más grande era la que se hacía contra Dios, pero Dios ha muerto, y con Él todos los blasfemos. Ahora el que blasfema a la tierra comete el peor de los pecados, y clasifica al corazón de lo desconocido en una postura más alta que el sentido de la tierra...»

Para Nietzche, que negaba al Creador del mundo, ni Dios ni sus leyes importaban. ¿Para qué, entonces, vive el hombre? Decía: «El hombre ha de ser entrenado para la guerra, y la mujer para darle recreo al guerrero: toda otra cosa es tontería... La felicidad del hombre es "Yo quiero". La felicidad de la mujer es "Él quiere..." Cuando visites a una mujer, lleva contigo un látigo».

Así era como brotaba de su mente una teoría tras otra —todas las cuales eran opuestas a las declaraciones bíblicas que dan tanto sentido a la vida. Nietzche era el retrato de lo que afirma la Biblia: el necio vive en «oscuridad». No ve las cosas claras. No entiende, y su razonamiento es necio. En medio de toda la confusión intelectual planteada aparece un cristiano y calladamente declara: «Dios creó al mundo».

Esa sencilla declaración tiene implicaciones titánicas. La más obvia es que, para haber hecho todo, ¡Dios tiene que ser mucho más grande que toda la creación completa! Tal concepto es en verdad atemorizador.

Pero el cristiano no termina allí. Añade, como si fuera poco: «Y Dios lo hizo todo en seis días».

Ahora sí que se formó un arroz con mango —como decimos los cubanos. «¿Qué?», gritan los astrónomos. «¿Cómo?», preguntan los arqueólogos. «¿Cómo?», dicen los filósofos. Y, sin pestañear, el cristiano responde: «Con el decir de su boca, porque Él es Dios».

¿De dónde vino este mundo?

¿Ha pensado cómo eran las cosas antes de que Dios creara el mundo? La respuesta es paradójica: Nada... nada... nada existía. Bueno, perdón, me equivoco: Dios sí... Sí, Dios estaba llenando todo ese espacio desconocido, porque Él ocupa el todo de todo. Como afirma el poeta:

TÚ

Señor, Señor. Tú antes, Tú después,
Tú en la inmensa hondura del vacío y en la hondura interior:
Tú en la aurora que canta y en la noche que piensa;
Tú en la flor de los cardos y en los cardos sin flor.
Si la ciencia engreída no te ve, yo te veo;
si sus labios te niegan, yo te proclamaré.
Por cada hombre que duda, mi alma grita: «Yo creo»
¡y con cada fe muerta, se agiganta mi fe! [37]

Un buen día, en su infinita sabiduría (nos dice la Biblia, «*en el consejo de su buena voluntad*», Efesios 1.5), Dios decidió crear. La Biblia lo dice tan simplemente: *En el principio creó Dios los cielos y la tierra...* El resultado fue toda la maravilla que se despliega ante nuestros ojos, día tras día. Sabemos, por lo que estudiamos en el capítulo anterior, que para su propia gloria y gozo hizo todo.

Hablamos de que creó al mundo *ex nihilo*, de la nada. R.C. Sproul, teólogo estadounidense, señala: «El cristiano dice que en la creación hubo una causa instrumental (la Palabra de Dios), una causa formal (el plan de Dios), una causa final (la voluntad de Dios), y un ser auto existente el cual es la causa eficiente y suficiente. Aquí todo lo que faltaría es una causa material [algo ya existente que Dios hubiese usado]. Para un escultor tal falta sería mortal. Para Dios no lo fue».[38] ¿Todo hecho de la nada? ¡Imposible! Pero así, sencillamente lo afirma la Biblia.

Importancia de la doctrina de la creación

El Dr. Gerald Nyenhuis nos señala cinco razones por las que considera importante la doctrina de la creación: [39] 1) El énfasis que la Biblia le da a esta doctrina (comienza con la creación del mundo). 2) Siempre ha sido un tema importante en la proclamación del evangelio. 3) Es esencial para comprender las demás doctrinas bíblicas. 4) Nos ayuda a distinguir la diferencia entre el cristianismo y otras religiones. 5) Nos enseña la correcta relación que existe entre el cristianismo y las ciencias, sobre todo las naturales.

La gloria y maravilla de esta creación —sea una montaña luciendo sus picos nevados; una flor cuando abre sus coloridos pétalos; un ave flotando sin esfuerzo en el aire; el mar embravecido chocando furiosamente con las rocas de una playa; un niño jugando en la arena; un padre arando un campo con su yunta de bueyes; o una madre acariciando su recién nacido— todo expone la mano creativa de un Dios increíblemente inteligente y capaz. Cada cosa creada manifiesta la obra detallada y sensible de su Creador.

Es al estudiar todo lo creado y al meditar en nuestro glorioso Creador, que ocasionalmente nos es necesario re formular lo que creemos en afirmaciones claras y precisas. A continuación cito declaraciones hechas por una denominación cristiana, creyendo que cumplen con esta necesidad:[40]

1. Los capítulos uno y dos de Génesis son históricos, coherentes, y representan un recuento verídico de la creación del universo y del hombre por Dios en seis días.

2. Los capítulos uno y dos no representan un relato mítico de la creación sin base en la realidad o el tiempo.

3. Los capítulos uno y dos de Génesis componen una unidad que relata los actos de la creación, y no son dos relatos distintos ni incoherentes.

4. Dios hizo todas las cosas directamente por su mandato divino, por tanto afirmamos junto con los padres de la cristiandad «que ninguna parte del universo, incluyendo las criaturas contenidas en él, llegaron a existir al azar o por medio de un poder ajeno al del soberano Dios».

5. Las ocho órdenes específicas dadas en Génesis capítulo uno fueron mandatos sobrenaturales e incluyen la creación de todo lo hecho.

6. Todo lo creado por medio de estos ocho actos divinos llegó a existir instantánea y perfectamente.

7. Dios creó a Adán inmediatamente del polvo de la tierra y no de una forma animal inferior; a su vez, el aliento de Dios lo constituyó en ser viviente a la imagen de Él.

8. Dios hizo a Eva directamente del hombre.

9. La raza humana entera, con la sola excepción de nuestro Señor Jesucristo, desciende de Adán y Eva por generación ordinaria.

10. Cada especie es el resultado de un acto creativo especial, y cualquier desarrollo genético es únicamente posible dentro de esa especie particular, negando así la posibilidad de una magna evolución.

¿Está de acuerdo? ¿Cree que lo dicho es bíblico y científicamente sostenible? ¿Podría darse siquiera una prueba que contradiga estas afirmaciones?

Hasta el día de hoy y pese a muchos intentos, nadie ha podido presentar prueba contraria e irrefutable de algo verdadero que afirme la Biblia. Norman Geisler en su libro *Apologética* lo dice así, al hablar de la inerrancia del texto: «No significa que todo lo que se registra en la Biblia sea verdadero, sino que todo lo que se afirma como cierto lo es».[41] Entonces da un ejemplo de un error que aparece: «Caín dijo: "Soy yo acaso guarda de mi hermano?", queriendo decir que no lo era». Entonces Geisler aclara: «La Biblia registra que él dijo eso, pero no avala su actitud. Después de todo, ¡venía de un hombre que acababa de matar a su hermano!»

¿Qué en cuanto al conflicto con las ideas evolucionistas?

Al escribir este capítulo se desarrolla en el Estado de Kansas, Estados Unidos, un fuerte debate sobre la enseñanza de las teorías de la evolución en las escuelas públicas. Resulta que un grupo de anti evolucionistas se ha apoderado de la Junta Educativa del Estado. Oficialmente han declarado innecesaria la enseñanza de la evolución en las escuelas públicas. El alboroto resultante ha interesado a toda la nación.

«Dios no existe. El hombre es simple barro. La verdad es solo lo que uno quiere que sea. No le hagamos caso a estos evangélicos extremistas», urge un bando.

«Si no tomamos los primeros dos capítulos de Génesis como literales», grita el otro bando, «se nos derrumbará por completo el edificio de nuestra fe».

Un comentarista de prensa, Craig Brelsford —editor del periódico *The Hickory* de Carolina del Norte— se auto denomina creyente y responde al debate como sigue:[42]

> «Los evolucionistas se han equivocado al llevar sus teorías biológicas a áreas morales y filosóficas; pero los creacionistas también yerran tratando de convertir al libro de Génesis en un tratado científico. No hay suficientes adjetivos para describir el recuento de la creación que aparece en Génesis: *conmovedor, inescrutable, misterioso, majestuoso, profundo*. No me importa cuántos fósiles hayan desenterrado los paleontólogos, ni cuántos estratos de rocas hayan descubierto los geólogos. Ninguna explicación que den acerca del origen del universo contiene tanta verdad como lo revelado en el Génesis.
>
> »El mensaje que declara es inequívoco. Hay un Dios que creó el universo. No hay otro relato que lo cuente mas sencillamente ni con tanta belleza. Sin embargo, el libro de Génesis no es un tratado científico. Es una declaración; no es una conclusión. Afirma, pero ni en una sola instancia procura dar pruebas. Y gracias a Dios que es así. ¿Quién quiere una religión llena de conceptos filosóficos y explicaciones

técnicas? Lo majestuoso de lo dicho en Génesis nos toca mucho más profundo...

»Los evolucionistas radicales no buscan la verdad cuando convierten sus teorías en teología. Es una cosa decir que la evolución podría haber ocurrido; es totalmente otra declarar que nos gobierna un sistema fatalista, y que como seres humanos somos producto de la acción de fuerzas sin inteligencia durante millones de años. La mayoría de la gente se da cuenta de que son más que simple materia y saben que la vida tiene propósito.

»¿Busca verificación de la verdad de la Biblia? Aconsejo que procure vivir una vida que emule a Jesús. Pero si desea más bien un recuento que le diga paso por paso y científicamente cómo fue que se formó el mundo, no vaya a Génesis. El que lo escribió tenía cosas mucho más importantes que decirnos».

Hebreos 11.3 nos dice: *Por la fe entendemos haber sido constituido el universo por la palabra de Dios, de modo que lo que se ve fue hecho de lo que no se veía.* En otras palabras, simplemente aceptamos lo que Dios nos dice en su Palabra como verdad: Él hizo al mundo y todo lo que existe de la nada. A su vez, reconocemos que la Biblia no es un manual científico, sino que contiene información relativa a lo científico. Aunque muchos investigadores escogen negar lo bíblico como verdad, no han podido dar una sola prueba que desmienta las afirmaciones de la Palabra de Dios.

Esto nos lleva a otra consideración importante:

La perfección de lo creado

La frase más repetida en el primer capítulo de Génesis es: «*Y vio Dios que era bueno*». Se menciona después de cada acto creativo, concluyendo el capítulo con la frase: «*Y vio Dios todo lo que había hecho, y he aquí que era bueno en gran manera*». Ese es el veredicto divino enunciado superlativamente sobre todo lo hecho. En lo creado por Dios no había impureza, ni falla, ni imperfección. Lo único que Dios observa como algo incompleto antes de la caída, es la soledad del hombre. Es cuando dice: «*No es bueno que el hombre esté solo, le haré una ayuda idónea*». El hombre carecía de algo importante, cosa que Dios suple a su debido tiempo.

Esto es importante notar, porque choca directamente con el pensamiento platónico. Siguiendo las ideas filosóficas griegas, Platón enseñaba que todo lo material, todo lo físico es inherentemente deficiente o imperfecto. Solo lo espiritual es perfecto. De ahí nace la idea de que la «carne» es mala —puesto que es material— y el «espíritu» bueno —dado que es espiritual.

Esta idea caló profundo en el pensamiento humano, incluso en el de muchos cristianos hoy. A veces citan el conflicto que apunta el apóstol Pablo (Gálatas 5.17) entre la carne y el espíritu como prueba de tal dualismo. Lo que hay que entender es que el apóstol, en esas enseñanzas, no trata acerca de la lucha entre la carne (lo material) y el espíritu (lo puro porque es espiritual), más bien habla de la batalla que tenemos entre las cosas buenas de Dios y las malas que apelan a nuestra humanidad caída —otro tipo de lucha. No tiene nada que ver con el dualismo griego.

Ese dualismo —el cuerpo es malo, el espíritu bueno— se ve en varias acciones históricas. Ello, por ejemplo, dio lugar al monasticismo: había que castigar la carne para poder purificar el espíritu. Era, pues, necesario quitarle al cuerpo cualquier cosa que le diera gozo o satisfacción.

Fue esa misma idea la que llevó a Martín Lutero a flagelar su cuerpo con severidad en el convento agustiniano de Erfurt. Esa misma noción de que la carne es mala produjo el concepto de la *inmaculada concepción*. ¿Cómo podría la Virgen dar a luz al santo Hijo de Dios teniendo ella un cuerpo material, y por tanto contaminado con el pecado?

Bajo el concepto griego, cuando Juan dice: «*Y el Verbo se hizo carne*», se entendía que Dios se hacía pecador. Lo inmaterial y espiritual no se podía volver material, ya que «tomar carne» significaría mancharse y contaminarse con lo impuro e imperfecto. Para ellos, el que Dios se hiciera carne era algo inaceptable. De ahí que la primera herejía en la iglesia primitiva fuese el *docetismo*: la enseñanza de que Cristo Jesús no vino en carne, sino que «parecía» ser carne. Enseñaban que Jesús en realidad era un fantasma. El apóstol Juan condenó la herejía declarando que *muchos engañadores han salido por el mundo, que no confiesan que Jesucristo ha venido en carne. Quien esto hace es el engañador y el anticristo* (2 Juan 7).

La noción de que el cuerpo es malo también se asocia con nuestra sexualidad. Por apelar al, y ser del, cuerpo, muchos creen que el sexo tiene que ser malo. De ahí nace la idea de la perpetua virginidad de María. Siendo que el sexo es malo, ¿cómo podría ella haber tenido hijos e hijas de José su esposo, y Jesús haber tenido hermanos? Hoy muchos creyentes se privan de disfrutar las grandes bendiciones que el Señor les da tratando de alcanzar el favor divino mediante abstinencia de una u otra cosa. Eso también es dualismo.

Por esa fuerte creencia griega tan generalizada, hasta los mismos cristianos olvidan que Dios dijo que todo lo material que Él había hecho era «*bueno en gran manera*»: ¡superlativamente bueno!

Por ser buena, Dios promete a su pueblo una *tierra* que fluye leche y miel. Porque hizo al mundo bueno, Dios promete que cuando Cristo regrese *la creación misma será libertada de la esclavitud de corrupción, a la libertad gloriosa de los hijos de Dios* (Romanos 8.21). Porque el cuerpo es bueno, Dios promete que nuestros cuerpos serán resucitados en ese glorioso día cuando Él regrese en las nubes. Sí, viviremos con Él para siempre en cuerpos parecidos al que Él exhibió después de la resurrección. ¡Y viviremos en tierra y cielos nuevos (Apocalipsis 21)!

Como creyentes tenemos que diferenciar entre lo malo que hacemos cuando abusamos de nuestros cuerpos y el cuerpo en sí mismo. No pecamos porque el cuerpo sea malo, pecamos porque intrínsecamente —en nuestra mente, espíritu, alma y cuerpo— somos pecadores y nos prestamos al mal. El cuerpo es bueno, el mundo es bueno, el sexo es bueno, el matrimonio es bueno —al principio todo fue hecho sin maldad— para ser disfrutado sin mancilla dentro de los marcos perfectos establecidos por Dios.

Algo de C.S. Lewis para reflexionar

A muchos científicos les es difícil aceptar la idea de que todo fue creado por Dios. Les parece un invento de los religiosos. Hablan de las *leyes* de la naturaleza alegando que, si acaso hay un Dios que actúa, no las considera; más bien las viola con su supuesta soberanía.

El gran pensador, profesor y escritor inglés, C.S. Lewis, luego de convertirse a la fe cristiana, luchó mucho con estas aparentes contradicciones que los incrédulos lanzan contra Dios. De allí que escribiera un libro para tratar el tema. Se titula: *God in the Dock* [Dios en el banquillo de los acusados], y ahí esgrime una defensa maravillosa de Dios en contra de sus acusadores. Ante la afirmación de que «todo viene por la acción de las leyes».

Lewis responde:[43]

«Las leyes de la física, entiendo, decretan que cuando una bola de billar "A" choca con otra bola "B", poniendo a esta última en movimiento, la velocidad adquirida por "B" es exactamente igual a la velocidad perdida por "A". Esta es la ley. Este es el patrón al que por fuerza tiene que ajustarse el movimiento de las bolas de billar. Al ver moverse las bolas, hay que suponer que algo puso a la primera bola (A) en movimiento. Aquí mismo salta el problema. La *ley* no es la que pone la bola en movimiento. Normalmente es un hombre con su taco quien lo hace...

»No importa a cuántos movimientos regreses, jamás podrás concluir que fueron las *leyes* del universo las que dieron el golpe inicial, para poner en movimiento el curso de la naturaleza. Una *ley* no puede causar nada en absoluto. La ley simplemente es el conjunto de relaciones existentes entre las diversas magnitudes que intervienen en un hecho.

»Suma cincuenta centavos con otros cincuenta y tendrás un dólar. Pero a pesar de ser una matemática correcta, esa matemática no pondría ni un solo dólar en tu bolsillo».

Lewis ahora hace una interesante confesión:

«Hasta ver esta realidad, pensé que eran las leyes de la naturaleza las que causaban las cosas. Me di cuenta de que esto se parecía a creer que se puede incrementar el salario de una persona sencillamente escribiendo operaciones matemáticas en una hoja de papel. Las leyes sirven solo como patrones a los cuales ciertos hechos se conforman. Para que esos hechos ocurran, primero se tiene que encontrar lo que los causa.

»Si pudiéramos observar el suceso más insignificante que pudiera ocurrir, en vez de fijarnos en el patrón al que se ajusta, eso nos llevaría a un misterio pasado que sobrepasaría las ciencias naturales. Es muy cierto; es más, es un supuesto posible que tras ese misterio haya una poderosa Voluntad obrando. Si es así, cualquier contraste que haya entre sus acciones poderosas y las leyes de la naturaleza está fuera de duda.

»Es solamente la acción del hecho lo que da a las leyes algún efecto al que pueden aplicarse. Estas son meramente marcos vacíos. Él es el que llena ese marco —no de vez en cuando, ni en ocasiones providenciales, sino cada momento. Y Él, desde su ventajosa posición fuera del tiempo puede, si es que quiere, tomar todas las oraciones que los fieles expresan y hacerlas obrar dentro de los acontecimientos complejos que ocurren en la historia del universo. Seguro es que lo que llamamos "oraciones futuras" siempre son plegarias presentes para Él que está fuera del tiempo».

El poder de Dios no tiene medida

Ese primer impulso del que habla C.S. Lewis lo dio Dios. La Biblia lo dice en una forma tajante y sencilla: «*En el principio creó Dios los cielos y la tierra*». Y su manera de crear fue por el formidable poder de su estricto hablar: «*Y dijo Dios, sea...*» Y con igual naturalidad, el texto concluye: «¡y fue!» luz, noche, día, tierra, cielos, árboles, vegetación, animales, peces, aves, sol, luna, y finalmente hombre y mujer. Todo vino por el mero *hablar* de Dios. Poder inmensurable, no solo mayor que lo usual, sin medida.

El profeta Isaías, en una noche sin nubes —parecida a aquella en que al sur de Chile mi esposa y yo contemplábamos las brillantes estrellas que forman la llamada *cruz del sur*, anonadados por el resplandor del cielo cubriéndonos con su manto de estrellas— mira igualmente hacia el infinito cielo y declara:

> Levantad en alto vuestros ojos,
> y mirad quién creó estas cosas;
> Él saca y cuenta su ejército;
> a todos llama por sus nombres;
> ninguna faltará;
> Tal es la grandeza de su fuerza,
> y el poder de su dominio.

Si a simple vista Isaías se maravilla ante ese espectáculo celestial, ¿qué pasaría si el profeta viviera hoy y pudiera ver ese mismo cielo con los poderosos telescopios de Monte Palomar? Aun San Pablo, considerando el mismo cielo, se vuelve a los romanos incrédulos y les dice (Romanos 1.18-20):

> *Porque la ira de Dios se revela desde el cielo contra toda impiedad e injusticia de los hombres que detienen con injusticia la verdad; porque lo que de Dios se conoce les es manifiesto, pues Dios se lo manifestó. Porque las cosas invisibles de Él, su eterno poder y deidad, se hacen claramente visibles desde la creación del mundo, siendo entendidas por medio de las cosas hechas, de modo que no tienen excusa.*

¡Qué terrible falta de fe muestran los hombres incrédulos ante la magnificencia de Dios! A la vez, ¡qué terriblemente ofensivo ha de ser ante Dios el trato de algunos que en la actualidad sitúan al glorioso, sublime e incomparable Creador de cielos y tierra como a un igual — con un tuteo y una intimidad irreverente. Le gritan, le demandan, le piden, lo amonestan, lo mandan como si ellos fueran reyes y Él meramente un siervo a sus órdenes.

Qué triste falta de respeto, dignidad, honra y gloria que se exhibe entre tantos. Para ellos cabe la advertencia de la poesía del rey David:

> *Ahora, pues, oh reyes, sed prudentes;*
> *Admitid amonestación, jueces de la tierra.*
> *Servid a Jehová con temor, Y alegraos con temblor.*
> *Honrad al Hijo, para que no se enoje,*
> *y perezcáis en el camino;*
> *pues se inflama de pronto su ira.*
> *Bienaventurados todos los que en Él confían.*
>
> —(Salmos 2.10-12)

Capítulo 5: Dios y sus extraordinarios ángeles

> Los ángeles son los dispensadores y los administradores de la beneficencia
> divina hacia nosotros; ellos se ocupan de protegernos,
> ellos nos defienden, ellos nos enseñan el camino por el que debemos andar,
> sobre nosotros ejercitan una constante solicitud para que no nos venga el mal.
> – Juan Calvino

No sé si fueron ángeles. Pero sí que en dos ocasiones fui misteriosamente ayudado y —por lo poco que dice la Biblia acerca de los ángeles guardianes— bien pudieran haber sido ellos.

Ángeles que sujetaron a mi caballo

Allá en Cuba, mi hermano Allen y yo teníamos un pequeño negocio, supliendo viandas y frutas a las familias que vivían en el plantel del

Seminario Los Pinos Nuevos. Tendría unos 12 años de edad, y mi hermano 10.

El seminario tenía varios caballos, y en ellos recorríamos las fincas aledañas en busca de lo que necesitábamos a la sazón. Una de esas veces, nuestro hermanito de seis años, Pablito, insistió en acompañarnos. Lo montamos en la yegua más mansa, y nos fuimos a buscar aguacates.

Todo iba de lo lindo camino a las fincas que tenían los mejores aguacates. Al rato Pablito se cansó de la yegua y quería montar en el caballo mío. Tanto insistió, que cedí, y monté la yegua.

El problema era que mi caballo se espantaba con facilidad, por eso solo lo montaba yo. Pocos minutos después de haber hecho el cambio, al dar cierto giro en el camino, el caballo se espantó con unos matorrales y empezó a correr por el campo a galope libre.

Pablito hacía todo lo posible por sujetarse a la montura. Yo iba a la velocidad máxima que podía correr la vieja yegua. En eso el caballo pegó un salto, volando una zanja, y vi a Pablito despedido por el aire hasta caer sobre unas rocas.

Cuando llegué a su lado, estaba inconsciente. Con cuidado le di una vuelta, y vi que su cabeza se había golpeado contra una de las rocas, abriéndole una herida profunda en su cuero cabelludo. Pablito pronunciaba sonidos inarticulados. Sabía que tenía que llevarlo a un centro de auxilio que estaba en el poblado de Santa Clarita, que dejamos atrás hacía poco.

Y aquí viene lo del ángel guardián. ¿Cómo fue que el caballo espantado regresó a mi lado sin yo llamarlo? ¿Cómo fue que se detuvo allí sin moverse? ¿Con qué fuerzas pude yo —un niño de doce años— levantar a mi hermanito de seis hasta la montura, y luego montarme también en el mismo caballo, sin que la bestia se moviese? Creo de todo corazón que Dios envió a uno de sus ángeles para ayudarme en esa desesperada emergencia —no lo vi pero, por lo que aconteció, tiene que haber estado muy presente.

Ángeles que nos protegieron de un grave accidente

Evis Carballosa[44] y yo llegamos al aeropuerto de San Antonio, al occidente de Venezuela, zona limítrofe con la ciudad colombiana de Cúcuta. Era la tarde del martes 29 de junio de 1999. Allí nos esperaba el simpático y genial Jacobo García, director interino de nuestro programa de estudios en el país. Nos montamos con nuestro equipaje en el auto de Jacobo e iniciamos el viaje a nuestro destino, San Cristóbal, a una hora de distancia, loma arriba, por la Cordillera Occidental. Allí celebraríamos nuestro congreso para estudiantes de la Facultad Latinoamericana de Estudios Teológicos (FLET) y obreros de la región.

En el viaje comentábamos lo peligroso del aeropuerto.

—Sin rodeo alguno —dijo Carballosa en su fuerte acento español—, ese aeropuerto me dejó con la lengua de corbata. Tiene que ser la peor pista de aterrizaje en el continente. El que la hizo seguramente le dio gato por liebre al contratista.

—Y lo que te espera —contesté yo, que había estado en San Cristóbal varias veces—. Ahora verás lo que es una carretera zigzagueante.

Jacobo se reía de nuestros comentarios mientras maniobraba sobriamente entre las curvas. Carballosa se aguantaba con las dos manos, a la vez que ojeaba con recelo los barrancos, que con cada kilómetro se hacían más atemorizantes.

—Señor Jacobo —dijo con su voz aguda por la tensión—, ¿por casualidad, equipó su auto con paracaídas?

La respuesta de Jacobo se me quedó grabada:

—Casi todos los días algún carro se desploma por uno de estos barrancos, y lo curioso es que no hay parada hasta la cañada al fondo.

—Prefiero mirar al cielo —contestó Carballosa secamente volteando la cara.

Con gran alivio al fin llegamos a la cumbre. Delante de nosotros estaba la hermosa ciudad de San Cristóbal.

—Menos mal que tenemos cinco días aquí para que se me pase el susto —señaló Carballosa.

Casi llegando al hotel, como a una cuadra, Jacobo dijo:

—Siento algo extraño en la dirección del auto. Me parece que está floja. No gira como debiera.

Los dos lo miramos, y al ver que hablaba en serio, acoté:

—Mañana a primera hora llevas el auto a un mecánico para inspeccionarlo. Con la dirección de un carro no se juega.

—Especialmente con estas subidas y bajadas —añadió Carballosa.

Al siguiente día, como a las diez de la mañana, llegó Jacobo.

—No van a creer lo que les tengo que decir —nos dijo—. Cuando el mecánico levantó el auto en el elevador hidráulico y movió la dirección, todo se cayó. Los dos tornillos que aseguran la dirección no estaban allí. El mecánico no podía creer que hicimos el viaje sin accidente desde San Antonio. Dos ángeles tienen que habernos acompañado ayer,[45] uno a cada lado, supliendo con sus dedos los tornillos caídos. ¡Demos gracias a Dios por su divina protección!

¿De dónde vienen estos ángeles?

No hay duda de que los ángeles son considerados como parte de la creación de Dios (Salmos 148.2,5; Colosenses 1.16). El significado de la palabra ángel, tanto en hebreo (*mal'ach*) como en griego (*aggelos*), es «mensajero». Su número es incalculable. Dice la Biblia: *Oí la voz de muchos ángeles alrededor del trono, y de los seres vivientes, y de los ancianos; y su número era millones de millones* (Apocalipsis 5.11; véanse también Daniel 7.10; Mateo 26.53; Lucas 2.13; Hechos 1.14).

Se usan varias palabras para describir a los ángeles: «espíritus», en Hebreos 1.14; «tronos, dominios, principados, poderes, potestades», en Efesios 1.21 y Colosenses 1.16; «hijos de Dios», en Lucas 20.36 y Job 1.6; «poderosos», en 2 Tesalonicenses 1.7 y Salmos 53.20; «santos ángeles», en Lucas 9.26; y »«ángeles escogidos» en 1 Timoteo 5.21.

Son seres con extraordinaria autoridad sobre lo creado. Son «poderosos en fortaleza» y se llaman «los ángeles de su poder» (Salmos 103.20; 103.20; 2 Tesalonicenses 1.7). En 2 Reyes 19.35 se nos relata que un solo ángel mató a 185,000 asirios. Aparte de eso, tienen la responsabilidad de cuidar a los niños y proteger a los hijos de Dios (se supone que a los mayores). La Biblia muestra que a veces intervienen en acontecimientos internacionales, y que tendrán participación en el juicio final (Daniel 10.13; 10.20-11.10; Apocalipsis 15.16).

Distintos tipos de ángeles

Querubín

A.A. Hodge[46] dice que, de los seres creados, los querubines son los que tienen las más altas propiedades vitales; al mismo tiempo nos recuerda que a ellos se les asignó la tarea especial de cuidar el huerto de Edén, cuando Adán y Eva fueron expulsados. Ezequiel los describe:

Su apariencia: había en ellos semejanza de hombre. Cada uno tenía cuatro caras y cuatro alas. Y los pies de ellos eran derechos, y la planta de sus pies como planta de pie de becerro; centelleaban a manera de bronce muy bruñido. Debajo de sus alas, a sus cuatro lados, tenían manos de hombre; y sus caras y sus alas por los cuatro lados. Con las alas se juntaban el uno al otro. No se volvían cuando andaban, sino que cada uno caminaba derecho hacia adelante. Y el aspecto de sus caras era cara de hombre, y cara de león al lado derecho de los cuatro, y cara de buey a la izquierda en los cuatro; asimismo había en los cuatro cara de águila. Así eran sus caras. Y tenían sus alas extendidas por encima, cada uno dos, las cuales se juntaban; y las otras dos cubrían sus cuerpos (Ezequiel 1.5-11).

En lenguaje poético, David el salmista cuenta que vio a Dios «*cabalgando sobre un querubín y volando*» (2 Samuel 22.11; Salmos 18.10).

Serafín

Esta palabra quiere decir brillante, refulgente, ardiente. Se menciona solo una vez en la Biblia (Isaías 6.2): *Serafines; cada uno tenía seis alas; con dos cubrían sus rostros, con dos cubrían sus pies, y con dos volaban.* Han surgido muchas especulaciones en cuanto a su función, pero realmente no se sabe más de lo que indica el texto de Isaías.

Arcángel

El término arcángel aparece solo dos veces en el Nuevo Testamento (1 Tesalonicenses 4.16, Judas 9), y ambas son en forma singular, llevándonos a concluir que hay solo un arcángel, y su nombre es Miguel. En Daniel 10.13 y 12.1 se le menciona como uno de los príncipes más importantes y como el, «gran príncipe». Apocalipsis 12.7 dice que luchó contra el dragón y sus ángeles malvados. Algunos han tratado de decir que el arcángel es sólo otra representación de Cristo, no obstante, como que no se le dan atributos divinos, descartamos esa noción. Pareciera ser el príncipe de los ángeles buenos.

Rangos angelicales

La Biblia habla de tronos, dominios, principados y poderes. Aparentemente hay cierta organización o jerarquía entre los ángeles. Por ejemplo, en Colosenses 1.16 y en Efesios 1.21 se mencionan estos rangos, hablando tanto de ángeles buenos como malos. Romanos 8.38, Efesios 6.12 y Colosenses 2.15 se refieren claramente a ángeles caídos.

Hoy, los que siguen la línea de la «guerra espiritual» dan mucha importancia a esos rangos. Debemos aclarar que la Biblia solo los menciona, sin embargo, ni los define ni explica las actividades específicas contenidas en los conceptos. Por tanto, la gran mayoría de explicaciones que se oyen hoy son mera especulación.

¿Cuándo fueron creados los ángeles?

La Escritura no indica exactamente cuándo fueron creados. El teólogo James Oliver Buswell afirma: «Si la frase: "Todo lo que había hecho", en Génesis 1.31, significa: "todo sin excepción"; entonces tendríamos que suponer que los ángeles fueron creados antes del final del sexto día, y que la caída de Satanás y sus secuaces sucedió después que Dios dijo: "*He aquí que* [todo] *era bueno en gran manera*"».

En Apocalipsis cuatro leemos acerca de los veinticuatro ancianos:

Y los cuatro seres vivientes tenían cada uno seis alas, y alrededor y por dentro estaban llenos de ojos; y no cesaban día y noche de decir: Santo, santo, santo es el Señor Dios Todopoderoso, el que era, el que es, y el que ha de venir. Y siempre que aquellos seres vivientes dan gloria y honra y acción de gracias al que está sentado en el trono, al que vive por los siglos de los siglos, los veinticuatro ancianos se postran delante del que está sentado en el trono, y adoran al que vive por los siglos de los siglos, y echan sus coronas delante del trono, diciendo: Señor, digno eres de recibir la gloria y la honra y el poder; porque tú creaste todas las cosas, y por tu voluntad existen y fueron creadas.

Estos seres extraños, de seis alas y llenos de ojos, ¿estarían siempre ante el trono glorificando a Dios? ¿Cuándo fueron creados? No se nos dice ni nos atrevemos a especular sobre ello.

En cuanto a lo que enseña la Biblia, la creación de los ángeles pudo ocurrir en cualquier momento antes del final del sexto día de la creación. La caída de Satanás, sin embargo, debió suceder entre el final del sexto día y la tentación del hombre en el huerto [debido a la frase de que hasta ese sexto día, *todo era bueno en gran manera*]. Si todo era bueno, hasta ese momento, no puede haber existido ni Satanás ni el mal. Si se rechaza esta indicación de Buswell, no tenemos idea de cuando fueron creados ni cuando cayó Satanás.

Los ángeles no pueden cohabitar con los humanos

Hay mucha confusión en el día de hoy en cuanto a las capacidades de los ángeles caídos. Algunos sugieren que ángeles caídos (demonios) tuvieron relaciones sexuales con humanos, basándose en una interpretación caprichosa de Génesis capítulo seis. Es curioso que en mis viajes por América Latina, me han contado acerca de personas que enseñan que esto ocurre hoy.[47] ¿Será verdad eso? Consideremos lo que nos dice Anthony F. Alexander: [48]

> Dios es infinitamente sabio. Hace todo con un propósito definido, es decir, asigna a cada criatura propósitos específicos. Nada puede escapar el control de Él, ya que como Creador conoce todas las cosas y las sustenta con su poder. Es así que sólo Dios puede asignarle un propósito específico a lo que crea, y nadie puede sustituirlo. La voluntad de Dios en cuanto a sus criaturas no puede ser frustrada.

Para decirlo de otra manera, cuando Dios crea una estrella la hace para que sea estrella, no para ser un planeta. Cuando Dios crea una ballena la hace para que sea ballena, no para ser tiburón. Cuando Dios crea un gorila es para que sea gorila, no para que un día llegue a ser hombre. Cuando Dios crea un ángel lo hace para que sea ángel, no para operar como un ser humano. Cada cosa creada por Dios cumple un propósito claro, definido y único.

Hay personas que, queriendo darle una interpretación particular a un texto, cambian la función de un ser creado por Dios para hacerle cumplir otro. Este tipo de intercambio se ve ordinariamente en los proponentes de la evolución, al clasificar al hombre como si fuera un supermono. Igual se hace cuando se procura darle funciones humanas a un ángel. Debemos distinguir correctamente entre los fines o propósitos de Dios; los ángeles son totalmente distintos a los hombres.

En Lucas 20.34-36 el mismo Señor de la gloria establece una de las grandes diferencias entre un ángel y una persona: *Los hijos de este siglo se casan, y se dan en casamiento; mas los que fueren tenidos por dignos de alcanzar aquel siglo y la resurrección de entre los muertos* [los creyentes al alcanzar el cielo], *ni se casan, ni se dan en casamiento ...pues son iguales a los ángeles.*[49] El hecho que los ángeles ni se casan ni se dan en casamiento, nos lleva a la conclusión de que —al igual que las estrellas — cada uno fue creado en forma individual. Los ángeles no procrean ni se multiplican como los humanos, no importa lo que digan algunos autores [50] tanto en obras de ficción como en comentarios, queriendo darles atributos humanos a los ángeles.

¿Cómo hemos de interpretar la frase: «los hijos de Dios», que aparece en Génesis 6.1,2,4? Algunos[51] mantenían que equivale a las citas de Job 1.6, Daniel 3.25; Salmos 29.1 y 89.6, en las que claramente se habla de los ángeles. Es así que declaran que los hijos de Dios eran ángeles caídos. Otros[52] indican que es imposible que fueran ángeles, y enseñan que la expresión «los hijos de Dios» se refiere a los descendientes de la línea de Set, que se casaron con las hijas de los hombres, refiriéndose a la línea pecaminosa de Caín.

A continuación ofrecemos algunos comentarios que confirman que no podrían ser ángeles. Anthony Alexander afirma: «Una substancia espiritual, como lo es un ángel, es un compuesto de esencia con existencia. Al contrario, una substancia material [como una persona] es un compuesto doble, ya que es esencia y existencia además de tener forma material». Y añade: «Dios nunca destinó a estos espíritus [angelicales] para que fueran substancialmente unidos a un cuerpo material».[53]

Para establecer que Génesis 6 trata de ángeles tendríamos que darles a esos seres atributos espirituales humanos y materiales, cosa que sería diametralmente opuesta a su composición como seres sin cuerpos.[54] El teólogo Buswell afirma:

> «Algunos toman esta [frase de Génesis 6] como una referencia a los ángeles. No negamos que a veces se les llame hijos de Dios, en el sentido de que también son criaturas de Él (Job 1.6 y 38.7), pero Génesis 6 trata de hombres [y no de ángeles]. Hijos de Dios en este pasaje se entiende en conexión con los gigantes, los valientes que desde la antigüedad fueron varones de renombre (del versículo cuatro)... Mantenemos que los hijos de Dios en Génesis 6.1-4 es una referencia normal a los hombres creados a la imagen de Dios y no tiene nada que ver con ángeles caídos.»[55]

El caso de 2 Pedro 2.4

Pedro solo hace una referencia a los ángeles caídos, explicando que sobre los que pecan vendrá un juicio seguro, sean ellos ángeles u hombres. Asociar este ejemplo del juicio sobre los que pecan con los hijos de Dios y las hijas de los hombres mencionado en Génesis 6 es demasiado arbitrario, ya que va contra lo que el mismo Señor Jesús claramente enseña, en cuanto a que los ángeles ni se casan ni se dan en casamiento. Además, decir, como algunos, que ellos eran un rango especial de ángeles que Dios creó, para poder relacionarlo con el pasaje en Génesis, es hacer una exageración hermenéutica. [56]

Tomemos el sentido de 2 Pedro 2.4-9 por lo que verdaderamente es: una serie de ejemplos de cómo Dios castiga al que peca, sabe el Señor... reservar a los injustos para ser castigados en el día del juicio, sean pecadores humanos o angelicales.

La función de los ángeles

Los ángeles son espíritus ministradores. Leemos en Hebreos 1.13,14:

Pues, ¿a cuál de los ángeles dijo Dios jamás: Siéntate a mi diestra, hasta que ponga a tus enemigos por estrado de tus pies? ¿No son todos espíritus ministradores, enviados para servicio a favor de los que serán herederos de la salvación?

Están ante el trono de Dios en el cielo (Mateo 18.10) adorando las perfecciones de Dios y del Cordero (Apocalipsis 5.11-12). Anhelan comprender el glorioso plan de salvación, considerando con sumo cuidado los acontecimientos divinos en la tierra (1 Pedro 1.12). Son los instrumentos de Dios en ejecutar sus obras providenciales (Génesis 28.12, Daniel 10.13). La ley fue ordenada por medio de ángeles (Gálatas 3.19; Hechos 7.53, Hechos 2.2). Son instrumentos de bendición para el pueblo de Dios (Hechos 1.14; 12.7; Salmos 41.10-12). Igualmente, son los instrumentos de castigo para los enemigos de Dios (Hechos 12.23; 2 Reyes 19.35; 1 Crónicas 21.16). En el juicio final, separarán a los buenos de los malos, llevando a los primeros al encuentro con el Señor en el aire (Mateo 13.30,39; 24.31; 1 Tesalonicenses 4.17).

Otras cosas que debemos saber

No deben ser adorados. En el texto se da la razón por la cual no se debe adorar a los ángeles:*¿A cuál de los ángeles dijo Dios jamás: Siéntate a mi diestra, hasta que ponga a tus enemigos por estrado de tus pies?* Ese puesto de gobierno y adoración le pertenece únicamente a Jesucristo.

Son más elevados que los hombres. Dice el salmista: *¿Qué es el hombre, para que tengas de él memoria, y el hijo del hombre, para que lo visites? Le has hecho poco menor que los ángeles* (Salmo 8.4-5 y Hebreos 2.7).

Son espíritus ministradores. Hebreos 1.14 afirma: *Son todos espíritus ministradores, enviados para servicio a favor de los que serán herederos de la salvación.* La labor específica que hacen a nuestro favor no se menciona. No creo imposible que nos ministren de forma especial cuando vencemos la tentación, como lo que hicieron con Jesús (Mateo 4.11). Puesto que la tarea específica de ellos no se describe, cuidemos de no dar rienda suelta a la imaginación, como se hace en muchos de los libros escritos sobre ángeles con tanta difusión en la actualidad. Otro texto que se presta a la exageración es Hebreos 13.2: *No os olvidéis de la hospitalidad, porque por ella algunos, sin saberlo, hospedaron ángeles.*

Llevan mensajes especiales. En ocasiones fueron enviados por Dios para dar mensajes especiales, como a Abraham, a Daniel, a María, a José, a los pastores en Belén; a los discípulos para indicarles que Jesús había resucitado; a Pedro para abrirle las puertas de la cárcel; a Juan para aclararle cosas que no entendía en la revelación de Apocalipsis. Si tomamos en cuenta estas pocas ocasiones mencionadas en la Biblia, podemos deducir que son infrecuentes.[57] Cuidemos de no aceptar toda aseveración actual acerca de apariciones angelicales, recordando que pueden ser falsos apóstoles, obreros fraudulentos, que se disfrazan como apóstoles de Cristo. Eso no nos debe asombrar, porque el propio Satanás se disfraza como ángel de luz (2 Corintios 11.13-14 compárese con Gálatas 1.8).

Protegen a los que son de Dios. El salmista nos asegura que *el ángel de Jehová acampa alrededor de los que le temen, y los defiende* (Salmos 34.7). El Señor Jesucristo también nos advirtió en cuanto a los niños: *Mirad que no menospreciéis a uno de estos pequeños; porque os digo que sus ángeles en los cielos ven siempre el rostro de mi Padre que está en los cielos* (Mateo 18.10). Ambos textos nos alientan al asegurarnos el cuidado que Dios tiene de nosotros, grandes y pequeños.

Un día reinaremos sobre ellos

La fascinación con los ángeles puede equilibrarse al recordar que, aun cuando son especiales, Dios en su plan nos elevará un día por encima de ellos: *¿O no sabéis que hemos de juzgar a los ángeles?* (1 Corintios 6.3).

La naturaleza de los ángeles[58]

Dado que aceptamos que existen (a pesar de las negaciones de los materialistas y ateos), nos interesa saber más de su naturaleza. De nuevo tenemos que apegarnos a la Biblia y no a la especulación.

No son seres humanos glorificados. Mateo 22.30 dice que los seres humanos serán como los ángeles de Dios en el cielo (aunque en este caso, no nos casaremos allí). En Hebreos 12.22-23 se separa la compañía de muchos millares de ángeles de la congregación de los primogénitos que están inscritos en los cielos, es decir, nosotros los que somos redimidos por la sangre de Cristo.

Son incorpóreos. Hebreos 1.14 aclara que son espíritus. En Efesios 6.12 Pablo dice que la lucha que tenemos con los ángeles malignos no es contra carne y sangre. Por supuesto, que no tienen cuerpos. A veces se hacen visibles (angelfanías), tomando forma humana (véase el caso de los dos que se le aparecieron a Lot en Génesis 19; en Jueces 2.1; 6.11-24; en Mateo 1.20; Lucas 1.26; Juan 20.12). Por ejemplo, cuando los tres ángeles visitaron a Abraham antes de la destrucción de Sodoma y Gomorra (Génesis 18). Uno de ellos era una teofanía (Jehová, en forma humana).

Saben más que los humanos. Aunque no son omniscientes como Dios, parecen tener mayores conocimientos que los hombres: *Pero del día y la hora nadie sabe, ni aun los ángeles de los cielos, sino sólo mi Padre* (Mateo 24.36). El texto implica que tienen conocimientos especiales — aunque en este caso, no lo saben todo. Seguramente este conocimiento les viene por su cercanía al trono de Dios. Por lo tanto concluimos que saben más que nosotros.

Son más poderosos que nosotros. Un ejemplo de su asombroso poder lo tenemos en Apocalipsis 8. Veamos lo que se nos dice acerca de dos de ellos:

> *El primer ángel tocó la trompeta, y hubo granizo y fuego mezclados con sangre, que fueron lanzados sobre la tierra; y la tercera parte de los árboles se quemó, y se quemó toda la hierba verde. El segundo ángel tocó la trompeta, y como una gran montaña ardiendo en fuego fue precipitada en el mar; y la tercera parte del mar se convirtió en sangre.*

Debemos recordar, a su vez, que ese extraordinario poder es dado por Dios para que cumplan con su voluntad. El poder que tienen es derivado; de acuerdo con lo que Dios les pide hacer, se deduce que no es propiamente suyo. Nosotros, los hombres, al contrario, por haber sido creados a la imagen de Dios poseemos rasgos especiales que los ángeles no poseen, virtudes que tienen que ver con nuestra independencia y creatividad, relacionados a los atributos «comunicables» de Dios.

Otros ejemplos del poder de ellos se hallan en Hechos 5.19; 12.7,23; Mateo 26.2 (se calcula que la piedra que rodaron pesaba unas cuatro toneladas).[59] Pero los ángeles no son omnipotentes. Todos, tanto los buenos como los malos, se limitan a la voluntad soberana de Dios. No son seres independientes que puedan hacer lo que quieren cuando quieren.

Los demonios — ángeles malignos

A los ángeles Dios les dio soberanía limitada, cosa que tenemos que asumir por el hecho de que algunos se revelaron contra Él y pecaron.

Como ya se indicó, Dios en su creación hizo todo bueno en gran manera, ciertamente incluyendo a toda esa hueste de ángeles. No obstante, leemos en Judas 6 que algunos no guardaron su dignidad, sino que abandonaron su propia morada, lo cual se refiere a una rebelión en el cielo. También en 2 Pedro 2.4 leemos que Dios no perdonó a los ángeles que pecaron. Aparentemente se unieron a la rebelión del mismo Satanás, procurando derrocar a Dios —o por lo menos exaltarse por encima de Él— e independizarse de su gobierno. A partir de estas declaraciones de Judas y Pedro (considérense también otros textos, Salmos 78.49; Mateo 25.41; Apocalipsis 9.11; 12.7-9) agrupamos a esos ángeles malos con Satanás, el designado jefe de ellos (Mateo 25.41; 9.34; Efesios 2.2). Igual que nos dio a los hombres soberanía limitada, también Dios se la dio a esos seres espirituales caídos.

A su vez, nos llama la atención el hecho de que solo se mencionan a los demonios cuatro veces en el Antiguo Testamento (Levítico 17.7; Deuteronomio 32.17; 2 Crónicas 11.15; Salmos 106.37 —a veces en lugar de traducirse demonios se usa el término ídolos, puesto que son seres a los cuales los hombres sirven en vez de a Dios). En el Nuevo Testamento se mencionan 63 veces.

¿Dónde habitan? La Biblia nos informa que pertenecen al mundo invisible y no a nuestro sistema mundano. Nada dice la Biblia del lugar de su residencia, aparte de informarnos que cayeron del cielo y que tienen acceso a nosotros los que habitamos este planeta. A la vez, nos asegura que un día serán sellados para siempre en el lago de fuego y azufre preparado para ellos (Apocalipsis 20.10; Mateo 25.41).

Rangos entre los ángeles malignos

Hay solo un ser que la Biblia denomina Satanás o «el diablo»; a los ángeles caídos se les llama demonios (véanse Mateo 4.24; Lucas 4.33; 10.17; 1 Timoteo 4.1; Santiago 2.19; Apocalipsis 9.20; 16.14).

En cuanto a sus rangos, primero está Satanás, el cual es llamado: *el dios de este siglo* (2 Corintios 4.4), *la cabeza de los ángeles caídos* (Mateo 25.41; Apocalipsis 12.7), *y el príncipe de los demonios* (Mateo 12.24; Apocalipsis 16.13,14). Luis Berkhof dice al respecto:

> «Repetidamente también se le llama el príncipe de este mundo (Juan 12.31; 14.30; 16.11) y aun el dios de este mundo (2 Corintios 4.4). Esto no significa que tenga el control del mundo puesto que Dios lo tiene, y este ha entregado toda autoridad a Cristo; pero sirve para dar la idea de que Satanás tiene control del mundo malo, el que éticamente está muy separado de Dios».[60]

Actividades de los demonios

A.A. Hodge en su obra, Bosquejos teológicos,[61] señala:

«En cuanto a las almas de los hombres, Satanás y sus ángeles no poseen poder alguno ni para cambiar los corazones ni para forzar a nadie a hacer su voluntad. El poder de Satanás y sus huestes demoníacas sobre los hombres es solamente moral, ejercida por engaño, sugerencias y persuasión. Las frases bíblicas describiendo sus obras incluyen expresiones como "engaños y obras de injusticia", "poder, señales, y prodigios mentirosos" (2 Tesalonicenses 2.9-10); transformándose en "ángel de luz" (2 Corintios 11.14); "engaños" (Efesios 6.11); "cegando la mente" (2 Corintios 4.4), "cautivando la voluntad" (2 Timoteo 2.26); engañando, si puede, al mundo entero (Apocalipsis 12.9). Si no gana por medio de sus persuasiones, utiliza sus "dardos de fuego" (Efesios 6.16) o "abofetea" a los que le resisten (2 Corintios 12.7). Como ejemplos de su forma de obrar, estúdiese Génesis 3; además de David (1 Crónicas 21.1); Judas (Lucas 22.3); Ananías y Safira (Hechos 5.3), y la manera en que tentó a nuestro bendito Jesucristo (Mateo 4)».

Satanás y sus demonios, según lo que enseña la Biblia, se especializan en tentaciones y engaños:

1. Inducen a la impureza moral (Mateo 10.1; Marcos 5.13; Deuteronomio 18.9-14).
2. Propagan doctrinas falsas (1 Reyes 22.21-23; 2 Tesalonicenses 2.2; 1 Timoteo 4.1).
3. Se oponen a los hijos de Dios (Efesios 6.12).
4. Poseen seres humanos (Mateo 4.24; Marcos 5.8-14; Lucas 8.2; Hechos 8.7; 16.16).
5. Y a veces son usados por Dios para cumplir sus divinos propósitos (Jueces 9.23; 1 Samuel 16.14; 1 Corintios 5.5; Apocalipsis 9.1-12; 16.13-16).

Recordemos que los demonios siempre emplean mentiras, señales y aun milagros engañosos para perjudicarnos y tentarnos a caer (Apocalipsis 16.14; 2 Tesalonicenses 2.9). Su influencia, sin embargo, es solo moral y espiritual. No tienen el poder para forzar a nadie a cometer pecado, ni para que vayan en contra de la voluntad de Dios. Todo hombre, por haber sido dotado con libre albedrío, siempre es responsable de sus propias acciones. Si peca, nunca puede decir: «¡La culpa la tiene el diablo!»

¿Qué acerca de los endemoniados?

La existencia de gente endemoniada no se puede negar. Hacerlo implicaría rechazar las múltiples referencias a los encuentros de Jesucristo con los demonios en los evangelios (véanse Mateo 4.24; Marcos 5.1-20; Lucas 8.2; Hechos 8.7; 16).

¿Cómo se reconoce a alguien poseído por demonios? Si leemos Marcos 5.1-20, pasaje en el que se presenta la historia del gadareno, concluiríamos que un endemoniado se caracteriza por:

1. Aislamiento.
2. Acciones desenfrenadas, mal vivir y conducta errática.
3. Agitación continua, desasosiego, desvelo.
4. Gritos inhumanos.
5. Tendencia a afligirse y hacerse daño.
6. Amenazar a la gente.

Creo que cada endemoniado muestra una o varias de estas características. Tristemente, hoy se tiende a ver «demonios» en cualquier acción u objeto que se conozca como anormal. Debemos ejercer mucho más cuidado al determinar esos casos, ya que puede hacerse un gran daño síquico a las personas debido a acusaciones falsas y erróneas.

Recuerdo un caso que presencié. Prediqué en cierta iglesia y al bajar del púlpito oí al pastor pedirle a una joven un favor. Vi que la joven aparentemente no lo escuchó, o al menos no le hizo caso, y siguió conversando con sus compañeros. El pastor, molesto por la indiferencia o la desobediencia de la joven, fue y la sacó del grupo.

En ese momento comenzó una lucha. Vi al pastor desafiar al demonio de la desobediencia en la chica. Lanzó a la joven al piso, se montó sobre ella, demandándole a gritos al demonio de la desobediencia que saliera de ella en el nombre de Cristo.

Yo que, como pastor, me he relacionado mucho con jóvenes, no vi nada extraño en la manera en que la joven actuó —al menos no para llegar al punto de declararla endemoniada. Ni cuando supuestamente se le exorcizaba el «demonio» vi evidencia de estar poseída. Su reacción al ataque del pastor fue de defensa. Sentí gran pena, pensando en lo afectada síquicamente que quedaría la joven al haber sido acusada en público y tratada de aquella forma. Un endemoniado da evidencias claras de que está poseído.

El caso de dos endemoniados al sur de Chile

En una visita reciente al sur de Chile, mi buen amigo el editor de la revista Prensa Evangélica, Rodolfo Campos, me dio un ejemplar correspondiente al mes de marzo de 1999. En el avión de regreso a Miami leí la revista y hallé dos breves artículos que confirman lo que acabamos de mencionar en cuanto a endemoniados. El primer relato es de Hernán Campos, presbítero de la Iglesia Presbiteriana de la ciudad de Osorno:

Niña de 13 años, una fiera

«Era una tarde de otoño, cuando me solicitaron desde una radioemisora osornina que asistiera a una jovencita enferma. Llegamos al lugar, y había gran expectación en el barrio, una cincuentena de personas observaba asombrada lo que ocurría en una pequeña casita de madera, habilitada como iglesia evangélica.

»Al lugar había llegado la ambulancia con los paramédicos, que no pudieron hacer nada, ya que la situación estaba fuera de control y cobraba ribetes de escándalo público. También llegó la fuerza policial, pero como todo escapaba a lo normal, nadie sabía qué hacer. Luego se mandó a buscar al sacerdote, pero este se negó a ir, alegando falta de tiempo. Sin embargo, para que los enviados no regresaran con las manos vacías, envió en un frasco "agua bendita", para que se le aplicara a la enferma; como era de esperar, nada ocurrió. Nos abrimos paso entre la multitud para ingresar a la pequeña capillita, atestada de curiosos. En el centro había una mujer con el cabello desgreñado, sudorosa y la mirada absolutamente perdida. Lo primero que hice fue alertar a las personas para que se retiraran, ya que al salir él o los demonios podrían ser víctimas también.

»Afortunadamente lo entendieron y abandonaron el lugar. Solo algunos hermanos fieles me acompañaron. El combate duró 90 minutos. [Nótense las características tan pronunciadas de un endemoniado.] La mujer se revolcaba por el piso, hablando con voz extraña y profunda, los ojos rojizos y vidriosos, mostrando todo su odio, terror y miedo porque estaba siendo confrontada con Jesucristo el Señor. Ella no podía soportar que se mencionara la sangre de Cristo derramada en la cruz. En un momento me sorprendió asiéndome de la corbata para ahorcarme. De una manera muy rápida, me liberé de ella. Posteriormente sacó su zapato y procedió a atacarme. Lo curioso fue que ninguno de sus golpes dio en el blanco, eran detenidos por una barrera protectora invisible. El instante de mayor expectación fue cuando se le recordó que era un "demonio perdedor", y que Cristo lo había derrotado en la cruz. En ese momento, el demonio la arrojó al suelo, simulando que todo se había terminado. Fue la ocasión precisa para pedirle que me mirara. Tomé el control de su mente y le pedí que repitiera en voz alta "Jesucristo es el Hijo de Dios".

»Contrario a lo que pensaba, los ojos de la mujer se abrieron para decir con voz gruesa y sarcástica: "Te voy a derrotar..." luego se levantó y todo comenzó de nuevo. Los hermanos que me acompañaban seguían orando con sus Biblias en las manos, unos de rodillas mientras otros que no me dejaban solo, oraban con los ojos abiertos, para estar en guardia, hasta que por fin la mujer se desplomó y logró decir su nombre y confesar que Cristo es el Señor, el Hijo del Dios vivo.

»De inmediato le lavaron la cara, le dieron a beber agua, le peinaron el cabello, y de esa mujer fiera y desgreñada apareció una dulce y tierna niñita de 13 años, que había sido poseída por demonios en una sesión improvisada de espiritismo en la playa, en compañía de amigos que consumían alcohol, marihuana y otras drogas además de música satánica.

»Una vez que se incorporó salimos a la puerta de la capilla, y con la evidencia de lo que había hecho el poder de Jesucristo y la poca voz que me quedaba, exhorté a los vecinos, que ya sumaban una centena de personas. Les dije que el "agua bendita", no pudo hacer lo que la sangre de Jesucristo obró en esa muchacha.

»Una semana después regresé al lugar, acompañado de un profesor de la universidad que fue testigo presencial de lo ocurrido. El local estaba repleto de vecinos que se habían acercado a Dios. En los primeros asientos estaba la niñita acompañada de sus padres y familiares, adorando al Señor».

Un joven que se arrastraba como serpiente

El segundo encuentro es relatado por Carlos Martínez González, otro pastor de Osorno:

«Había sido invitado a predicar en una iglesia de la ciudad, y mientras saludaba enfatizando el poder de Jesucristo para impartir vida y libertad, sorpresivamente salió un joven del templo seguido por algunos líderes de la congregación. Posteriormente salió el pastor. Mientras predicaba sentía golpes y señales de violencia en otras áreas de la iglesia.

»Se trataba de Alberto, un joven domiciliado en Schilling, quien por espacio de siete días estuvo bajo el control de una fuerza espiritual maligna [nuevamente, nótense las obvias características de un endemoniado] y enloquecía, a tal punto, que se arrastraba como serpiente, destruía los enseres de su hogar y se dañaba a sí mismo. También veía alucinaciones y hasta intentó quitarse la vida en dos ocasiones. Cuando el culto finalizó, el pastor me invitó a ver a Alberto, que se encontraba fuera de control y sujetado por hermanos de la congregación.

»Al discernir lo que acontecía en la vida de este joven, que en primera instancia quiso huir, lo confronté en el nombre de Jesús, nombre que es sobre todo nombre, ordenando a los espíritus inmundos que soltaran y dejaran libre al muchacho. Fue en ese momento cuando contemplé que se deslizaba por el piso de la habitación tal como una serpiente, diciendo con voz enronquecida que no saldría de ese cuerpo ya que se sentía bien allí. Que esa era su morada e incluso mencionó que había un candado que no podríamos abrir. Pero clamamos con insistencia en el nombre de Jesucristo y en su poder expulsamos los espíritus malignos que gobernaban esa vida, en el nombre de Jesús. Fue en ese instante que gritó: "Me vooooy" y, al apartarse, el joven quedó libre y dormido por cierto tiempo.

»Cuando se levantó era un hombre libre, con una profunda paz en el corazón. Nos abrazó con alegría. Al instante le dije que era necesario que confesara a Jesús como su Señor y Salvador para que se mantuviera libre, porque solo Él es nuestra única protección. Los meses han pasado y este joven está absolutamente libre por el poder de Jesucristo».

Jesús frente a un endemoniado

En Marcos 5 tenemos una de las historias bíblicas más extensas y claras en cuanto a poseídos: el endemoniado gadareno. El gran valor de este relato es que nos muestra la manera en que Jesús trató con esta pobre víctima del demonio.

Vinieron al otro lado del mar, a la región de los gadarenos. Y cuando salió él de la barca, en seguida vino a su encuentro, de los sepulcros, un hombre con un espíritu inmundo, que tenía su morada en los sepulcros, y nadie podía atarle, ni aun con cadenas. Porque muchas veces había sido atado con grillos y cadenas, mas las cadenas habían sido hechas pedazos por él, y desmenuzados los grillos; y nadie le podía dominar y siempre, de día y de noche, andaba dando voces en los montes y en los sepulcros, e hiriéndose con piedras. Cuando vio, pues, a Jesús de lejos, corrió, y se arrodilló ante él. Y clamando a gran voz, dijo: ¿Qué tienes conmigo, Jesús, Hijo del Dios Altísimo? Te conjuro por Dios que no me atormentes. Porque le decía: Sal de este hombre, espíritu inmundo. Y le preguntó: ¿Cómo te llamas? Y respondió diciendo: Legión me llamo; porque somos muchos. Y le rogaba mucho que no los enviase fuera de aquella región. Estaba allí cerca del monte un gran hato de cerdos paciendo. Y le rogaron todos los demonios, diciendo: Envíanos a los cerdos para que entremos en ellos. Y luego Jesús les dio permiso. Y saliendo aquellos espíritus inmundos, entraron en los cerdos, los cuales eran como dos mil; y el hato se precipitó en el mar por un despeñadero, y en el mar se ahogaron. Y los que apacentaban los cerdos huyeron, y dieron aviso en la ciudad y en los campos. Y salieron a ver qué era aquello que había sucedido.

Vemos en el relato que el poseído no tenía habilidad propia para librarse, pero sí para quejarse: «¿Qué tienes conmigo, Jesús, Hijo del Dios viviente? Te conjuro por Dios que no me atormentes». La misma declaración de los demonios (usando la lengua del poseído) deja ver: 1. Su reconocimiento del Todopoderoso en medio de ellos. 2. El poder de Cristo para echarlos fuera del hombre. Ciertamente los demonios tiemblan ante la autoridad de Jesucristo.

¿Por qué preguntó el Salvador: «Cómo te llamas»? Es interesante observar que Jesús se dirige al endemoniado —no al demonio. Motiva al hombre a reconocer su condición: que está poseído. En otras palabras, lo que está dentro de él no le pertenece. Como persona fue hecho por Dios, no por un demonio. Es un ser creado a la imagen de Dios.

Ser poseído por un demonio —cosa opuesta, ajena, antagónica, enemiga de Dios y la naturaleza— es monstruoso, anormal, inhumano. Como criaturas, nuestra naturaleza ha de corresponder a la de Dios, no a la del maligno. «*Dando voces en los montes y en los sepulcros, e hiriéndose con piedras*», esto no corresponde de ninguna manera a nuestro origen divino.

Jesús formula la pregunta: ¿Cómo te llamas? Obliga al hombre a contestar. En el ambiente queda la interrogante: ¿Quién contestó, el hombre o el demonio? Me llamo Legión. Al responder en singular (me), pareciera indicar que es el hombre, y no el demonio, el que responde. El interés de Jesús es liberar al hombre, no a los demonios. Por eso, ¿será exagerado indicar que cuando Cristo le habla al hombre, y él como persona responde: *Legión me llamo, porque somos muchos*, admite que hay un poder dominante que le es imposible controlar? Cierto es que un poseído pierde el control de sus propias fuerzas y acciones. Solo puede recobrar su naturaleza y personalidad al ser liberado.

Sal de este hombre, espíritu inmundo, ordena Jesús. Lo hace sin encantamientos; sin rituales. Jesús habla y libera. Es la voz del

Creador ante aquello que ha sido maltratado y abusado por esos espíritus inmundos.

La petición de la «legión» es interesante. «*Le rogaban mucho que no los enviase fuera de aquella región*».Es más, «*Le rogaban que no los mandase al abismo*» (Lucas 8.31). No querían ser llevadas fuera de aquella región. Parece, por lo que llama Lucas «el abismo» que era un lugar alejado de todo contacto con los hombres; posiblemente, el lugar de eterno tormento.

Los demonios, al parecer, buscaban alguna criatura para entrar en ella; para escapar al abismo. Por eso piden permiso para entrar en los cerdos. Aquí aparece de nuevo su limitación: tienen que someterse al permiso de Dios. No pueden ir ni entrar a donde quieran.

Hay otra indicación que debemos hacer. Se habla mucho hoy de demonios residiendo en cosas inanimadas: vasijas, cuadros, objetos, artefactos de distintos tipos. ¡Imposible! Son espíritus y tienen que vivir en un ambiente propio para ellos —algo que tenga vida. Vasijas, cuadros, artefactos sólo sirven para cosas muertas, no vivas. Por eso pidieron que los echaran a los cerdos (seguramente sabiendo que Cristo no permitiría que entraran en otras personas de la región).

¿Qué relación hay entre los demonios y los cerdos? Proverbialmente, estos son conocidos por su suciedad —son animales asquerosos. Sin embargo, ¡peores son los demonios! ¿Por qué indica que el hato se precipitó al mar por un despeñadero, y que se ahogaron? Pareciera indicar que los demonios enloquecieron ante lo que los poseía.

También podemos apuntar al conocimiento limitado de los demonios. No tenían idea de cómo terminaría su petición. De nuevo nos contentamos al saber que solo Dios sabe todas las cosas, solo Él es omnisciente.

Vemos, por otro lado, que lo extraordinario siempre atrae. Cuando algo asombroso sucede, la gente curiosa se acerca. Por ejemplo, hoy se anuncia un culto de evangelización, y pocos asisten. Pero si se anuncia un culto de sanidades, se llena. Pero, es lamentable, la curiosidad no implica necesariamente deseo de cambiar. La muchedumbre que se acercó aquel día a ver a los dos mil cerdos ahogados en el mar no se interesaba ni en Cristo, ni en el cambio efectuado en la pobre víctima de los demonios. El que vive para criar cerdos, se interesa solo por lo material. Nótese la triste petición. *Comenzaron a rogarle que se fuera de sus contornos*. El pecador se enamora de su estilo de vida y no quiere cambiar

Qué triste verdad. Cristo muchas veces llega a los poblados por medio de sus mensajeros, pero las personas prefieren «los cerdos» —su forma usual de vivir— aunque esta sea pecaminosa y asquerosa.

¿Dónde existe mayor presencia demoníaca?

¿Habrá regiones más susceptibles que otras a los demonios? Se especula que en zonas donde hay mucho espiritismo existen más endemoniados. Donde brilla la luz del evangelio hay muy poco. Me informan, por ejemplo, que al sur de Chile, en la isla de Chiloé, antes de que penetrara el evangelio, no había lugar que no fuera afectado seriamente por el espiritismo. En tiempos pasados se veían muchas posesiones y fuertes manifestaciones de espíritus malignos. Pero ahora que el evangelio ha penetrado la región, se ve muy poco.

¿Había muchos endemoniados en la zona gadarena? De esta región, en la que se encontró a este infeliz endemoniado, no tenemos más información de lo que se lee en Marcos 5. Que sepamos, este fue el único caso conocido.

¿Qué decir en cuanto a los demonios territoriales?

No hay evidencia bíblica sólida para tal doctrina. Extraer de Daniel 10.13,20,21 y Efesios 6.12 toda una enseñanza, al punto de crear mapas e ir echando demonios para facilitar la evangelización del mundo, es simplemente un invento moderno que no tiene asidero en la Biblia. Por mucho que lo intenten, los que promueven tales enseñanzas no han podido comprobar ciertamente que sus oraciones y exorcismos hayan librado a ciudades de demonios. Algunos escépticos clasifican tales creencias como «ciencia ficción cristiana».

Los «demonios territoriales» nacen con la novela *Esta patente oscuridad*, de Frank Peretti. Este novelista se imaginó toda esa trama demoníaca, y queriendo captar la atención de sus lectores, creó los sucesos y encuentros ficticios —sin base en claras enseñanzas bíblicas. Él mismo admitió en una entrevista que le hiciera la revista *World*, que se sorprendió y hasta se alarmó al ver cómo la ficción que creó fue adaptada como doctrina bíblica.

Es más, la posibilidad de que un creyente pueda ser poseído por un demonio inquieta a muchos cristianos sinceros. C. Fred Dickason, una reconocida autoridad sobre este tema, nos aclara que no hay un texto que diga específicamente que no es posible; a la vez añade que ni en los cuatro evangelios, ni en los Hechos de los apóstoles, ni en todas las cartas a las iglesias se menciona siquiera un solo caso de un creyente poseído por demonios.

Al contrario, sigue informándonos Dickason, «que los creyentes en Jesucristo, por cierto, sufrirán tentaciones de Satanás, pero nunca serán endemoniados:

> Porque todo lo que es nacido de Dios vence al mundo [incluido el diablo]; y esta es la victoria que ha vencido al mundo, nuestra fe (1 Juan 5.4).[62]

¿Cómo tratar lo que se enseña hoy sobre este tema? Actualmente se están impartiendo muchas enseñanzas cristianas en una manera sensacional; vienen envueltas en paquetes muy atractivos, pero con poco fundamento bíblico. El creyente debe evaluar, como nunca, lo que viene con verdadera base bíblica, y tener sumo cuidado de no ser engañado por lo sensacional, que, aunque no es bíblico, se presenta sutilmente como si lo fuera.

Lo que nos pide la Biblia

Con respecto a todo lo referente a demonología, la Biblia nos exhorta a: probar los espíritus (1 Juan 4.1; 1 Corintios 12.10), a no tener comunión con los que participan con demonios (Levítico 19.31; 1 Corintios 10.20; 2 Juan 10,11), a no tener nada que ver con ellos en lo personal (Deuteronomio 18.10-14; Isaías 8.19), a ponernos la armadura de Dios para vencerlos (Efesios 6.12-13) y entregarnos a la oración (Efesios 6.18).

Gracias a Dios por los benditos ángeles puros y buenos que en forma invisible pero real cumplen los propósitos divinos tanto en el cielo como en la tierra. Gracias a Dios que también los ángeles caídos están bajo la soberanía de Dios, y solo pueden hacer lo que Él les permite.

En cuanto a nuestra reacción a los ángeles, en lugar de estar buscando demonios por aquí y por allá, ¿por qué no dedicarles más tiempo a los ángeles buenos y llegar a apreciar a estos benditos seres que Dios ha creado para ser mensajeros del bien? Pero aun más, lo que en realidad debe absorber nuestro tiempo no son ni los ángeles buenos ni los caídos. Unámonos a David, poniendo nuestra mirada donde debe estar:

Alabad a Jehová desde los cielos;
Alabadle en las alturas.
Alabadle, vosotros todos sus ángeles;
Alabadle, vosotros todos sus ejércitos.
Alabadle, sol y luna;
Alabadle, vosotras todas, lucientes estrellas.
Alabadle, cielos de los cielos,
y las aguas que están sobre los cielos.
Alaben el nombre de Jehová
—Salmos 148.1-5

Más que maravilloso

Capítulo 6: Dios y el misterio del mal

Alégrate en el día de la prosperidad,
Y en el día de la adversidad considera:
Dios ha hecho tanto el uno como el otro.
— Eclesiastés 7.14

Es justo que un Dios todopoderoso y bueno permita el dolor y el sufrimiento? Uno de los importantes incidentes en la vida de Jesús nos ayuda a dar respuesta a esa pregunta. Veamos la historia que relatan los evangelistas:

> *Jesús iba por todas las ciudades y aldeas, predicando y anunciando el evangelio del reino de Dios, y los doce con él, y algunas mujeres que habían sido sanadas de espíritus malos y de enfermedades: María, que se llamaba Magdalena, de la que habían salido siete demonios, Juana, mujer de Chuza intendente de Herodes, y Susana, y otras muchas que le servían de sus bienes* (**Lucas 8.1-3**)... *Y se agolpó de nuevo la gente, de modo que ellos ni aun podían comer pan. Cuando*

lo oyeron los suyos, vinieron para prenderle; porque decían: Está fuera de sí ... Vienen después sus hermanos y su madre, y quedándose afuera, enviaron a llamarle. Y la gente que estaba sentada alrededor de Él le dijo: Tu madre y tus hermanos están afuera, y te buscan. Él les respondió diciendo: ¿Quién es mi madre y mis hermanos? Y mirando a los que estaban sentados alrededor de él, dijo: He aquí mi madre y mis hermanos. Porque todo aquel que hace la voluntad de Dios, ése es mi hermano, y mi hermana, y mi madre (Marcos 3.20-35).

[Entonces Jesús] *entró en una barca con sus discípulos, y les dijo: Pasemos al otro lado del lago. Y partieron. Pero mientras navegaban, él se durmió. Y se desencadenó una tempestad de viento en el lago; y se anegaban y peligraban. Y vinieron a él y le despertaron, diciendo: ¡Maestro, Maestro, que perecemos! Despertando él, reprendió al viento y a las olas; y cesaron, y se hizo bonanza. Y les dijo: ¿Dónde está vuestra fe? Y atemorizados, se maravillaban, y se decían unos a otros: ¿Quién es éste, que aun a los vientos y a las aguas manda y le obedecen?* (Lucas 8.22-25)

Como acabamos de ver, la tempestad afectó no solo a los discípulos, sino también al santo Jesús. Es más, tanto Él como los doce, y aun las mujeres que le acompañaban, estaban haciendo la obra de Dios: *iban por todas las ciudades y aldeas, predicando y anunciando el evangelio del reino de Dios*. De ninguna manera podemos decir que la tempestad llegó como castigo divino por algún pecado cometido.

Al principio del relato vemos de manera inesperada el amor especial que Jesucristo tiene para los que pertenecemos a su grandiosa familia. Es importante entender esta verdad si deseamos comprender el porqué del sufrimiento. En los textos que anteceden a la tempestad vemos que la madre y los hermanos llegan a rescatar a Jesús. Mientras que este instruía a los discípulos a entrar en el barco donde en verdad se enfrentarían a un muy grave problema —en el que se debatirían entre la vida y la muerte en medio del embravecido mar.

Veamos algunos detalles. Lo que ocasiona la llegada precipitada por parte de la madre y los hermanos es el rumor que indica que Jesús posiblemente se había vuelto loco, por lo que decían: que «está fuera de sí». Lo acusaban de alborotar a la gente con demonios. La acusación era tan penosa que María y los hermanos de Jesús se preocuparon. Parece que fueron los escribas, el grupo de religiosos intelectuales cuya tarea era guardar la integridad de la religión judía, los que echaron a correr el rumor.

María y sus hijos intentaban llegar a donde Jesús estaba enseñando. Lo veían parado y a unos escribas acusándolo. Pero la multitud les impedía acercarse. Y escuchan tratando de saber si el rumor era cierto. Centran su atención en el debate. Se dan cuenta de que ahora la acusación toma otro rumbo, aun más grave: los escribas afirman que es por el poder de Satanás que Jesús hace sus milagros y que echa los demonios. Y lo denuncian como un peligroso hereje. Espantados oyen la terrible difamación.

Observemos, no obstante, a Jesús. El Señor habla con exactitud refutando la acusación. Primero muestra que es imposible que esté endemoniando a las personas, y a la vez echando fuera de ellas a esos mismos demonios, porque si un gobierno, o el mismo Satanás se divide, y pelea contra sí mismo, termina destruyéndose. Por tanto es clara la imposibilidad de que esté echando demonios con el poder del diablo. En segundo lugar, declara que tal atribución —que lo que Dios claramente hace se le atribuya al poder de Satanás— es blasfemia contra el propio Espíritu Santo, puesto que precisamente es este quien confirma la obra de Dios en los corazones de los hombres.

Jesús entonces advierte a los escribas del peligro de blasfemar contra el Espíritu Santo y de cometer el pecado imperdonable al atribuirle a Satanás una obra que es de Dios.

Hoy tenemos que escuchar esa defensa de Jesús con sumo cuidado, pues buscando solución a muchos problemas, muchos llegan a persuadirse de que los conflictos, las luchas, los dolores y las tempestades vienen todas del diablo. ¡Cuidado con esa clase de conclusiones! Lo malo que sucede en el mundo no proviene necesariamente de Satanás. ¿Quién mandó el diluvio? ¿Quién hizo llover azufre y fuego sobre Sodoma y Gomorra? ¿Quién trajo las plagas a Egipto? ¿Quién fue el que probó a Israel en el desierto? ¿Quién mando a Cristo al Calvario?

Cuidemos de no blasfemar contra el Espíritu Santo atribuyéndole al diablo lo que es obra directa de Dios. Este con frecuencia envía pruebas y aflicciones a sus hijos, y esas pruebas no son obras de Satanás (véase a Deuteronomio 8.2-5).

Las proclamaciones de los falsos maestros

Cada maestro falso cree (o al menos declara) que sirve a Dios y que las cosas que hace las hace con el poder divino. Pero no porque alguien afirme que obra según el poder de Dios necesariamente está en lo cierto, y menos aun cuando condena a los que le critican por el supuesto de cometer el pecado imperdonable. Hemos visto que todo creyente tiene el deber de «examinar» lo dicho por una persona (1 Tesalonicenses 5.21, 1 Timoteo 4.1-4; 6.3-4; 2 Timoteo 4.3-4). Somos responsables de «juzgar» a los que se levantan como maestros para engañar (1 Corintios 14.29; Tito 1.10-11;16).

En el caso de Jesucristo, con su doctrina y señales, dio amplia prueba de que provenía de Dios. Respecto a nuestros maestros modernos, dos cosas son indispensables para poder comprobar que son de Dios: (1) fidelidad a las enseñanzas básicas de la Biblia y (2) pruebas de que en verdad es Dios quien los usa mostrando vidas y comportamientos cristianos.

Ahora bien, terminadas estas lecciones preliminares, estamos listos para estudiar la furiosa tempestad.

El rescate equivocado

Vimos que la madre y los hermanos de Jesús llegaron a buscarlo. No podían acercarse debido al gentío, por lo que *«enviaron a llamarle»*. Jesús recibe el mensaje: *«Tu madre y tus hermanos están afuera, y te buscan»*. Mas Él responde: *«He aquí mi madre y mis hermanos. Porque todo aquel que hace la voluntad de Dios, ése es mi hermano, y mi hermana, y mi madre»*.

A primera vista parece que Cristo no ama mucho a su madre ni a sus hermanos. Pero, al reflexionar, descubrimos que ocurre lo contrario: Jesús no solo ama a su madre y sus hermanos con un amor infinito, sino que también ama de todo corazón a los que obedecen la voluntad del Padre. ¡Su «familia» es mucho más grande que lo que pensábamos! Incluye a todos los que hacen la voluntad de su Padre. Los brazos de Jesús se extienden, en forma visible y audible, para rodear con profundo amor a todos los que pertenecen a la familia de Dios.

Es de suma importancia reconocer la realidad de este amor de Dios. No importa la pena que suframos, ese amor es incondicional.

Como dice Pablo:

¿Quién nos separará del amor de Cristo? ¿Tribulación, o angustia, o persecución, o hambre, o desnudez, o peligro, o espada? ... Estoy seguro de que ni la muerte, ni la vida, ni ángeles, ni principados, ni potestades, ni lo presente, ni lo por venir, ni lo alto, ni lo profundo, ni ninguna otra cosa creada nos podrá separar del amor de Dios, que es en Cristo Jesús Señor nuestro (Romanos 8.35-39).

Sin entender ese amor de Dios es imposible aceptar el importante papel que juega el dolor en medio de las tempestades que nos azotan. Veamos a dónde nos lleva la historia.

La gran tempestad

El evangelista Marcos nos informa que aquel día, cuando llegó la noche, Jesús les dijo a los discípulos: *Pasemos al otro lado*. Nos informa además que Jesús estaba tan cansado, que al entrar al barco, se acostó en la popa sobre un cabezal (Marcos 4.35-41), y que enseguida cayó dormido.

Para comprender lo que esta historia nos enseña en cuanto a las catástrofes es necesario enfatizar que el propio Señor Jesucristo fue quien dio la orden: «*Pasemos al otro lado*». Por mandato de Él estaban allí sobre ese mar embravecido aquella noche oscura. Por obedecerlo estaban en aquella pequeña y frágil embarcación azotados por la horrible tempestad. (De paso, para nosotros la «tempestad» puede ser un huracán, un terremoto, una enfermedad, un cáncer, la muerte de un ser querido o una catástrofe cualquiera.)

La enseñanza más común que se oye hoy es que Dios nunca nos pone en un lugar peligroso y que no debemos culparlo por las cosas terribles que suceden en este mundo. Dios es amor, por tanto siempre nos llevará a delicados pastos. Nunca a lugares de terrible tempestad.

Tal enseñanza no solo es falsa, es sumamente perjudicial.

Cristo mandó a los discípulos a entrar en aquella barca para cruzar el lago. Él, por ser Dios, todo lo sabe. Sabía que venía la tempestad. Intencionalmente puso a los discípulos en esa situación peligrosa. ¿Cómo pudo haber dado esa orden que arriesgaría la vida de todos ellos? Hay ciertos elementos en la historia que podemos apuntar:

1. Jesucristo es el Creador de este mundo. En Él todo subsiste; además, Él sustenta todas las cosas con la palabra de su poder (Colosenses 1.16,17; Hebreos 1.3). ¿No cree usted que parte del propósito de aquella tempestad fue enseñarles a los

2. discípulos esa importante verdad? No es del poder de los demonios que trata esta historia, sino del poder de Dios.
2. Nótese la evidencia del poder de Jesucristo sobre lo creado cuando solamente con su palabra calma el furioso viento y aquieta el embravecido mar. Esa es la misma muestra de poder que Dios expuso en Génesis 1 (véase también Ezequiel 12.25), cuando con su palabra solamente formó al mundo. En el caso que nos ocupa, calma al furioso mar con solo pronunciar la orden.
3. Véase la pregunta que les hace a los discípulos: *¿Dónde está vuestra fe?* Esto ciertamente indica que Jesús se propuso usar esa tempestad para aumentar la fe de ellos en Él.
4. Finalmente, reconozcamos que lo que más atrajo la atención a los discípulos —y de lo que más hablaron— no fue la furia de la tempestad, sino la increíble demostración del poder de Jesús sobre la naturaleza: *Atemorizados se maravillaban, y se decían unos a otros: ¿Quién es éste, que aun a los vientos y a las aguas manda, y le obedecen?*

Considerando todo lo que aprendieron esa noche, ¿es posible que alguno de ellos cambiara una noche de sueño en su cómodo colchón en casa, por esa experiencia inolvidable con Cristo en aquella barca, en plena tempestad? Digo esto porque a veces, con un entendimiento falso y superficial de la manera en que Dios actúa, perdemos toda la bendición de las lecciones que Él nos quiere enseñar mediante terribles tribulaciones. ¡Cómo nos equivocamos atribuyendo ciertos sucesos a fuentes malignas!

Dios y el mal que sufrimos

Nos preguntamos de nuevo: ¿Es justo que un Dios todopoderoso y bueno permita el dolor y el sufrimiento? El tema ha intrigado a los filósofos y pensadores durante siglos. El argumento clásico opuesto a Dios y la existencia del mal reza así:

1. Si Dios fuera bueno, destruiría el mal.
2. Si Dios fuera omnipotente, tendría poder para destruir al mal.
3. El mal no ha sido destruido.
4. Por lo tanto, no hay Dios.

Como se observa, este argumento tiene que ver con el carácter de Dios, y es el más usado por los ateos que buscan la manera de negar su existencia.

El creyente responde a los postulados anteriores usando una variante del mismo argumento:
1. Si Dios fuera bueno, destruiría el mal.
2. Si Dios fuera omnipotente, tendría poder para destruir al mal.
3. El mal no ha sido destruido.
4. Por lo tanto, Dios puede, y *algún día* derrotará al mal.

La existencia del mal fue considerada por los 121 teólogos y 30 laicos evangélicos de Inglaterra y Europa, que en 1643 se reunieron en la Abadía de Westminster, en Londres, para producir lo que conocemos como la *Confesión de fe de Westminster*.[63] Este documento considera que:

> «Dios, desde la eternidad, por el sabio y santo consejo de su voluntad, ordenó libre e inalterablemente todo lo que sucede (Efesios 1.11; Romanos 11.33; 9.15,18; Hebreos 6.17). Sin embargo, lo hizo de tal manera que Él ni es el autor del pecado (Santiago 1.13,17; Juan 1.5), ni hace violencia al libre albedrío de sus criaturas, ni quita la libertad ni la contingencia [posibles sucesos] de las causas secundarias, sino más bien las establece (Hechos 2.23; 4.27,28; Mateo 17.12; Juan 19.11; Proverbios 16.33)».[64]

En otras palabras:
1. Todo lo que sucede es ordenado por Dios (Dios siempre es la primera causa).
2. El *apriori* bíblico nos lleva al axioma de que Dios nunca es autor del pecado.
3. Dios tampoco viola la libertad (albedrío) de sus criaturas.
4. Por tanto, al decir con los padres de Westminster que «la contingencia de causas secundarias es establecida», se entiende por ello las acciones de Dios y las de las cosas creadas.

Para explicarlo de otro modo, por un lado, vemos las acciones de Dios en el cumplimiento de sus eternos propósitos aquí en la tierra; por el otro, vemos las acciones de los hombres que con libre albedrío cumplen sus deseos terrenales. Lo que afirman los padres de Westminster es que Dios, en el cumplimiento de su voluntad, soberanamente obra de tal manera que nunca viola el libre albedrío de sus criaturas. No solo aclaran que Dios no interfiere con las acciones libres de los hombres, sino que realmente las establece o las afirma.

Más que maravilloso

Tomemos, por ejemplo, el caso de Daniel y el foso de los leones (Daniel 6). El propósito de Dios fue que Darío, los sátrapas y gobernadores de Media y Persia supieran que Él era el Dios viviente que trasciende los siglos, y que su reino no será destruido, y que su dominio perdura hasta el fin (v. 26).

Los enemigos de Daniel, como seres con libre albedrío, crearon la contingencia (una causa secundaria que aparenta anular la primera causa o la voluntad de Dios) para conseguir sus propósitos.

Así que hicieron que Darío firmara el edicto para que cualquiera que en treinta días demandara petición de cualquier dios u hombre fuera de Darío, fuese echado en el foso de los leones (v. 7). Los padres de Westminster enseñan correctamente que Dios «ni hace violencia al libre albedrío de sus criaturas, ni quita la libertad ni la contingencia de las causas secundarias, sino más bien las establece». Es decir, Dios no interfiere, ni impide, ni bloquea esas acciones libres de los hombres pecadores, más bien «las establece», es decir, permite que hagan exactamente lo que ellos planean. Es al comprender esta verdad que entendemos cómo Dios permite la muerte de mártires. Los pudiera haber librado, pero por fines que no entendemos aquí en la tierra, no los rescató. En el caso de Daniel, frustra el plan de los malvados. Cerrando la boca de los leones, libró a Daniel, lo que hizo que Darío proclamara la grandeza del Dios Todopoderoso.

Cuando observamos el cuidadoso tejido que traman las acciones de los hombres —por malvadas que estas sean— y los gloriosos propósitos divinos que siempre se cumplen perfectamente, es que comenzamos a entender que Dios no puede ser frustrado. Por eso unos teólogos hablan de la doctrina de la *concurrencia* , y otros de la *confluencia*, como la de dos ríos: 1. El río invisible que representa el plan eterno y soberano de Dios, y 2. El río humano, que es visto por nosotros, creado por las acciones de los hombres que libremente hacen lo que determinan hacer.

Aunque los planes humanos parezcan frustrar los de Dios, jamás podrán hacerlo. Cuando al fin esos dos ríos se unan (confluyan) se verá que se cumple perfectamente y sin falla ese plan divino que fue establecido antes de la fundación del mundo.

Reconozcamos que el propósito de Dios es eterno, *dándonos a conocer el misterio de su voluntad, según su beneplácito, el cual se había propuesto en sí mismo, de reunir todas las cosas en Cristo, en la dispensación del cumplimiento de los tiempos, así las que están en los cielos, como las que están en la tierra* (Efesios 1.9-10).

Ciertamente la ira del hombre te alabará (Salmos 76.10), confirma el salmista. Las corrientes que fluyen del río del soberano Dios aseguran el cumplimiento de su divina voluntad aquí en la tierra. El Dios de la historia toma, en forma maravillosa, las obras de los hombres, creando esas confluencias que concluyen determinando el divino propósito en la historia del mundo. Así de simple comprendemos la doctrina de la concurrencia.

Cabe repetir que tenemos que ver el fluir de ese río humano bajo la lupa de la providencia divina, a pesar de que parezca estar cargado con las decisiones y acciones de los hombres malvados. A nuestra vista todo pareciera indicar que es el hombre el que con su voluntad controlará la historia. Pero Dios nos sorprende. El río divino es el que realmente es determinante. Desde el rescate de Noé, en Génesis, hasta la derrota definitiva del anticristo y Satanás en el Apocalipsis, la Biblia nos muestra a un Dios actuando misteriosa pero definitivamente tras el telón humano, convirtiendo las malvadas acciones de los hombres —como Faraón, Nabucodonosor, Nerón, Napoleón, Hitler, Stalin, Hussein— en instrumentos para el cumplimiento sublime de sus benditos designios divinos.

Respecto al tema, Juan Calvino afirma:

«Primero, debemos observar que la voluntad de Dios es la causa de todas las cosas que suceden en el mundo. A su vez, Dios no es el autor del pecado, porque "la causa próxima [Dios] es una cosa, y la remota [las acciones de los pecadores] es otra"».[65]

Como ejemplo final, véase la victoria de Dios en el libro de Ester y la conmovedora historia del conflicto entre Amán, deseoso de destruir a todos los judíos, y Mardoqueo, el justo siervo de Dios.

Dios creó un mundo bueno

Siguiendo con el tema, Tomás de Aquino enseña lo siguiente:[66]

1. Si Dios decidió crear este mundo, tiene que ser un mundo bueno (dado el carácter de Dios).
2. Este es, pues, un mundo moralmente bueno.
3. Por tanto, al crear este mundo, Dios hizo todo (Génesis 1.21) bueno (no malo).

Hay muchas maneras de reconocer que este mundo fue hecho moralmente bueno. Primero, Dios lo creó sin imperfecciones morales (véase Génesis 1 y 2). Segundo, aunque lo hizo moralmente bueno, algo terrible ocurrió, pues el mal se ve por todas partes. Al hablar de Dios —un ser perfecto y sin mancha— obligatoriamente tenemos que estudiar el problema del mal.

¿Cómo es posible que un Dios bueno y todopoderoso permita lo malo? Como cristianos tenemos que confesar que el problema del mal es algo que siempre asombra al que cree en Dios. «Dios es perfecto» —decía Aquino, «e hizo al mundo perfecto. Una de las perfecciones que nos dio es el libre albedrío,[67] lo que trajo la corrupción (privación) de la perfección».

A su vez, Dios administra al mundo con perfección. Y, aunque ahora es imperfecto, Aquino enseñaba que «Dios producirá la mayor perfección posible cuando triunfe el bien sobre el mal... Él está obrando en la mejor forma posible para lograr que sea el mejor mundo que podamos tener. Y como Él es todopoderoso y derrotará lo malo, no le es imposible. Al fin [cuando Cristo regrese] lo destruirá».

¿Quién controla el mundo?

A pesar de todo lo dicho, muchos preguntan con sinceridad: ¿quién controla el mundo? De nuevo la soberanía y el problema del mal están en juego. Esta vez el debate no es con los ateos, sino entre evangélicos, y tiene que ver con el carácter de Dios. Podemos resumir los puntos como sigue:

1. ¿Estará Dios literalmente controlando todas las cosas? Debido a que existe el mal, algunos concluyen que evidentemente Dios no es quien controla.
2. Como «Príncipe del mundo», es el diablo quien controla y produce todo el mal que sufrimos.
3. Los hombres, en el nombre de Cristo, deberíamos controlar las cosas, pero no hemos aprendido cómo hacerlo, por eso hay tanta maldad.

Podríamos añadir una cuarta posibilidad: Es posible que cada uno de los mencionados controle algo, pero ninguno la totalidad. En otras palabras, la responsabilidad del gobierno del mundo la comparte Dios con el diablo y el hombre.

Considero estas conclusiones, bastante difundidas por todas partes, y simplemente no las puedo aceptar. En primer lugar, si Satanás o los hombres malvados controlaran al mundo, ¡qué terrible sería esta tierra! No habría un lugar dónde encontrar paz. Tampoco habría gozo de ninguna clase —así de malos somos los hombres, Satanás y sus demonios. Una conclusión a la que he llegado es que realmente pensamos que lo que sucede en el mundo lo decidimos nosotros los humanos. Para decirlo de otra forma, el hombre hoy día se cree soberano.

Hace poco, mi hijo alquiló la película *Armagedón*. Una increíble realización llena de acción; trata acerca de un meteoro del tamaño del estado de Texas que está a punto de chocar con la tierra y destruirla. ¿Podrían los expertos del Pentágono salvarnos? Es interesante observar que no vi en la película a la gente tirarse de rodillas, arrepentirse o pedir la intervención de Dios.

Al contrario, el mundo entero cifró sus esperanzas en los expertos que ascendían en la nave espacial para abrirle un agujero al enorme meteoro, ponerle una poderosa bomba atómica y destruirlo en el espacio antes que llegara a la atmósfera. Para concluir el episodio, el presidente norteamericano se levantó y declaró: «Al fin tenemos la tecnología para controlar nuestro destino».

Pareciera que muchos evangélicos han llegado a una conclusión similar. Declaran con atrevimiento: «Como hijos de Dios podemos controlar el destino del mundo, pues Dios espera que lo hagamos con el poder que Él nos da». Muchos hoy, atribuyéndose poderes que solo le pertenecen a Dios, se proponen destronar al diablo y detener las odiosas obras de la gente malvada. ¿Qué decir acerca de métodos y actividades casi a nivel de espectáculo como caminatas de oración, clamores y conciertos de oración? ¿Será que mientras más gente se reúna más obligado estará Dios a cumplir con lo que nosotros le pedimos? Esto lo creen muchos.

Tal tipo de pensamiento, me luce que reduce a Dios. Equivale a pensar que Él no tiene un plan glorioso para este mundo, por tanto, tenemos que ayudarlo a manejar y a controlar los hechos que ocurren en la tierra. ¿De veras? ¿Actuará Dios en respuesta a la organización humana u obrará como resultado de un plan divino y eterno y detallado? ¡Cuidemos de no quitarle a Dios su soberanía, otorgándonosla a nosotros mismos! ¿Es que no debemos orar y luchar en contra del mal en el mundo? De ninguna manera. Dios nos ordena hacerlo, pero siempre buscando la voluntad de nuestro Padre en los cielos. El error entra cuando nos elevamos a nosotros mismos al lugar de Dios.

No creo que al diablo le molesten tales actividades humanas, ya que si como creyentes pensamos que el secreto de vencer el mal está en nuestras manos, él retiene el control, pues como «padre» de ese concepto logra que los hombres se fijen en él más que en Dios. Y ese es su objetivo esencial: reemplazar a Dios. Pero ¡alto!, busquemos lo que dice la Biblia.

La Biblia enseña la absoluta soberanía de Dios

El patriarca Job, sentado en cenizas luego de haber perdido todo, afirma que Dios puede hacer lo que quiera. Isaías, ante la visión de Dios, indica que Dios hace todo lo que se propone. Pablo declara que Dios en su majestuoso trono *«hace todas las cosas según el designio de su voluntad»* (Efesios 1.11). Son muchos los personajes y los textos que afirman la soberanía de Dios (Proverbios 16.1,4,9; Isaías 46.911; 55.8-11; Daniel 4.35; Salmos 147.5; Job 42.2; Eclesiastés 3.11; Juan 6.64; Efesios 3.9; Apocalipsis 1.18; entre otros).

Como vemos en Isaías 45.6-7: *Que se sepa desde el nacimiento del sol, y hasta donde se pone, que no hay más que yo; yo Jehová, y ninguno más que yo, que formo la luz y creo las tinieblas, que hago la paz y creo la adversidad*[nótese, ¡Dios declara que Él es el que crea la adversidad!, y no el diablo]. *Yo Jehová soy el que hago todo esto.*Destaque esa verdad: Dios crea la adversidad, esto es, el mal amoral —torbellinos, terremotos, maremotos, sequías, diluvios, pestilencias, epidemias, etc.

Toda la naturaleza está en manos de Él. Ni siquiera le da al diablo el privilegio de alardear en cuanto a lo que sucede. Dios dice que nada ocurre en el mundo que no venga directamente de sus manos. Dios hace todo menos pecar (el mal moral). Si hubiera otro en el universo que tuviera control aparte de Dios, Él dejaría de ser soberano. Si Dios es Dios, no puede haber otra fuerza controladora.

De acuerdo con los textos citados, ¿puede el diablo hacer algo fuera del control soberano de Dios? ¡Nunca jamás!

Satanás es un ser creado, un ángel, por tanto limitado a la tarea de ser mensajero de Dios. Su poder es derivado. No tiene poder auto generado (aseidad)[68] para actuar. Recibe ese poder de Dios o de los hombres. Cuando nos tienta y cedemos a sus deseos es que le damos poder para que actúe.

¿Puede el hombre hacer algo fuera del control soberano de Dios? ¡Tampoco! El hombre es un ser creado, por tanto es finito, pero a diferencia de Satanás, tiene habilidades especiales —por ser creado a la imagen de Dios. Como vimos en los textos citados, la Biblia claramente afirma que Dios es el único Rey y absoluto soberano. Todo lo creado —inclusive Satanás y sus demonios— se sujeta a su divina voluntad.

La paranoia del creyente moderno

Vivimos en días en que se exalta a Satanás y, sin embargo, se le culpa por todo lo malo en la tierra. Tiempos en que se exalta al hombre, a la vez que lo exculpamos del mal, creyendo que el pecado viene por fuentes externas, y no por una corrupción interna. Eso se ve hasta en la literatura evangélica moderna, en la que leemos declaraciones que nos alarman:

1. Satanás puede contrarrestar el campo de fuerza de Dios.[69]
2. Si aprendemos las técnicas correctas, podemos librar al mundo del poder de Satanás.[70]
3. La Biblia no tiene suficiente información acerca del diablo, tenemos que ir a otras fuentes para saber cómo contrarrestarlo.[71]

Rechazamos tales conclusiones de plano, porque:

1. Exaltan a Satanás de manera desmedida.
2. Atacan el carácter del Dios de la Biblia, reduciéndolo, y robándole su soberanía.
3. Exoneran al hombre de su culpabilidad y pecado.
4. Socavan la autoridad de la Biblia.

La Iglesia de Jesucristo ha establecido por siglos que todo lo que el creyente necesita saber acerca de Dios, el hombre, el mal, el diablo, los demonios, el presente y el futuro está en la Santa Biblia. Esta es nuestra fuente fidedigna; cualquier otra es poco confiable.

Es peligroso, por lo tanto, seguir las ideas sin asidero bíblico que se proclaman en muchos círculos, pues nos pueden llevar al error. Como los bereanos, tenemos que comparar todo lo que se dice para ver si se sujeta a la Biblia. Además, se nos manda a «probar los espíritus», ya que Satanás se disfraza como «ángel de luz» con el fin de engañarnos y separarnos de Dios y su verdad.

Kim Riddlebarger describe la «paranoia» que el creyente moderno sufre:

> Ya muchos evangélicos no ven al mundo como antes —a través de las doctrinas de la creación, la caída y la redención. Carecen de una doctrina del pecado tan clara como para categorizar verdaderamente lo malo. Consecuentemente oscilan entre una guerra metafísica librada por un buen Dios y sus ángeles y una lucha del diablo con sus demonios contra todos. Ya no se considera que lo que ocurre es un problema del pecado, o de la oscuridad interna que reside en el corazón humano por su rebelión contra Dios. Se considera como algo ajeno a uno —las conspiraciones, los humanistas seculares, los demonios. Concluyen que hay dolor y maldad en el mundo debido a la presencia de los demonios, y no porque nos rebelamos contra Dios. Bajo tal creencia, el dolor nunca puede ser visto como algo beneficioso (Romanos 8.28), pues se piensa que solo es señal que los demonios están ganando la batalla terrenal.[72]

¿Hasta qué punto está el diablo limitado?

Para ayudarnos a entender cómo surgen estas ideas que influyen en nuestras iglesias es importante reconocer que ellas vienen como efecto de nuestras perspectivas teológicas. Existen entre los evangélicos, básicamente, tres corrientes teológicas. Aun cuando hay que generalizar mucho para apuntar a lo que cada una de ellas cree acerca de Satanás, pienso que es posible hacerlo. Si alguien se siente aludido al leer estas proposiciones, está claro que el ánimo es dilucidar objetivamente el tema. Como observarán, aprovechamos algunos resúmenes de escritos significativos.

Diferentes posiciones

Los de postura pentecostal-carismática[73] ven a Satanás como «Príncipe del mundo». Puede oprimirnos (depresión, tentación, frialdad espiritual); puede afligirnos u obsesionarnos (normalmente con ataques continuos en ciertas áreas, hasta con demonios que causan enfermedades físicas); puede poseernos, sobre todo si vivimos en la carne. Creen que todo hombre aparentemente vive sin protección del diablo, incluso los creyentes. Y además, que luego de ser atormentado por Satanás, el creyente, por su fe en la sangre de Cristo, puede ser liberado.[74]

Los del ala arminiana sostienen como factor fundamental el libre albedrío —cada individuo decide el mínimo acto de su vida: particularmente en lo que se relacione con su salvación. Podríamos describirlo así: «Yo, como ser libre, tengo que lograr mi salvación. Tengo que defenderme particularmente del diablo, porque procura destruir mi fe y mi testimonio».

El autor Francis Frangipane, por ejemplo, escribe: «Si toleramos el pecado y las tinieblas, nos tornamos vulnerables al enemigo. Pues dondequiera que haya una desobediencia voluntaria a la Palabra de Dios, hay tinieblas espirituales y la virtual actividad de los demonios».[75] En otras palabras, el cristiano determina, por su fidelidad o infidelidad, si tiene poder sobre el diablo, o viceversa. Con tal que esté viviendo «en Cristo», está protegido de Satanás. Pero, como que puede perder su salvación, y volver a su estado pecaminoso, sin Cristo, en esa condición no tiene protección de Satanás. El hombre escoge o rechaza a Dios, sin interferencia, sin obligación, sin influencia externa.

El arminiano niega la predestinación y la elección divina. Considera ello como una interferencia de Dios en el libre albedrío humano. Esto lleva al calvinista a preguntar: «Entonces, ¿por qué oran para que Dios salve al pecador? Si piden que Dios intervenga para salvarlo, ¿no tendría Él que atropellar su libre albedrío para hacerlo? ¿No sería más apropiado orar, pidiéndole a Dios que no interfiriera los derechos del pecador para que pueda tomar su decisión libremente?»

Llegamos a los llamados calvinistas. El calvinista aborda todo comenzando con Dios, no con el hombre ni con el diablo. Dios es el Creador; el hombre y toda otra cosa que existe es creada, por lo tanto totalmente dependiente de los deseos, voluntad y acción de su Creador. Como que Dios es omnipotente, omnisciente y omnipresente, nos protege del diablo y del mal. Además, Dios no yerra y tiene absoluto poder para hacer lo que le plazca. Todas las cosas (incluidos Satanás y los demonios) están bajo su total y soberano control; por lo tanto, como sus hijos, no tenemos que vivir atemorizados —ni por el hombre ni por el diablo.

Podríamos discutir estos puntos de vista mucho más, pero no es ese nuestro propósito. Queremos enfatizar la urgencia que tenemos de regresar a la Biblia para examinar el origen del mal. Por supuesto, el diablo tienta y es malo y, por ser un ángel —aunque caído—, tiene fuerza y poder para hacer daño. Pero hay otra fuente de mal muy poderosa: usted, yo y todo hijo e hija de Adán que vive sobre la faz de la tierra.

Este mundo no sufre tanto por lo que hace Satanás, sino por la acumulación terrible de los pecados que como humanos cometemos. Nuestro deber no es mirar afuera, al ambiente, al diablo. Debemos pedirle ayuda a Dios para examinar nuestros propios corazones, ver la increíble maldad de la que somos potencialmente capaces, y pedir de Dios su fuerza para vivir en santidad en este mundo. El poder está en Dios, no en el diablo. Abandonemos nuestras falsas especulaciones, nuestras raras fantasías, y regresemos a la verdad de la Biblia y al Dios todopoderoso que ella exalta.

MAGDALENA, LA PENITENTE

Llega la hermosa amante pecadora
al convite del vano fariseo,
a regar del divino Galileo
las plantas con las lágrimas que llora.

Sécalas con las trenzas que atesora
una vez y otra vez... ¡digno trofeo!
y el frasco rompe con mejor empleo,
del nardo delicado escanciadora.

Alabastro es también el pecho humano:
rómpase el mío de dolor... y empiece
por los pies a adorar al que ha ofendido:

Llenó de olor la casa soberano:
mi amor también, si entre dolores crece,
en este corazón pondrá su nido.

—Luis de la Puente
(español, 1554-1624)

Capítulo 7: Dios y el porqué del sufrimiento

*Nuestros dolores no merecen el nombre de sufrimiento.
Cuando considero mis cruces, infortunios, tribulaciones y tentaciones, veo mi
vergüenza y mi pena enormes, y me doy cuenta de lo insignificante que son
en comparación con los sufrimientos de mi bendito Salvador.*
— *Martín Lutero*

Qué papel juegan el dolor y el sufrimiento en nuestras vidas? En mayo de 1999, asistí a un banquete al que se invitó a hablar a Joni Eareckson Tada, la muy conocida y querida cristiana que es cuadriplégica. Con cara risueña y refulgente, la hermosa mujer contó algo de sus luchas.

Indicó que le había pedido a Dios que cuando llegara el momento de ir al cielo, le permitiera llevar su silla de ruedas. Una vez allá, la rodaría hasta colocarla al lado de Jesucristo y, con gran gratitud, le daría gracias por esa silla en la que pasó tantos años de miseria.

Luego, dirigiéndose al público, señaló que si no hubiese sido por esa silla que, al parecer, llegó a moldearse a su frágil e inmóvil cuerpo, jamás habría llegado a amar a Cristo con todo su corazón. Sin ella jamás habría buscado sus caminos. Ni hubiera llegado a aprender, ni mucho menos estudiar, su gloriosa Palabra. Sin esa silla jamás habría intentado servirle, a pesar de su condición física. Aquella silla le hizo entender y apreciar la gran agonía y el dolor que el mismo Señor Jesucristo sufrió para perdonar los pecados del mundo. Ese objeto le permitió participar de sus sufrimientos, dándole deseos de ser como Él.

Joni concluyó el relato anticipando que cuando reciba ese cuerpo nuevo, glorificado —parecido al de Jesús— le dirá al Señor que, por favor, le dé una tremenda patada a la famosa silla para enviarla al mismo infierno.

¿Por qué vienen los problemas y el dolor? Veamos que la Biblia da cuatro respuestas importantes a este interrogante. Antes de analizar esas afirmaciones, sin embargo, conviene responder a varias presunciones sobre el tema.

Juan Calvino afirmó que podía descansar tranquilamente porque sabía que «la mano de Dios estaba sobre el timón del mundo». El caso es que nosotros hoy, viviendo entre la violencia, el caos, el desorden y la maldad, creemos tener argumentos para dudar de ese concepto calvinista. Si es en verdad Dios el que controla todo, necesitamos algunas evidencias para poder aceptar esa doctrina de la providencia divina, dado que hay tanta maldad y perversidad en nuestro mundo. Por tanto, ¿Cómo es posible que Dios esté al control de todo? ¿No será más bien que Satanás, con sus huestes de iniquidad, ha deslizado toda esa terrible avalancha del mal que sufrimos?

No queremos minimizar las objeciones a la soberanía de Dios. Por ejemplo, varios creyentes en Miami (en agosto de 1992) sufrimos la pérdida de nuestros hogares, víctimas del huracán Andrés. Aquello parecía una escena en la que soltaban a uno de los cuatro jinetes apocalípticos sobre nuestra tierra. Muchos cuestionamientos surgieron en la mente de los incrédulos y aun en los creyentes. Por otra parte,

¿Cómo entender la ola de sufrimientos arrastrada tras el huracán Mitch en Honduras, Nicaragua y Chiapas (1998)? ¿Cómo explicar el terrible terremoto en Colombia (en enero de 1999) que enterró a miles de personas entre sus propios despojos y dejó a la ciudad de Armenia en ruinas? ¿Cómo interpretar el diluvio devastador que descendió sin aviso sobre el venezolano Estado Vargas la noche del 15 de diciembre de 1999? ¿Estuvo Dios detrás de todo ello?

No obstante, hay otros tipos de mal. En la Ciudad de México un pastor amigo abordó un taxi para ir al aeropuerto. En el camino, el taxista detuvo el auto en un lugar solitario mientras varios hombres armados asaltaban al pastor. Lo golpearon, le robaron cuanto tenía y lo abandonaron en un suburbio de esa enorme ciudad. ¿Cómo puede tal suceso ser la voluntad de Dios?

Un día, por otro lado, una fiel cristiana hacía su trabajo rutinario en la casa, cuando alguien tocó a la puerta. Sin ningún recelo ni sospecha, la abrió con confianza. Un hombre con la cara cubierta por una máscara, se avalanzó sobre ella, la ató, tomó los objetos de valor y, entonces, abusó sexualmente de ella. Si hay un Dios que controla este mundo, ¿cómo puede permitir esas cosas?

En todos esos casos, ¿dónde estaba *el ángel del Señor que acampa alrededor de los que le temen y los defiende*? En otras palabras, en los momentos en que más necesitamos su auxilio por las tragedias y sufrimientos que inesperadamente nos azotan ¿dónde está Dios?

No es que dudemos de la soberanía de Dios, es que desde nuestra perspectiva humana las penas sufridas parecen más obra de un demonio que de un Dios amante. Además, si todas las cosas estuvieran bajo su soberano control, ¿no sería propio esperar que al menos diera alguna protección especial a aquellos que nos llamamos sus hijos? Si es que se nos pide creer en la absoluta soberanía de Dios, convendría tener algunas respuestas a estas inquietudes.

El intento teodícico[76]

Muchos, a través de las edades, han tratado de entender el problema del mal. ¿De dónde viene lo malo? ¿Podría venir de Dios? ¿Será el diablo su autor? ¿Por qué viene? ¿Por qué tenemos que sufrir? ¿Qué tiene que ver Dios con el mal?

No hay duda de que la iglesia está dividida en cuanto al tema. Algunos aseveran que el dolor y el sufrimiento proceden del maligno;

otros afirman que provienen a causa del pecado, y todavía otros que opinan que es parte del plan de Dios. Comencemos el estudio repasando algunos de los argumentos de un famoso filósofo matemático, Gottfried Wilhelm Leibniz (1646-1716).

Reconociendo que Dios tiene que ser soberano —si es que es Dios— Leibniz trató de defender y justificar las acciones de Dios respecto al mal. Hizo una distinción entre tres tipos de maldad: mal moral, mal físico y mal metafísico. Explicaba que el *mal moral* es el producto de seres humanos que deciden deliberadamente pecar contra las leyes de Dios. El *mal físico* es todo aquello amoral que sufrimos en el mundo; por ejemplo, las calamidades que ocurren en nuestro planeta tierra — terremotos, huracanes, diluvios, avalanchas, epidemias, plagas, etc.

Leibniz explicaba el *mal metafísico* acudiendo a la finitud de todo lo creado. Argumentaba que lo *finito* lógicamente tiene que ser inferior a lo *infinito*. Por necesidad, entonces, al ser la creación *finita*, el mundo por fuerza tenía que ser imperfecto, compuesto de lo 'malo'. Dios pudo haber hecho varios tipos de mundos, señalaba Leibniz, por ejemplo uno en el que no hubiera mal alguno. Tal mundo, sin embargo, habría requerido seres que no pecaran —para ello tendrían que ser simples títeres. Al darle al hombre libre albedrío, Dios tuvo necesariamente que crear un mundo imperfecto, ya que tenía que permitir a lo finito expresarse como quisiera. Por tanto, Dios creó el mejor mundo posible, uno en el que podría existir el mal.

«Porque es Dios —razonaba Leibniz— y tiene la habilidad para ver todo desde la perspectiva de la eternidad, hizo a nuestro mundo lo mejor que pudo bajo aquellas circunstancias».[77] Esa conclusión, aunque parece erudita, choca con lo que enseña la Biblia, pues niega la perfección de la creación. La Biblia nos dice: *Y vio Dios todo lo que había hecho, y he aquí que era bueno en gran manera* (Génesis 1.31). El hombre y el universo fueron hechos perfectos, sin pecado y sin mancha. Es más, el hombre fue creado a la misma imagen de Dios. No fue sino hasta el momento de la tentación que el hombre cedió y escogió deliberadamente hacer el mal, ¡*convirtiéndose en pecador*![78]

Aunque discrepamos con Leibniz, dos de los términos que usó nos pueden ayudar para clasificar las áreas o aspectos del mal. El primero es el *mal moral*, que comprende las acciones pecaminosas y dañinas de nosotros los seres humanos. El segundo es el *mal físico*, tratándose de la naturaleza (algo amoral) y lo que ella desata sobre la tierra —

torbellinos, huracanes, terremotos, sequías, epidemias, etc. Escogeremos estos dos términos para hacer las mismas distinciones.

¿Por qué sufren los justos?

Comencemos analizando al sufrido Job. El patriarca pierde repentinamente todo lo que tiene y, encima de eso, sufre una grave enfermedad que por poco lo consume. Tan terrible pena requiere una causa. Job, opinaríamos, tiene que haber hecho algo horrible para merecer tan increíble juicio. Ante tal conclusión, nos sorprende la observación del propio Dios que afirma que Job era *hombre perfecto y recto, temeroso de Dios y apartado del mal*. ¿Cómo justificamos tal tragedia si es inocente?

Leyendo la historia con atención descubrimos que Job es la víctima inocente de un encuentro entre Dios y Satanás. Es como Dios descorriera la cortina y nos muestra la verdadera guerra espiritual que se libra en los cielos. Los protagonistas son Él y sus buenos ángeles. Los contrincantes son Satanás y sus huestes malignas. Job —como a veces nosotros— es una simple víctima de la guerra celestial, que ni tiene noción de lo que ocurre. El espectáculo nos obliga a preguntar: ¿Cómo puede Dios ser justo y permitir tal cosa? Veamos.

Satanás se acerca al trono de Dios acusando a Job de servirle por interés —debido a todas las bendiciones que Él da a los que le siguen. Y arguye que si Dios le quitara esas ricas bendiciones, Job le daría la espalda, al punto de blasfemar su glorioso nombre. Alarmados, vemos que Dios le da a Satanás el permiso para hacer lo que quiera con el indefenso Job, con la sola limitación de no quitarle la vida al pobre hombre.

De inmediato Satanás muestra su diabólico carácter. En un solo día desata sobre Job un desastre tras otro.

Primero, los sabeos matan a todos los sirvientes de Job a filo de espada. Luego, con un inclemente fuego misterioso acaba con todas sus riquezas, quemando a sus ovejas, ganado y camellos. Termina desplazando sobre los hijos de él un furioso torbellino sin que ninguno pudiera salvarse. La crueldad no tiene fin. Nótese cómo le llega la información a Job. Los mensajeros, uno tras otro, le informan las noticias devastadoras al pobre hombre —tanto como para darle un infarto al corazón instantáneo.

Como siempre, sin embargo, Satanás sale perdiendo. Dios está tan confiado en Job que permite todo ese inmerecido dolor. Sabe que Job lo seguirá amando y confiando en Él. En vez de blasfemias, de la boca del patriarca salen las dulces y ricas palabras:

> *Desnudo salí del vientre de mi madre, y desnudo volveré allá. Jehová dio, y Jehová quitó; sea el nombre de Jehová bendito* (Job 1.21).

Satanás, sin embargo, no se da por vencido. Se le ocurre otra perversa idea —¡el hombre da todo por su salud! Con tal saña, peor que un monstruo, le pide permiso a Dios para quitarle la salud a Job. Lo enferma con lo que algunos médicos creen haber sido una combinación de lepra y elefantiasis. Así lo vemos lleno de úlceras, rascándose con un tiesto, buscando alivio en un nido de cenizas. Movidos por repugnancia ante tal sufrimiento, nos sorprende la respuesta de Job:

> *¿Recibiremos de Dios el bien, y el mal no lo recibiremos?* (Job 2.10)

Es lógico que exclamemos: ¿Cómo puede Dios permitir eso? ¿Cómo puede consentir el sufrimiento tan oprobioso de uno de sus fieles? Es una escena dantesca. No queremos ver más. Deseamos que se cierre la cortina de una por todas.

Alguien podría alegar: «Pero, el culpable no fue Dios, ¡fue Satanás!» Leamos con mucho cuidado lo que el Altísimo declara sobre el caso: *Y Jehová dijo a Satanás: ¿No has considerado a mi siervo Job, que no hay otro como él en la tierra, varón perfecto y recto, temeroso de Dios y apartado del mal, y que todavía retiene su integridad, aun cuando tú [el diablo] me incitaste[a mí] contra él para que [yo Dios] lo arruinara sin causa?* (Job 2.3)

Si en algo nos ayuda el libro de Job es precisamente a ver que, por ser Creador, Dios en su soberanía puede permitir lo que crea mejor para cualquiera de sus hijos (véase Job 42.1-6). Es al estudiar el libro completo que nos percatamos de que en Dios no hay acción perdida —*todas las cosas ayudan a bien* (Romanos 8.28), como declara Pablo. El sufrimiento de Job es útil para purificar su alma, para que conozca las imperfecciones de su corazón, para profundizar su conocimiento acerca de Dios. Lo que en apariencias es malo, Dios lo torna en bien, mostrándonos el corazón y el carácter del bondadoso y amoroso Padre celestial. La escena final nos muestra a un Job doblemente bendecido. A la vez Satanás termina derrotado por completo, con sus estrategias vencidas por la fidelidad y lealtad de un indefenso seguidor de Dios.

Ante los actos misteriosos del Creador, ¿qué somos nosotros para cuestionar sus acciones? Este es el gran argumento de Pablo ante los romanos:

> ¿Quién eres tú, para que alterques con Dios? ¿Dirá el vaso de barro al que lo formó: Por qué me has hecho así? ¿O no tiene potestad el alfarero sobre el barro, para hacer de la misma masa un vaso para honra y otro para deshonra? (Romanos 9.20,21)

Y hablando de Pablo, recordemos lo que este gran y fiel apóstol sufrió por su fidelidad a Dios. Dijo:

> He recibido cuarenta azotes menos uno. Tres veces he sido azotado con varas; una vez apedreado; tres veces he padecido naufragio; una noche y un día he estado como náufrago en alta mar; en caminos muchas veces; en peligros de ríos, peligros de ladrones, peligros de los de mi nación, peligros de los gentiles, peligros en la ciudad, peligros en el desierto, peligros en el mar, peligros entre falsos hermanos; en trabajo y fatiga, en muchos desvelos, en hambre y sed, en muchos ayunos, en frío y en desnudez (2 Corintios 11.24-27).

Nada en ese dolor se debe a algún pecado personal, al contrario, es debido a su amor por Jesucristo.

Vayamos a los evangelios. Vemos allí a otro hombre. Él es el puro, santo, Hijo de Dios. Aunque no tiene mancha, nótese cómo lo describe el evangelista del Antiguo Testamento, Isaías:

> Despreciado y desechado entre los hombres, varón de dolores, experimentado en quebranto; y como que escondimos de él el rostro, fue menospreciado, y no lo estimamos. Ciertamente llevó él nuestras enfermedades, y sufrió nuestros dolores; y nosotros le tuvimos por azotado, por herido de Dios y abatido. Mas él herido fue por nuestras rebeliones, molido por nuestros pecados; el castigo de nuestra paz fue sobre él, y por su llaga fuimos nosotros curados. Todos nosotros nos descarriamos como ovejas, cada cual se apartó por su camino; mas Jehová cargó en él el pecado de todos nosotros. Angustiado él, y afligido, no abrió su boca; como cordero fue llevado al matadero; y como oveja delante de sus trasquiladores, enmudeció, y no abrió su boca (Isaías 53.3-7).

¿Habrá existido persona en toda la historia más inmerecedora de sufrimiento? San Pablo da la siguiente explicación del padecimiento de Jesucristo:

Porque convenía a aquel por cuya causa son todas las cosas, y por quien todas las cosas subsisten, que habiendo de llevar muchos hijos a la gloria, perfeccionase por aflicciones al autor de la salvación de ellos (Hebreos 2.9,10).

Si Job no pecó cuando fue obligado a sufrir tan terriblemente; si a Pablo, el santo apóstol, Dios lo sometió a una vida dolorosa; si el propio Jesús, el hombre sin pecado, tuvo tanta aflicción, ¿quiénes somos nosotros para pensar que a un hijo de Dios no le es justo sufrir en este mundo? Pero me adelanto. Esperemos el momento apropiado para llegar a conclusiones. Hay otro tema que debemos tratar primero.

¿Por qué prosperan los malos?

Parece que quienes más gozan, los que más disfrutan de la vida, los que más avanzan y prosperan son la gente más pecadora. De eso precisamente se quejaba el salmista:

¿Hasta cuándo los impíos, hasta cuándo, oh Jehová, se gozarán los impíos? ¿Hasta cuándo pronunciarán, hablarán cosas duras, y se vanagloriarán todos los que hacen iniquidad? A tu pueblo, oh Jehová, quebrantan, y a tu heredad afligen. A la viuda y al extranjero matan, y a los huérfanos quitan la vida. Y dijeron: No verá Jehová, ni entenderá el Dios de Jacob (Salmos 94.1-7).

Obvio es el éxito de los degenerados del mundo. Observemos la historia de Genghis Khan, Napoleon, Mussolini, Hitler, Stalin —y, si quiere, incluya a Fidel Castro. Todos fueron culpables de innumerables, horrorosas e inhumanas atrocidades. Sin embargo, por años disfrutaron de poder, riquezas, honor y gloria. Cierto es que desde Al Capone al presente, la prensa ha contado la vida de hombres y mujeres que han sido homicidas, adúlteros, ladrones, violadores, violentos, crueles y abusadores. Han vivido como reyes sin sufrir aparentemente castigo por sus delitos. ¿Cómo se explica eso si, como comúnmente se piensa, el castigo de Dios cae sobre los que pecan? ¿Dónde ha estado la justicia divina en estos casos?

No hay por qué preocuparse. Pablo indica: *Los pecados de algunos hombres son ya evidentes, yendo delante de ellos al juicio; mas a otros, sus pecados le siguen* (1 Timoteo 5.24, Biblia de las Américas).Dios, no obstante, es paciente. En ocasiones castiga a los malvados al instante (como en el caso del diluvio, o de Sodoma y Gomorra, o de Ananías y Safira). Otras veces espera hasta después de la muerte de ellos, para hacerlo en el terrible juicio final, en aquel día cuando *pedirán a los montes y a las peñas: Caed sobre nosotros y escóndenos del rostro de aquel que está sentado sobre el trono, y de la ira del Cordero* (Apocalipsis 6.16).

De lo siguiente no hay duda: el castigo de todo pecador es cierto y seguro, ¡sea ahora o después! Si la señal de que uno obra mal fuese un castigo inmediato, todos estaríamos en ataúdes y dos metros bajo la tierra. La furia de la ira de Dios nos habría consumido. Ningún hombre es inocente de pecado. Solo porque Dios es paciente y misericordioso es que cualquiera disfruta larga vida.

Por tanto, es irrazonable concluir que las causas del dolor que alguien sufre se debe a algún pecado, sea oculto o manifiesto. En esta vida no se sufre necesariamente las consecuencias de los pecados. En la mayoría de los casos el castigo espera hasta el gran juicio final.

Dios, por su propia condición, determinará lo que desea hacer con el mundo y con la humanidad que quebranta sus leyes. Con esto concuerda toda la Escritura: *para que se sepa desde el nacimiento del sol, y hasta donde se pone, que no hay más que yo; yo Jehová, y ninguno más que yo, que formo la luz y creo las tinieblas, que hago la paz y creo la adversidad. Yo Jehová soy el que hago todo esto* (Isaías 45.6,7). Leemos también: *¿Habrá algún mal en la ciudad, el cual Jehová no haya hecho?* (Amós 3.6) Además, se nos dice: *Porque he aquí, el que forma los montes, y crea el viento, y anuncia al hombre su pensamiento; el que hace de las tinieblas mañana, y pasa sobre las alturas de la tierra; Jehová Dios de los ejércitos es su nombre* (Amós 4.13). Y añade: *Buscad al que hace las Pléyades y el Orión, y vuelve las tinieblas en mañana, y hace oscurecer el día como noche; el que llama a las aguas del mar, y las derrama sobre la faz de la tierra; Jehová es su nombre* (Amós 5.8). Y concluye otro profeta: *He aquí que yo hice al herrero que sopla las ascuas en el fuego, y que saca la herramienta para su obra; y yo he creado al destruidor para destruir* (Isaías 54.16).

¿Por qué vienen los problemas y el dolor?

La Biblia nos da varias respuestas importantes. Por ejemplo, vivimos en un mundo maldecido y pecaminoso. Esta verdad se plasma en Génesis capítulo tres:

> *Y al hombre dijo: Por cuanto obedeciste a la voz de tu mujer, y comiste del árbol de que te mandé diciendo: No comerás de él; maldita será la tierra por tu causa; con dolor comerás de ella todos los días de tu vida. Espinos y cardos te producirá, y comerás plantas del campo. Con el sudor de tu rostro comerás el pan hasta que*

vuelvas a la tierra, porque de ella fuiste tomado; pues polvo eres, y al polvo volverás (v. 17).

Abominable, terrible, odioso, terriblemente ofensivo es el pecado a los santos y puros ojos de Dios. Precisamente, es a cuenta del pecado que este mundo es maldito por Dios —¡y no por el diablo! Satanás, más bien, fue copartícipe con el hombre en la horrible ofensa cometida contra Dios. Es por lo terrible que es el pecado que algo indescriptiblemente malo tiene que haberle afectado al mundo ese día en que Dios lo maldijo. De un planeta hermoso y bueno se convirtió en este globo imprevisible, a veces furioso y maligno.

San Pablo afirma que, a causa del pecado del hombre, esta tierra —hecha para nuestra habitación— fue esclavizada, y desde el día de su maldición añora esa futura liberación cuando Cristo regrese. El apóstol señala:

La creación misma será librada de la esclavitud de la corrupción, para entrar a la libertad gloriosa de los hijos de Dios. Nos explica que ahora, toda la creación gime a una, y a una sufre dolores de parto (Romanos 8.21,22).

Esos terribles terremotos, esos devastadores huracanes, esos torbellinos, maremotos, inundaciones, sequías, plagas, epidemias son lo que Pablo llama *dolores de parto*. La naturaleza fue creada perfecta, hermosa y sin defectos. Así se observa en los primeros dos capítulos de Génesis. Pero ahora, a cuenta del terrible y ofensivo pecado del hombre, por el mismo Creador ha sido convertida en enemiga del hombre. En verdad, ¡cuán terrible es el pecado ante los ojos de Dios!

Por otra parte, tenemos que reconocer que la tierra sufre convulsiones terribles a consecuencia de la ofensiva maldad de sus habitantes. Los espinos y los cardos crecen para dificultar todo esfuerzo humano. Solo con el sudor de la frente se ha de ganar el pan diario. Es como si la naturaleza misma se quejara día y noche por el contacto con la impureza y la terrible maldad de los hombres. Es como si protestara al tener que abrir su boca para tragarse ese río de sangre que fluye diariamente a causa de la violencia insensata de nosotros los hombres (Génesis 4.11).

Intervención de un Dios misericordioso

Dios interviene en varias formas interesantes. La bondad, la misericordia y la piedad del Señor en medio de la maldición terrenal son infinitas. No todo es dolor y agonía aquí en la tierra. Aún brotan las flores, sale el arco iris, hay puestas de sol y cantan las aves. Disfrutamos bellezas sin par. Todos estos favores inmerecidos se agrupan bajo lo que conocemos como «gracia común», ya que benefician tanto a los hijos de Dios como a los impíos. *Él hace salir su sol sobre malos y buenos, y hace llover sobre justos e injustos* (Mateo 5.45). Nótese que es Dios quien controla el sol y la lluvia, y no Satanás.

Y es porque Dios es el que controla y trata con la maldición impuesta en Génesis tres, que la vida es soportable. A pesar de toda la maldad de los hombres, Él permite que nos lleguen esos días esplendorosos, esos triunfos y éxitos, esas satisfacciones y gozos de la vida, esas inmerecidas riquezas y reales bendiciones. Dios mismo explica su benevolencia cuando indica:

Jehová el todopoderoso, es misericordioso y piadoso, tardo para la ira, y grande en misericordia (Éxodo 34.6).

A pesar de su gran misericordia, la manera en que tú y yo nos comportamos tiene mucho que ver con la manera en que esa maldición de Génesis nos afecta. Leemos en el libro de Deuteronomio esa importante sección donde Dios nombra las bendiciones y maldiciones que vendrían sobre Israel a causa de la obediencia o la desobediencia (Deuteronomio 28.1-14).

Pareciera que a nosotros también Dios nos trata en forma parecida. Al extendernos todas esas bendiciones anula hasta cierto punto los efectos de la maldición pronunciada en Génesis tres:

Conoce, pues, que Jehová tu Dios es Dios, Dios fiel, que guarda el pacto y la misericordia a los que le aman y guardan sus mandamientos, hasta mil generaciones (Deuteronomio 28.15-68).

No olvidemos, sin embargo, que enseguida señala las severas maldiciones que caerán sobre los que le desobedecen. *Da el pago en persona al que le aborrece, destruyéndolo; y no se demora con el que le odia, en persona le dará el pago* (Deuteronomio 7.9-10). ¡Terrible advertencia!

Nuestra esperanza, no obstante, es que sabemos que Dios es rico en misericordia. De esto canta el salmista:

El que habita al abrigo del Altísimo morará bajo la sombra del Omnipotente. Diré yo a Jehová: Esperanza mía, y castillo mío; mi Dios, en quien confiaré. Él te librará del lazo del cazador, de la peste destructora. Con sus plumas te cubrirá, y debajo de sus alas estarás seguro; escudo y adarga es su verdad. No temerás el terror nocturno, ni saeta que vuele de día, ni pestilencia que ande en oscuridad, ni mortandad que en medio del día destruya. Caerán a tu lado mil, y diez mil a tu diestra; mas a ti no llegará. Ciertamente con tus ojos mirarás y verás la recompensa de los impíos. Porque has puesto a Jehová, que es mi esperanza, al Altísimo por tu habitación, no te sobrevendrá mal, ni plaga tocará tu morada. Pues a sus ángeles mandará acerca de ti, que te guarden en todos tus caminos. En las manos te llevarán, para que tu pie no tropiece en piedra. Sobre el león y el áspid pisarás; hollarás al cachorro del león y al dragón. Por cuanto en mí ha puesto su amor, yo también lo libraré; le pondré en alto, por cuanto ha conocido mi nombre. Me invocará, y yo le responderé; con él estaré yo en la angustia; lo libraré y le glorificaré (Salmos 91).

¡Qué amoroso es Dios! Reduce la maldición de Génesis, aunque no quita por completo sus efectos. ¡Qué justo y piadoso es! Controla lo que han de sufrir los justos, a la vez que castiga justamente a quienes lo desafían.

Sufrimos porque vivimos en un mundo maldecido

Reconozcamos que, aun cuando seamos fieles, todos sufrimos en lo que podríamos llamar «la hermandad humana», o «la familia humana».

Tomemos al país de Colombia como ejemplo. Allí, aunque muchos son muy fieles al Señor, todos sin excepción sufren el caos político ocasionado por los guerrilleros (ciertamente, una patente manifestación del pecado de los hombres). La guerra civil afecta la economía, el costo de la alimentación, el desempleo, el ánimo y la tensión de todos. Pertenecer a la familia colombiana es sufrir lo que aflige al país, no importa que uno sea fiel creyente o que sea uno de los mismos guerrilleros causantes del problema.

Ampliando ese mismo concepto, el mundo entero es afectado por el pecado general de los hombres —el odio, la infidelidad, los adulterios, las matanzas, los robos, las violaciones, la manera en que los ricos abusan de los pobres, la injusticia y corrupción de los gobernantes y todos los pecados grandes y chicos que todos cometemos. Como «familia humana», todos sufrimos de acuerdo con la manera en que Dios aplica su maldición al mundo de hoy.

Véanse las noticias. ¡Cuánto se sufre en distintas partes del mundo por los abusos de hombres malvados que aquí y allá llevan terror, muerte, hambre y dolor! Véanse las enfermedades que padecemos, los colapsos financieros y políticos de una y otra nación. Obsérvense el desempleo, los desposeídos, los marginados. Todos sufrimos las consecuencias de la maldad y la perversidad que nos rodea.

Dios, por boca de Amós, señala cómo aplica sus juicios y con cuál razón:

> Os hice estar a diente limpio en todas vuestras ciudades, y hubo falta de pan en todos vuestros pueblos; mas no os volvisteis a mí, dice Jehová. También os detuve la lluvia tres meses antes de la siega; e hice llover sobre una ciudad, y sobre otra ciudad no hice llover; sobre una parte llovió, y la parte sobre la cual no llovió, se secó. Y venían dos o tres ciudades a una ciudad para beber agua, y no se saciaban; con todo, no os volvisteis a mí, dice Jehová. Os herí con viento solano y con oruga; la langosta devoró vuestros muchos huertos y vuestras viñas, y vuestros higuerales y vuestros olivares; pero nunca os volvisteis a mí, dice Jehová. Envié contra vosotros mortandad tal como en Egipto; maté a espada a vuestros jóvenes, con cautiverio de vuestros caballos, e hice subir el hedor de vuestros campamentos hasta vuestras narices; mas no os volvisteis a mí, dice Jehová. Os trastorné como cuando Dios trastornó a Sodoma y a Gomorra, y fuisteis como tizón escapado del fuego; mas no os volvisteis a mí, dice Jehová. Por tanto, de esta manera te haré a ti, oh Israel; y porque te he de hacer esto, prepárate para venir al encuentro de tu Dios, oh Israel (Amós 4.6-12).

La maldición de Dios a consecuencia de nuestros pecados no está desechada. A no ser por su misericordia, por su piedad, paciencia y amor, a no ser por su intervención, este sería un planeta insoportable.

Es así que no hay modo de evitar el *dolor común* que todos, como habitantes de la tierra, sufrimos. En nuestra calidad de ciudadanos del mundo estamos igualmente expuestos a todo lo que ocurre: fuegos, incendios, terremotos, contaminación, corrupción, violencia, accidentes, enfermedades, epidemias, guerras, bombas, robos, tiroteos, secuestros, violaciones, SIDA, sin contar con los efectos del abuso de las drogas y la pornografía.

Como ciudadanos de esta tierra todos somos víctimas potenciales. Cuando viene un huracán, los cristianos sufren y mueren igual que los ateos. Cuando un terremoto sacude el planeta, igual se entierran a creyentes e incrédulos. En el dolor todos somos hermanos, no importa nuestra la fe que profesemos. Eso es el efecto de vivir en este mundo maldito por Dios a consecuencia de la pecaminosidad de los hombres y la acumulación del producto del pecado a través de las edades.

Por cierto, disfrutamos también de cosas buenas, como por ejemplo los descubrimientos y adelantos tecnológicos: electricidad, autos, medicinas, aviones, radio, televisión, computadoras, internet, junto con cierta medida de prosperidad. Pero, nadie escapa al dolor. Todos sufrimos accidentes, enfermedades, pérdida de empleo, muerte de seres queridos, a pesar de lo bueno que sean nuestros hospitales, médicos y medicinas.

Sufrimos porque somos parte misma del problema

Cuando nos vemos en el espejo, tenemos que sonrojarnos y confesar que con nuestros pecados contribuimos a ese funesto legado —unos más, otros menos. A fin de cuentas, merecemos el mundo, la maldad y los dolores que sembramos.

¿Cuándo nos llegan esas consecuencias? ¿Cómo vienen? Todo está en manos de Dios. No aceptemos las probabilidades del sufrimiento como hacen los fatalistas —que las cosas terribles van a suceder, queramos o no, cuando nos toque. Ellos creen que hay una fuerza desconocida que ciegamente, sin inteligencia, actúa causando lo que ocurre. Según la ley de las probabilidades le tocará a uno y luego al otro, un robo, un acto violento, una violación o un accidente.

Rechazamos el concepto fatalista de esa ley universal de las causas necesarias. Hay una diferencia infinita entre una máquina y el hombre, entre las operaciones de un sabio ser que maneja los acontecimientos de acuerdo con su eterna voluntad y las fuerzas de un poder impersonal, mecánico, fatalista. Dios está en total control de los sucesos y de los hombres, por malvados que sean. Él tiene un comprensivo, sabio e infinito plan que regula todo lo que sucede. El mundo no está fuera de su control.

Aun en este mundo inseguro y violento, sabemos que *Jehová guiará nuestra salida y nuestra entrada desde ahora y para siempre* (Salmos 121.8). En medio de todo el dolor que se sufre, Dios está velando para que *no nos sobrevenga ninguna tentación que no sea humana. Él es fiel para que no seamos tentados más de lo que podamos resistir. Él es misericordioso para darnos juntamente con la tentación la salida, para que podamos soportarla* (1 Corintios 10.13).

Una vez entendemos que el dolor es parte de la vida, buscamos un propósito en cada suceso y circunstancia. Aprendemos a decir con Pablo: *Nos gloriamos en las tribulaciones, sabiendo que la tribulación produce paciencia; y la paciencia, prueba; y la prueba, esperanza; y la esperanza no avergüenza; porque el amor de Dios ha sido derramado en nuestros corazones por el Espíritu Santo que nos fue dado* (Romanos 5.3-5). Vemos así que Dios usa aquello que llamamos malo para forjar nuestro carácter y conformarnos a la imagen de Cristo.

Así, como en la vida de José, Dios nos muestra una vez tras otra que para los que creen en Él *todas las cosas* [aun el dolor más severo] *ayudan a bien, a los que conforme a su propósito han sido llamados* (Romanos 8.28).

Sufrimos a consecuencia de nuestras propias locuras

Hay una norma bíblica que se denomina la «ley de la justa retribución». Esta tiene que ver con el texto de Gálatas 6.7: *No os engañéis, Dios no puede ser burlado. Todo lo que el hombre sembrare, eso también segará.*

Quizás el que mejor lo ilustra es David cuando pecó con Betsabé. Él conocía la ley y los mandamientos. De esto dan prueba los salmos que escribió. Sabía cuál era su responsabilidad como rey del pueblo. Pero cuando vio a aquella hermosa mujer, su mente y su voluntad dejaron de controlarlo. Más bien se dejó dominar por sus deseos carnales y por sus emociones. No le importó lo que Dios decía. Mucho menos le importaron las consecuencias. Quería a esa mujer más que cualquier otra cosa en el mundo. Le sucedió lo que Santiago escribiría siglos más tarde: *Cada uno es tentado, cuando de su propia concupiscencia es atraído y seducido* (1.14). Nótese que esta tentación no se la atribuye Santiago a Satanás. No fue el diablo el que sedujo a David, fue su propio deseo carnal.

Hoy prevalece la idea de que si pecamos es porque el diablo nos sedujo. La Biblia enseña con claridad que no necesitamos al maligno para ello; el pecado brota naturalmente de nuestros propios deseos (concupiscencias). La función del diablo es sencillamente «abanicar» esas llamas internas; él sopla esos deseos carnales para que comiencen a arder. Como le dijo Dios a Caín: *El pecado está a la puerta; con todo esto, a ti será su deseo, y tú te enseñorearás de él.* Dios, como en el caso de Caín, nos hace individualmente responsables de enseñorearnos sobre los deseos de nuestra carne. Caín rehusó, David también. Ambos prefirieron satisfacer sus apetitos sensuales. Como indica el texto: *entonces la concupiscencia, después que ha concebido, da a luz el pecado.*

Al entregarnos a nuestras concupiscencias, el efecto es que *el pecado, siendo consumado, da a luz la muerte.* Claro está, al pecar, lo que cosechamos es «muerte» —separación o alejamiento de Dios. En el caso de Caín fue separación eterna de Dios. En el de David fue:

> ...*ahora pues, porque me has menospreciado y has tomado la mujer de Urías el heteo para que sea tu mujer, jamás se apartará la espada de tu casa. Así ha dicho Jehová: He aquí yo levantaré contra ti el mal en tu propia casa. Ante tus propios ojos tomaré tus mujeres y las daré a tu prójimo, el cual se acostará con tus mujeres a la luz del sol. Ciertamente tú lo hiciste en secreto, pero yo haré esto ante todo Israel y en pleno día* (1 Samuel 12.10-12).

El mal y todo el dolor que sufrió David fue a consecuencia de su propio y necio pecado.

Otro ejemplo. El mal y el dolor que sufrió Judas, al entregar a Jesús, fue a consecuencia de su propia maldad:

> *Judas, que fue guía de los que prendieron a Jesús... adquirió un campo con el pago de su iniquidad, y cayendo de cabeza, se reventó por en medio, y todas sus entrañas se derramaron* (Hechos 1.16-18).

Cuando nos entregamos a la necedad que Dios condena, cuando nos dejamos llevar por nuestras concupiscencias, cuando damos rienda suelta a nuestros apetitos sensuales, la consecuente «muerte» de lo bueno en nosotros (ese mal y ese dolor) brota de nuestra propia acción:

> *No os engañéis; Dios no puede ser burlado. Todo lo que el hombre sembrare, eso también segará* (Gálatas 6.7).

Sufrimos porque Dios prueba a sus hijos

En la breve epístola que escribe Santiago leemos: *Bienaventurado el hombre que persevera bajo la prueba; porque, cuando haya sido probado, recibirá la corona de vida que Dios ha prometido a los que le aman.*

Al considerar el tema del mal, obligatoriamente tenemos que diferenciar entre el mal moral (el pecado) —que Dios nunca comete (Santiago 1.12)— y el mal aparente (pruebas), que representa los actos disciplinarios[79] de Dios (Hebreos 12.5-8). Como veremos, estos llegan directamente de la mano de Dios, y son controlados por Él. Su propósito es enseñarnos —aunque en algunos casos es castigarnos— pero en todo es para perfeccionarnos.

Un texto que claramente enseña esta verdad lo encontramos en Deuteronomio 8.2-5:

> *Acuérdate de todo el camino por donde te ha conducido Jehová tu Dios estos cuarenta años por el desierto, con el fin de afligirte y probarte, para saber lo que estaba en tu corazón, y si guardarías sus mandamientos, o no. Él te afligió y te hizo sufrir hambre, pero te sustentó con maná, comida que tú no conocías, ni tus padres habían conocido jamás. Lo hizo para enseñarte que no sólo de pan vivirá el hombre, sino que el hombre vivirá de toda palabra que sale de la boca de Jehová. Tu vestido nunca se ha envejecido sobre ti, ni tu pie se te ha hinchado en estos cuarenta años. Reconoce, pues, en tu corazón, que como un hombre corrige a su hijo, así te corrige Jehová tu Dios.*

Si acaso se alega que eso fue en los días del Antiguo Testamento y que Dios no causa aflicción en esta era neo testamentaria, recordemos el severo pasaje de 1 Corintios 5.4-5: *En el nombre de nuestro Señor Jesucristo, reunidos vosotros y mi espíritu, con el poder de nuestro Señor Jesucristo, el tal [pecador] sea entregado a Satanás para destrucción de la carne, a fin de que el espíritu sea salvo en el día del Señor Jesús.* Era de Dios que lo entregaran a Satanás *para destrucción de la carne.* El propósito era que ese castigo severo resultará en su salvación.

La frase «*con el fin de afligirte y probarte*», del texto de Deuteronomio, sigue resonando en nuestros oídos. ¿Cómo es posible que el Dios que nos ama sea autor de la aflicción? ¿Con qué fin aflige a su pueblo? ¿Para qué los prueba? Dios quiere que su pueblo confíe en Él, por tanto los pone en circunstancias en las que al parecer no hay salida, para que con todas sus fuerzas lo busquen.

¿No ha sido este el camino cruzado por todos los hijos de Dios? Fíjese en José: vendido por sus hermanos; probado por la esposa de Potifar; sufriendo inocentemente en una cárcel; olvidado por los siervos del rey. ¿No le oye decir: «Dios, ¿dónde estás? ¿Qué pasó con esos lindos sueños y promesas que me hiciste? ¿Por qué sufro todo esto?» Él no se daba cuenta de que Dios lo estaba preparando para un trono. Mas llegó el día en que supo el porqué, y pudo decirles a sus hermanos: «*Vosotros pensasteis hacerme mal, pero Dios* —y ahí pudiéramos parar, ya que Él es el que ordena todo para cumplir sus grandes propósitos—, *lo tornó en bien para que sucediera como vemos hoy, y se preservara la vida de mucha gente».*

En Egipto, Dios da pruebas de su poder con las temibles diez plagas. El resultado es que Faraón los deja salir. Gozosos van hasta llegar al Mar Muerto. Entonces se ven perseguidos por el ejército egipcio. Su confianza en Dios se desvanece por completo. Noten sus quejas:

> *Y dijeron a Moisés: ¿No había sepulcros en Egipto, que nos has sacado para que muramos en el desierto? ¿Por qué has hecho así con nosotros, que nos has sacado de Egipto? No es esto lo que te hablamos en Egipto, diciendo: Déjanos servir a los egipcios? Porque mejor nos fuera servir a los egipcios, que morir nosotros en el desierto* (Éxodo 14.11-12).

Dios abre el mar para dejarles escapar y, como si no fuera suficiente, destruye al ejército enemigo en el proceso. Todos felices. Tres días más tarde se encuentran en el desierto sin agua potable; la que tienen es amarga. Tan sedientos están que para ellos Dios ya no existe:

> *Y llegaron a Mara, y no pudieron beber las aguas de Mara, porque eran amargas; por eso le pusieron el nombre de Mara. Entonces el pueblo murmuró contra Moisés, y dijo: ¿Qué hemos de beber?* (Éxodo 15.23,24)

Dios hizo otro milagro y las aguas se volvieron dulces. Todo el mundo se alegró. ¡Qué bueno es Dios! Pero, quince días más tarde llegaron al desierto de Sin y se acordaron de las ricas panaderías de Egipto. Deseando comer pan, se olvidaron de Dios:

> *...decían los hijos de Israel: Ojalá hubiéramos muerto por mano de Jehová en la tierra de Egipto, cuando nos sentábamos a las ollas de carne, cuando comíamos pan hasta saciarnos; pues nos habéis sacado a este desierto para matar de hambre a toda esta multitud* (Éxodo 16.3).

¡Qué pueblo más ingrato! Pero Dios en su gracia hizo llover maná del cielo. ¡Qué gran fiesta!

Uno se pregunta: Pero ¿cuándo van a empezar a confiar en Dios? ¿Qué otra cosa tiene que hacer Dios para que confíen en Él? Conocemos la historia. ¡Por cuarenta años Dios los probó en el desierto! Y fallaron cada prueba. No fue sino hasta que murieron en el desierto todos los que salieron de Egipto, ni hasta que se levantó una nueva generación, que el pueblo por fin comenzó a confiar.

Es muy fácil criticar a aquella generación por su falta de fe. La pregunta que más nos debe alarmar es: ¿Por cuántas pruebas me tiene que hacer pasar Dios para que aprenda que Él es total y absolutamente confiable? El problema no es solo el de los israelitas, tristemente también es nuestro. ¡Por eso Dios manda sus pruebas! No hay mejor camino a la fe que sufrir las pruebas de Dios.

Los más fascinantes ejemplos de gente probada nos los ofrecen los líderes que Él escogió para dirigir a su pueblo. Abraham, cuando Dios le pidió que sacrificara a su propio hijo. Josué, enviado como espía para ver la tierra prometida. Sansón, cuando pecó por Dalila, le cortaron su pelo, le sacaron sus ojos: todo ello como preparación para su triunfo final. Saúl, cuando falló en el punto de la obediencia. No quiso matar al rey de los amalecitas. El mismo David huyendo de Saúl, escondiéndose como un perro en las cuevas, aprendiendo con esas pruebas divinas a ser un rey justo, misericordioso y piadoso. Daniel, en el foso de los leones por ser fiel a Dios. Jonás, tragado por el pez que Dios preparó con el fin de hacerlo obediente. Los discípulos, ante el demonio que no pueden echar. Pedro y Juan, ante las amenazas de los líderes judíos. Pablo y su espinita.

Lutero, ante la amenaza de la Dieta de Worms, y con el público alborotado gritando: «¡A la hoguera!», declaró con valentía: «Estoy ligado por mi conciencia a la Palabra de Dios. A menos que se demuestren mis errores basándose en las Santas Escrituras y la razón, no puedo ni quiero retractarme. ¡Que Dios me ayude, amén!»[80]

¿Son todas esas pruebas mandadas por Satanás? ¡Qué errónea conclusión sería esa! Dios es el que con infinita sabiduría maneja todo lo que sucede para cumplir, con sus fines eternos, lo deseado para cada uno de los que caminan con Él. *Yo soy quien forma la luz y crea las tinieblas, quien hace la paz y crea la adversidad. Yo, Jehová, soy quien hace todas estas cosas* (Isaías 45.7). Como dice el escritor a los Hebreos: *Pero si estáis sin la disciplina [de Dios]de la cual todos han sido participantes, entonces sois bastardos, y no hijos* (Hebreos 12.8). ¿Qué más necesitamos decir?

Sufrimos porque Satanás, como león rugiente, busca destruirnos

En Isaías 14.12 leemos: *¡Cómo has caído del cielo, oh lucero, hijo de la mañana! ¡Has sido derribado al suelo, tú que debilitabas a las naciones!* En otras palabras, ¡Satanás no es lo que fue un tiempo! ¡Es un ser caído!:

- Cayó de su puesto glorioso en el cielo.
- Perdió sus privilegios celestiales.
- Fue derribado a los lugares de tinieblas.

Él fue *derribado al Seol, a lo más profundo de la fosa*, afirma el profeta Isaías (14.16).

Desechemos, pues, esa antigua idea dualista de que dos poderes igualmente fuertes controlan el mundo. ¿Qué poder tiene Satanás? No es ni todopoderoso, ni omnisciente, ni omnipresente.

¿Será Satanás el "dios de este mundo"?

La segunda epístola de Corintios (4.4) nos dice que el dios de este siglo [de este mundo o de esta edad presente] *ha cegado el entendimiento de los incrédulos, para que no les ilumine el resplandor del evangelio de la gloria de Cristo.*

Pareciera, a primera vista, que Satanás es rey de la tierra. Pero antes de llegar a esa conclusión, recordemos que la Biblia usa la palabra «mundo» en distintos sentidos (use una concordancia para comprobarlo). Comprendemos mejor el sentido de esta atribución si lo combinamos con Juan 8.44:

> *Vosotros sois de vuestro padre el diablo, y queréis satisfacer los deseos de vuestro padre. Él era homicida desde el principio y no se basaba en la verdad, porque no hay verdad en él.*

Satanás solo es el "dios" de aquellos que le siguen. Nosotros no le pertenecemos, no formamos parte de su mundo. Pertenecemos al reino de Jesucristo.

La idea de que Satanás es 'dios' de este mundo es negada por muchos textos de la Biblia (véanse Romanos 13.1; Daniel 2.20-21; 4.34-35; Proverbios 21.1; Esdras 1.1; 6.22; Salmos 33.10-11; Isaías 43.13). Citemos dos de ellos:

> *Oh Jehová, Dios de nuestros padres, ¿no eres tú Dios en los cielos, que gobiernas en todos los reinos de las naciones y que tienes en tu mano fuerza y poder, de modo que nadie te pueda resistir?* (2 Crónicas 20.6).

El otro texto es el que celebra a Cristo:

> *Por lo cual también Dios lo exaltó hasta lo sumo y le otorgó el nombre que es sobre todo nombre; para que en el nombre de Jesús se*

doble toda rodilla [aun la de Satanás] de los que están en los cielos, en la tierra y debajo de la tierra; y toda lengua confiese que Jesucristo es Señor para gloria de Dios Padre (Filipenses 2.9-11).

Tras el poder limitado que Satanás tiene para actuar en esta tierra está la mano omnipotente de Dios (Romanos 8.28).[81] ¿Cómo es posible calificar a Satanás cual 'dios' cuando sabemos que es el gran adversario del verdadero y Todopoderoso Dios? No hay nada que le guste más a este usurpador que se le llame deidad. Recordemos los días en que los guerrilleros de Sendero Luminoso, en Perú, se creían dueños y señores del país. Eran simples engañadores. Se atribuían derechos que le usurparon al gobierno legítimo del pueblo.

Así es Satanás. Sin duda es 'rey' y 'dios' de los impíos —de toda esa gente que se rebela contra el Padre Celestial. Por supuesto, tiene sus seguidores y sus adoradores, pero de ninguna forma es el dueño legítimo de la tierra.

¿Cómo es el diablo y en qué manera se comporta?

Ya que algunos declaran que el que trae toda la maldición a esta tierra es Satanás junto con sus demonios —nunca Dios— será necesario analizar brevemente el carácter del diablo y sus seguidores. La Biblia nos enseña lo siguiente acerca de ese «león rugiente» que procura destruirnos. A la vez, hay que reconocer que aun en estas cosas su poder es limitado. Siempre tiene que atenerse al permiso que el Todopoderoso Dios le da. El diablo no puede obrar independientemente ni a su gusto:

1. Satanás acusa a los hijos de Dios de infieles, hipócritas e insinceros ante Dios (Apocalipsis 12.10, Job 1.9-10; 2.4-5).
2. El adversario busca destruir definitivamente a los hijos de Dios (1 Pedro 5.8; Juan 10.11) y ciega el entendimiento de los hombres (2 Corintios 4.4).
3. Satanás es caracterizado como mentiroso y padre de mentiras, a quien no se le puede creer (Juan 8.44).
4. Él procura tentar y seducir a los cristianos por medio de malos deseos (Santiago 1.14-15; 4.1-2), ira (Efesios 4.27), concupiscencia (1 Corintios 7.5), e incluso conversaciones livianas (1 Corintios 10.10; 1 Timoteo 5.13-15).
5. Satanás procura impedir el avance del evangelio arrancando la Palabra de Dios que es sembrada en el corazón de los hombres (Marcos 4.15), y hace todo lo posible por

obstaculizarlo (1 Tesalonicenses 2.18). Ejemplo de ello es el aguijón en la carne de Pablo (2 Corintios 12.7).
6. Satanás procura dañar a los creyentes inmaduros, envaneciéndolos. Por eso la Biblia nos da instrucciones para tratar con los nuevos creyentes, pues el diablo procura hacer caer a los neófitos (1 Timoteo 3.6-7).
7. Satanás hostiga y castiga con crueldad a los que se apartan de la fe, por ejemplo, a los que caen en inmoralidad (1 Corintios 5.5) y a los que enseñan el error (1 Timoteo 1.20).
8. Satanás, cuando recibe permiso de Dios, puede emplear la naturaleza para crear desastres, matar gente y causar graves enfermedades (Job 1 y 2; Juan 8.44).

Así son los demonios

La Biblia también nos explica con bastante detalle el carácter y las actividades de los demonios. Ellos infligen enfermedad (Mateo 9.33; 12.22; Lucas 9.37-42), causan desórdenes mentales (Marcos 5.4; Lucas 8.35), inducen a la impureza moral (Mateo 10.1; Marcos 5.13; Deuteronomio 18.9-14), propagan doctrinas falsas (1 Reyes 22.21-23; 2 Tesalonicenses 2.2; 1 Timoteo 4.1), se oponen a los hijos de Dios (Efesios 6.12), poseen seres humanos (Mateo 4.24; Marcos 5.8-14; Lucas 8.2; Hechos 8.7; 16.16), y emplean señales y prodigios engañosos para cumplir su obra (Apocalipsis 16.14; 2 Tesalonicenses 2.9).

Nada de bueno o virtuoso hay ni en Satanás ni en sus demonios. Al contrario, viven en obscuridad y hacen las obras de las tinieblas (Efesios 6.12; Colosenses 1.13). La crueldad del diablo se refleja en individuos como Hitler, Stalin, Genghis Khan, y todo hombre violento e inmisericorde que ha servido a los intereses diabólicos en la historia del mundo. Crueldad es su primer nombre, Destrucción es su apellido, y su firma es Desolación.

Vimos, por ejemplo, cómo trató a Job —sin una iota de misericordia y piedad—, con un salvajismo increíble. Cosa que nos lleva a concluir que si Satanás tuviera poder para crear desastres y maldiciones sobre esta tierra, jamás habría un día de sol, ni de paz y tranquilidad, ni una sola alegría por disfrutar, ni una enfermedad no sufrida, ni una planta que creciera, ni una cosecha por segar, ni una flor que se abriera, ni un volcán inactivo, ni un solo momento sin espantosas tempestades en cada parte de nuestro planeta. Satanás es la personificación misma de todo lo inicuo, malo, corrupto, pernicioso, perverso, nocivo y odioso. Fíjese que, debido a la intervención de Dios, lo que comúnmente sufrimos no tiene todas esas despiadadas características satánicas.

El diablo sigue siendo siervo de Dios

Recordemos que todos los ángeles son inferiores a Dios y que Satanás es un ángel. Dios todo lo conoce, Satanás solo conoce lo que le es revelado. Dios está en todas partes, Satanás solo puede estar en un lugar a la vez. Dios tiene todo poder, Satanás solo tienen el que Dios le permite. Todos los ángeles, incluido Satanás, son inferiores a Dios. Y algo más, que posiblemente le sorprenda: El diablo sigue siendo siervo de Dios. En su libro, *La serpiente del paraíso*, el autor Erwin Lutzer dice:

> «El diablo es tan siervo de Dios ahora como antes de su caída. No podemos olvidar el dicho de Lutero: "El diablo es el diablo de Dios". Satanás tiene distintos roles, dependiendo de los propósitos y el consejo divino. El diablo está obligado a servir a Dios en este mundo y a seguir los mandatos del Todopoderoso. Hay que recordar que el adversario tiene un poder increíble, pero es placentero y esperanzador saber que solo lo puede ejercer bajo las directrices divinas. Satanás no puede ejercer su voluntad sobre este mundo a su propia discreción y deseo».

Por eso que cuando comienza a tentar, a obrar y a atormentar a los siervos de Jesucristo, estos siempre pueden vencerlo. Recordemos la ocasión cuando Jesús le dijo a Pedro:

> *Simón, Simón, he aquí Satanás os ha pedido para zarandearos como a trigo; pero yo he rogado por ti, que tu fe no falte; y tú, una vez vuelto, confirma a tus hermanos* (Lucas 22.31,32).

Satanás puede venir para zarandearnos, pero mucho más fuerte que él es nuestro Señor Jesucristo. Este intercede por nosotros, y esa oración es tan poderosa que no solo nos rescata de las garras del diablo, nos saca de tal forma que resultamos fortalecidos para servir de ayuda y ánimo al pueblo de Dios. No importan los límites a los que llegue Satanás, cuando se apresta a tentarnos y hacernos caer, la pro-mesa de Dios nos brinda seguridad:

> *No os ha sobrevenido ninguna tentación que no sea humana; pero fiel es Dios, que no os dejará ser tentados más de lo que podéis*

resistir, sino que dará también juntamente con la tentación la salida, para que podáis soportar (1 Corintios 10.13).

¿Será el diablo culpable de todo lo malo en el mundo?

Debemos enfatizar que Dios, en su Palabra, jamás atribuye el *mal físico* a Satanás. Sin embargo, esa es la 'teodicea' de nuestros días. No queriendo culpar a Dios, culpamos a Satanás. Le atribuimos a él y a sus demonios todo lo malo en la tierra. Al hacerlo, sin embargo, podemos: (1) Exaltar al demonio indebida y erróneamente, cediéndole poder sobre la naturaleza similar al de Dios. (2) Culparlo como responsable de los pecados que nosotros cometemos.

Se ha llegado a tal punto, que hoy se cree que el diablo es responsable de todo lo malo que ocurre en el mundo. Nos olvidamos de lo que dice el apóstol Santiago en su carta (1.14 y 15): *Cada uno es tentado, cuando de su propia concupiscencia es atraído y seducido. Entonces la concupiscencia, después que ha concebido, da a luz el pecado; y el pecado, siendo consumado, da a luz la muerte.* Algunos incluso creen que este sería un mundo hermoso y perfecto, a no ser por los terribles desastres que el diablo desata. El grito de guerra de ellos es: ¡Tenemos que librar al mundo de Satanás para que sea un lugar perfecto! Aun sin el diablo, el mundo sería un lugar lleno de maldad y perversidad, ya que igualmente estaría poblado por pecadores.

Dios rechaza toda esa argumentación. Él es el que está en el trono y nadie más. Él es quien determina todas las cosas. ¡Nadie más puede hacerlo! Ofendemos a Dios en gran manera cuando elevamos a Satanás a Su nivel, o cuando le atribuimos al demonio el poder para hacer y controlar todo lo que ocurre en el mundo. Dios no comparte su gloria ni su gobierno ni con hombre ni con diablo.

A DIOS

En la voz de los raudos huracanes,
en el plácido arroyo, en el torrente,
en el fuego, en la llama, en los volcanes:
Allí, gran Dios, mi corazón te siente.
En los vergeles del florido mayo,
en los dulces acordes de la lira,
en la lluvia, en el trueno y en el rayo:
Allí, gran Dios, mi corazón te admira.
En el aroma que a los cielos sube,
en el árbol que erguido se levanta,
en la sombra, en el astro y en la nube:
Allí, gran Dios, mi corazón te canta.

En los trémulos rayos de la lumbre,
en el ósculo suave de la aurora,
en la hondura, en el llano y en la cumbre:
Allí, gran Dios, mi corazón te adora.

—Faustino Martínez

Más que maravilloso

Capítulo 8: Dios y su portentosa providencia

*Nuestros dolores no merecen el nombre de sufrimiento.
Cuando considero mis cruces, infortunios, tribulaciones y tentaciones, veo mi
vergüenza y mi pena enormes, y me doy cuenta de lo insignificante que son
en comparación con los sufrimientos de mi bendito Salvador.
— Martín Lutero*

Regresaba de Atlanta con mi esposa en un avión lleno de pasajeros. Tuvimos que sentarnos separados, y a Carolina le tocó un asiento en una fila delante de la mía; a su lado estaba una señora que tendría unos 65 años de edad. De inmediato las dos se pusieron a conversar —contándose todo, como suelen hacer las mujeres.

Más que maravilloso

Entre lo mucho que se dijeron noté, por la manera en que Carolina se puso la mano en la boca, que algo de lo que le dijo la anciana la había sorprendido. La mujer le dijo que era jugadora (imagínese, hablarle de juegos a Carolina, cuando ni siquiera sabe lo que es una rueda de ruleta). Precisamente iba de camino a Las Vegas, donde apostaría apreciables sumas de dinero.

—¡Lo va a perder todo! —exclamó Carolina, pensando que la pobre viejita perdería su dinero y tendría que vivir al amparo de quién sabe quien.

—¡No, no, no! —respondió la anciana—. Yo sé jugar. Cada vez que voy, gano mucho más de lo que pierdo.

Y con una expresión de suficiencia, acotó:

—Además, toda la vida es una cuestión de suerte.

¿Será cierto, que la vida es sólo cosa del azar, de la buena o mala suerte, de una tirada de los dados en la ruleta de la existencia?

Como creyentes, creemos que Dios no solo creó al mundo, sino que además lo gobierna con su mano poderosa. Todo lo que sucede se debe al permiso divino o a la dirección directa de Dios. Hablemos de lo que en teología llamamos la providencia de Dios.[82]

La Providencia en contraste con las teorías mecanicistas

Se ha escrito mucho acerca de la forma en que opera el mundo. ¿Cómo se originó? ¿En qué manera se desarrolló? ¿Cómo subsiste? ¿Por qué suceden las cosas tal como ocurren? Los que niegan la existencia de Dios procuran explicar la manera en que el mundo y la naturaleza funcionan bajo distintos conceptos. Veamos algunos de ellos a continuación.

El deísmo. Esta teoría afirma que Dios creó al mundo, le dio cuerdas y, echándolo a andar, se apartó de él. En base a ello, es que alegan que el mundo opera parecido a una máquina.

Los que creemos en la providencia de Dios respondemos que hay demasiada evidencia de que algo tiene que estar tras las cosas que suceden: por ejemplo, los cambios atmosféricos que atribuimos a *El niño* o a *La niña*. Aunque Dios estableció las leyes que controlan la naturaleza, todavía está involucrado en cada suceso que ocurre en el mundo.

La Biblia nos dice que Él *sustenta todas las cosas* [la salida del sol, la lluvia que cae, las aves que trinan] *con la palabra de su poder* (Hebreos 1.3).

San Jerónimo,[83] comentaba una vez lo que quiere decir Habacuc 1.13 (*Muy limpio eres de ojos para ver el mal, ni puedes ver el agravio*). En base a esta palabra del profeta, Jerónimo pensaba que hay cosas que Dios no ve, y alegaba:

> «La idea de que Dios sabe cuántos mosquitos nacen cada momento y cuántos mueren, cuántos insectos, pulgas y moscas hay en el mundo, cuántos peces nadan en los mares, y cuántos perecen al ser comidos por otros más grandes, es un absurdo total».

Los predicadores que lo escuchaban lo interrumpieron: «¡Te equivocas, Jerónimo! Dios conoce absolutamente todo sin excepción, ¡hasta los cabellos de tu cabeza los tiene contados!» afirmaron, citando a Mateo 10.30.

Los que criticaron a Jerónimo tenían razón. Lo mismo comenta David debido a la intervención del omnipresente Dios en todo:

> *Detrás y delante me rodeaste, y sobre mí pusiste tu mano. Tal conocimiento es demasiado maravilloso para mí; alto es, no lo puedo comprender. ¿A dónde me iré de tu Espíritu? ¿Y a dónde huiré de tu presencia? Si subiere a los cielos, allí estás tú; y si en el Seol hiciere mi estrado, he aquí, allí tú estás. Si tomare las alas del alba y habitare en el extremo del mar, aun allí me guiará tu mano, y me asirá tu diestra* (Salmos 139.5-10).

El fatalismo. Esta concepción tiene que ver con la astrología, que entre algunos de sus innumerables postulados señala: «El destino está en las estrellas». La mitología griega hacía creer que había tres espíritus femeninos que determinaban la suerte de cada recién nacido. Eran representados como tres ancianas que giraban sin control en los cielos, y se llamaban Cloto, Lachesis y Atropos, respectivamente.

Fantasía pura. Es cierto lo que se dice en cuanto a que el fatalismo despersonaliza al hombre, haciéndolo víctima de fuerzas incontrolables. Pensar que tres espíritus dando vueltas entre los astros, o que con el horóscopo, o pagándole a una gitana con una moneda de plata, uno puede enterarse de su suerte, para luego inevitablemente vivir lo que por fatalidad le toca, es terriblemente depresivo.

A tales ideas fatalistas respondemos señalando que, al obrar providencialmente en nuestro mundo, Dios nunca niega la soberanía limitada[84] que poseemos como seres humanos, ni tampoco la responsabilidad moral que implica tal soberanía. Además, comprendemos que junto con la libertad individual hay un propósito más alto que lo acompaña.

Se cuenta de un rey que tenía tres hijos y quiso heredarle su trono al más capaz de ellos. Así que llevó consigo al primero a un largo viaje. En el camino le dijo: «Hijo, por favor, acórtame el camino». El hijo mayor, abrumado por tal pedido, se dio por vencido, y padre e hijo regresaron al palacio.

Otro buen día sacó a su segundo hijo para emprender el viaje de prueba. Al poco rato dijo el rey: «Hijo, acorta la distancia, por favor». Igual que su hermano mayor, el joven se sintió intimidado por la imposibilidad de la petición, así que regresaron al palacio.

El rey entonces llevó a su hijo menor para probarlo también. Una vez más dijo: «Hijo, acórtame el camino, por favor». Este de inmediato comenzó a contarle una intrigante y larga historia. Era tan interesante que llegaron a su destino sin darse cuenta de lo extenso del viaje. Este hijo fue el heredero del trono.

Así como ese rey, Dios tiene derecho a pedirnos ciertas y determinadas acciones. En nuestro servicio cristiano podemos, como los dos primeros hijos, levantar nuestras manos y declarar que las demandas del Rey son demasiado difíciles. O, como el hijo menor, podemos usar los talentos naturales (nuestra soberanía, aunque limitada, que Él nos dio) y complacerle con nuestra iniciativa.

¿No fue esta la lección que Jesús nos dio en su parábola de los talentos (Mateo 25)? Jamás debemos enterrar lo que Dios nos da, ni quejarnos de que es un Dios demasiado exigente.

Él no creó un mundo con leyes inflexibles, en el que todo es predeterminado ciegamente, en forma fatalista. Como dice el Dr. Sproul: «Aunque el destino es ciego, Dios lo ve todo. Aunque la fatalidad es impersonal, Dios es Padre. Aunque la fortuna no tiene voz, Dios puede hablar. No hay fuerzas impersonales y ciegas actuando en la historia de la humanidad. Todo acontece por la mano invisible de la Providencia».[85]

Suerte, fortuna. Los que sostienen este concepto dicen que la vida es una tómbola, es como tirar los dados en una ruleta. Cada nuevo día comienza otro juego, a ver qué suerte le toca. «Hay gente desdichada», piensan. Otros son dichosos — ¡los que se ganan la lotería! Hasta alegan como sagrado el estribillo que dice: «La suerte es loca y a cualquiera le toca».

La providencia, procedente de las manos de Dios, al contrario, le da dirección y propósito a la historia. Les da esperanza a los que viven en este mundo caído. Pues, como decía Calvino: «La mano de Dios está sobre el timón del mundo». Y sigue aclarando que el Creador también es el Gobernador y Preservador eterno; no solamente impulsando el marco celestial así como sus diversas partes mediante un movimiento universal, sino también sustentando, alimentando y cuidando todo lo que ha hecho, hasta el pajarillo más pequeño.[86]

Recordemos las palabras de Jesucristo:

> ¿No se venden dos pajarillos por un cuarto? Con todo, ni uno de ellos cae a tierra sin vuestro Padre. Pues aun vuestros cabellos están todos contados. Así que, no temáis; más valéis vosotros que muchos pajarillos (Mateo 10.29-31).

Dios trata igual a todo el mundo. A todos nos muestra su benevolencia: *Hace salir su sol sobre malos y buenos, y hace llover sobre justos e injustos* (Mateo 5.45). A los que son suyos, promete:

> Y sabemos que a los que aman a Dios, todas las cosas les ayudan a bien, esto es, a los que conforme a su propósito son llamados (Romanos 8.28).

¿Cómo hacer volar las preocupaciones?

Cuando nos percatamos de que Dios sostiene lo que crea y que, como decía San Pablo: «*En él vivimos, y nos movemos, y somos*», ¡qué descanso sentimos! Todo lo que sucede está en las sabias manos del omnipotente y amante Creador y Proveedor.

Un hecho en la vida de mi padre ilustra esta verdad.

Elmer Thompson llegó a Cuba en el año 1928 para trabajar como misionero. Como en La Habana había varios misioneros, decidió irse al interior del país, donde la obra evangélica apenas nacía. Así llegó a

Placetas, en la provincia de Santa Clara, y con la ayuda de Bartolomé Lavastida, comenzaron el Seminario Los Pinos Nuevos.

Esos primeros años fueron difíciles. Los Estados Unidos estaban pasando por la Gran Depresión, cosa que al poco tiempo también afectó a Cuba. Los bancos de Placetas fueron a la bancarrota, y mi padre perdió todo el dinero que había ahorrado para iniciar el año escolar. Pocos meses antes, mi padre, consciente de la catástrofe económica estadounidense, les escribió a las iglesias que lo ayudaban informándoles que había ahorrado suficiente dinero para comenzar el curso, por lo que no necesitaban que les enviaran dinero. ¡Ni se imaginaba que el banco local iría a la quiebra!

¡Y ocurrió! El banco quebró. ¿Qué hacer ahora? Le daba vergüenza escribir de nuevo a las iglesias pidiendo socorro. Seguramente Dios tocaría el corazón de algunos hermanos norteamericanos para enviarle el dinero que necesitaban con tanta urgencia.

El señor Thompson iba todos los días al correo. Abría cada carta con ansiedad. Pero en ninguna hallaba ni un donativo. El día antes de comenzar el curso, fue al correo otra vez, seguro de que encontraría algo. Lo único que halló en el buzón fue la revista *Moody Monthly*, del seminario Moody en Chicago.

Confuso y lleno de temor regresó a su casa pensando que Dios se había olvidado de él. «¿Qué vamos a hacer mañana, cuando lleguen los estudiantes?» se decía. «¿Cómo podré darles la comida que esperan? Dios mío, ¿tendrás en esta revista algún mensaje para consolar mi corazón?»

Con esa idea en su mente abrió la revista. En la portada, en letras grandes, había un titular: ¡*Vuestro Padre Celestial sabe que tenéis necesidad de todas estas cosas*! (Mateo 6.32).

Como hombre de fe que era, levantó su vista al cielo, y dijo: «Gracias, Señor, eso era todo lo que necesitaba saber. Confío en tu habilidad para cumplir con mis necesidades».

Al día siguiente comenzaron a llegar los estudiantes. Allí, en la entrada del seminario, estaba mi padre esperándolos. El primero, si mal no recuerdo, se llamaba Macedonio Leyva, un hombre pequeño pero con voz de gigante, que había pasado sus vacaciones predicando en un poblado llamado Jagüeyes. Leyva abrazó a su maestro con gran alegría y le expresó su felicidad por poder llegar para otro año de estudios: «Luego le contaré todo lo que Dios hizo en Jagüeyes», dijo, y se dirigió hacia los dormitorios.

Mi padre, en voz baja, se dijo a sí mismo: «Esa alegría se te va a pasar muy pronto, cuando llegues al comedor esta noche para sentarte ante unos platos vacíos».

De pronto Leyva detuvo su paso, y regresó corriendo: «Señor Thompson, Señor Thompson, olvidé algo. Una anciana de Jagüeyes le mandó esta carta».

Mi padre tomó la carta en sus manos y al instante cayeron del sobre 200 dólares. Las breves líneas decían: «Gracias por haber mandado a Leyva a mi pueblo. Por fin encontré al Salvador que había buscado toda mi vida. Aquí le mando una ayuda para su seminario. Dios le bendiga». Imagínese cómo comieron en el seminario esa noche ...y todas las noches de ese año.

En verdad, *vuestro Padre celestial sabe que tenéis necesidad de todas estas cosas.*

¿Qué de accidentes, terremotos y enfermedades?

La respuesta no es sencilla, como se vio en el capítulo seis. Por un lado sabemos que Dios permite las actuaciones funestas de Satanás. En la Biblia leemos que puede causar enfermedad (Lucas 13.16; Hechos 10.38); puede matar, pues se le llama *"homicida desde el principio"*, quizás lo haga mediante accidentes y guerras (Juan 8.44).[87] Sin embargo, sabemos que Dios es el Todopoderoso. No hay manera en que el poder del diablo se asemeje al de Dios. Vimos que sin el permiso de Dios Satanás no puede actuar. Todo lo que hace depende de Dios.

Por otro lado, hemos afirmado con claridad que Dios es el que controla la naturaleza. En el capítulo seis de Apocalipsis —que no hemos comentado hasta el momento—, es interesante leer lo que Dios nos revela acerca de este aspecto de los sufrimientos. Vemos que el Cordero de Dios abre seis sellos, uno tras otro. Debido a que Él es quien los abre, apreciamos la enseñanza de que Dios es el que controla los acontecimientos subsecuentes.[88]

Jesús abre el primer sello y aparece un caballo blanco e indica: *Y el que lo montaba tenía un arco; y le fue dada una corona, y salió venciendo, y para vencer.* Asumiendo una interpretación histórica del pasaje, vemos aquí que Jesucristo no solo pone y quita los gobernantes del mundo, sino que además les da poder para actuar y dirigir ejércitos y campañas de conquista. ¡Cuánto no se ha sufrido en el mundo a causa de crueles gobernantes y dictadores!

El Cordero abre el segundo sello: *Y salió otro caballo, bermejo; y al que lo montaba le fue dado poder de quitar de la tierra la paz, y que se matasen unos a otros; y se le dio una gran espada* (v. 4). A este jinete Jesús le da poder para hacer la guerra, y derramar sangre con esa terrible espada.

Cuando abrió el tercer sello, oí al tercer ser viviente, que decía: Ven y mira. Y miré, y he aquí un caballo negro; y el que lo montaba tenía una balanza en la mano. Y oí una voz de en medio de los cuatro seres vivientes, que decía: Dos libras de trigo por un denario, y seis libras de cebada por un denario; pero no dañes el aceite ni el vino (vv. 5-6). Aquí se habla del jinete que representa la escasez; monta el caballo negro que deja tras sus huellas hambre y miseria.

El Hijo de Dios entonces abre el cuarto sello y sale un jinete montado sobre un caballo amarillo. Y dice: *Tenía por nombre Muerte, y el Hades le seguía; y le fue dada potestad sobre la cuarta parte de la tierra, para matar con espada, con hambre, con mortandad, y con las fieras de la tierra* (v. 8). Este es el jinete autorizado para traer epidemias de toda índole sobre el mundo.

El quinto sello obviamente representa la persecución religiosa, en la que sufren y mueren los que creen en Jesús: *Vi bajo el altar las almas de los que habían sido muertos por causa de la palabra de Dios y por el testimonio que tenían* (v. 9). Es Jesucristo el que abre el sello, es con su permiso que sufren los escogidos de Dios, es parte de sus planes. Lo hermoso de la escena es que el destino de ellos, luego de tanto dolor, es disfrutar el glorioso y seguro cielo que prometió a los fieles: *Y se les dieron vestiduras blancas, y se les dijo que descansasen todavía un poco de tiempo, hasta que se completara el número de sus consiervos y sus hermanos, que también habían de ser muertos como ellos* (v. 11).

El sexto sello desborda los terrores producidos por la naturaleza, dolores que acosan a la humanidad por todas partes: *y he aquí hubo un gran terremoto ...y las estrellas del cielo cayeron sobre la tierra, como la higuera deja caer sus higos cuando es sacudida por un fuerte viento* (vv. 12-13). A través de todos estos sellos al apóstol Juan le es revelada la manera en que han de suceder las cosas.

La clara indicación es que todas estas cosas que afectan de una y otra forma a la humanidad —gobernantes abusadores, guerras, hambre, epidemias, persecución y desastres naturales— provienen de Dios, son controladas por Él, y sirven para enjuiciar a esta humanidad pecadora. A su vez, como vimos en el quinto sello, Jesucristo asegura a los suyos que, venga lo que venga, les espera la gloria del cielo, donde no habrá más lágrimas ni dolor ni pena.

¿Qué podemos responder ante la agonía del sufrimiento?

Podemos decir como el patriarca Job: *¿Recibiremos de Dios el bien, y el mal no lo recibiremos?* (Job 2.10). En su libro *El placer de Dios*, el pastor John Piper relata la muerte accidental de su madre. Esta acompañaba a su esposo (el padre de Piper también era pastor) en una visita a Israel. Mientras paseaban en un auto por la carretera, un camión cargado de madera que iba delante de ellos perdió el control y se estrelló contra un objeto fijo al lado del camino. Con el impacto, un trozo de madera se soltó, y se disparó directamente contra el auto de los Piper, rompiendo el cristal, y clavándose en el pecho de su madre, falleciendo la señora al instante.

Piper dice:

> «Me hubiera servido de muy poco consuelo pensar que ese trozo de madera voló por el aire sin el conocimiento ni el control de Dios. Sé que aquel extraño accidente fue precisamente el momento perfecto que Dios escogió para llevar a mi mama a su bendita presencia».

Solo alguien que conoce y confía en el Dios de la providencia puede pensar y creer así. Nos unimos a Pablo y con el sabio Salomón para afirmar:

> *Y sabemos que a los que aman a Dios, todas las cosas les ayudan a bien, esto es, a los que conforme a su propósito son llamados* (Romanos 8.28).

> *Todo tiene su tiempo, y todo lo que se quiere debajo del cielo tiene su hora... tiempo de reír; tiempo de endechar, y tiempo de bailar... tiempo de romper, y tiempo de coser; tiempo de callar, y tiempo de hablar* (Eclesiastés 3.1,4,7).

La enseñanza bíblica acerca de la providencia de Dios es consoladora. Nada sucede, absolutamente nada, sin que Dios lo sepa. Nada, absolutamente nada, está fuera de su divino control.

Dios es soberano, aun sobre Satanás. Si algo me sucede que no comprendo, puedo responder como Job: *El Señor dio, el Señor quitó, bendito sea el nombre del Señor.* Esta es la respuesta más poderosa que el hombre puede dar ante el dolor y la tragedia.

Muchos otros también han sufrido y encontrado solaz. Pablo dice: Y [Dios] *me ha dicho:*

> *Bástate mi gracia; porque mi poder se perfecciona en la debilidad. Por tanto, de buena gana me gloriaré más bien en mis debilidades, para que repose sobre mí el poder de Cristo* (2 Corintios 12.9).

Algunos propósitos del sufrimiento

También debemos comprender que desde la perspectiva del plan divino, Dios no solo permite el dolor, es más, lo administra. El Dr. James Leo Garrett en su *Teología Sistemática*, nos explica que la Biblia atribuye diversas funciones al sufrimiento. Nos provee la siguiente lista, útil para examinar y clasificar nuestras variadas pruebas:[89]

1. El sufrimiento puede ser punitivo o *retributivo*, ya sea como consecuencia directa de los propios pecados o indirectamente, por efecto de las maldades ajenas (Génesis 3.3; Deuteronomio 30.15; 2 Corintios 5.10).
2. El sufrimiento puede ser *disciplinario*, lo que constituye un aspecto legítimo de la relación filial con Dios (Proverbios 3.11,12; Hebreos 12.5-11).
3. El sufrimiento puede ser *probatorio*, es decir, en forma de prueba (Isaías 48.10; Job 2.3,6,9,10).
4. El sufrimiento puede ser *revelatorio*, es decir, para que se manifieste la naturaleza y el propósito de Dios por medio del sufrimiento (Jeremías, Oseas, la dimensión ejemplar del sufrimiento de Jesús).
5. El sufrimiento puede ser *vicario* o sustitutivo en el sentido de que la muerte de Jesús fue a favor, y en lugar de, otros.
6. El sufrimiento puede ser *testimonial*, pues los cristianos que mueren o sufren por su fe en Jesucristo y su obediencia a Él, ...son por este medio, testigos de Cristo. Ejemplo de ello hallamos en la historia reciente en la República Popular China y en otros países.
7. El sufrimiento puede ser *escatológico*, es decir característico de los últimos tiempos (Mateo 24.8).

¿Cómo hemos de entender esta doctrina?

Así como la soberanía se asocia con la omnipotencia de Dios, la doctrina de la providencia (del verbo latino *providere*: *pro*, antes; *videre*, ver a cierta distancia; indicando que Dios lleva a cabo o efectúa su propósito a pesar de todos los obstáculos)[90] se relaciona con la omnisciencia divina. Tal como lo descubrió David:

> *Oh Jehová, tú me has examinado y conocido. Tú has conocido mi sentarme y mi levantarme; has entendido desde lejos mis pensamientos. Has escudriñado mi andar y mi reposo, y todos mis caminos te son conocidos.*
>
> *Pues aún no está la palabra en mi lengua, y he aquí, oh Jehová, tú la sabes toda. Detrás y delante me rodeaste, y sobre mí pusiste tu mano. Tal conocimiento es demasiado maravilloso para mí; alto es, no lo puedo comprender.*
>
> *¿A dónde me iré de tu Espíritu? ¿Y a dónde huiré de tu presencia? Si subiere a los cielos, allí estás tú; y si en el Seol hiciere mi estrado, he aquí, allí tú estás. Si tomare las alas del alba y habitare en el extremo del mar, aun allí me guiará tu mano, y me asirá tu diestra. Si dijere: Ciertamente las tinieblas me encubrirán; aun la noche resplandecerá alrededor de mí. Aun las tinieblas no encubren de ti, y la noche resplandece como el día; lo mismo te son las tinieblas que la luz* (Salmos 139.1-12).

Cuando hablamos de la soberanía de Dios, tratamos de su posición o puesto: Él es el Rey que no tiene competidor, el Gobernador absoluto, el Soberano máximo sobre todo lo que existe. Cuando hablamos de la providencia de Dios consideramos la manera en que ejerce su gobierno. ¿Cómo gobierna sobre todo lo que creó? En el *Catecismo Mayor*, la providencia de Dios se explica así:[91]

> «Las obras de providencia de Dios son su santa (Salmos 145.17), sabia (Salmo 104.24; Isaías 27.29) y poderosa preservación (Hebreos 1.3) y gobierno de todas sus criaturas (Salmo 103.19) a las cuales ordena así como todas las acciones de ellas (Mateo 10.29,30; Génesis 45.7), para su propia gloria (Romanos 11.36; Isaías 63.14)».

La perfección de su gobierno se basa en el hecho de que Dios, como omnisciente que es, conoce absolutamente todo lo que aconteció en la eternidad pasada, todo lo que acontece en el cielo y en la tierra actualmente, y todo lo que acontecerá en cualquier lugar en el futuro.

Como conocedor de todas las cosas —pasadas, presentes y futuras— Él dirige todo con exactitud, para que lo que ocurre en el cielo y en la tierra cumpla sus propósitos eternos y glorifique su santo nombre.

Evidencias bíblicas de la providencia de Dios

1. La Providencia de Dios es preventiva:[92]

Génesis 20.3-6

> Pero Dios vino a Abimelec en sueños de noche, y le dijo: He aquí, muerto eres, a causa de la mujer que has tomado, la cual es casada con marido. Mas Abimelec no se había llegado a ella, y dijo: Señor, ¿matarás también al inocente? ¿No me dijo él: Mi hermana es; y ella también dijo: Es mi hermano? Con sencillez de mi corazón y con limpieza de mis manos he hecho esto. Y le dijo Dios en sueños: Yo también sé que con integridad de tu corazón has hecho esto; y yo también te detuve de pecar contra mí, y así no te permití que la tocases.

Salmos 19.13

> Preserva también a tu siervo de las soberbias; que no se enseñoreen de mí; entonces seré íntegro, y estaré limpio de gran rebelión.

2. La Providencia de Dios es permisiva

2 Crónicas 32.31

> Ezequías prosperó en todas sus obras. Mas en lo referente a los mensajeros de los príncipes de Babilonia, que enviaron a él para saber del prodigio que había acontecido en el país, Dios lo dejó, para probarle, para hacer conocer todo lo que estaba en su corazón.

Romanos 3.25

> La gran paciencia de Dios: a quien Dios puso como propiciación por medio de la fe en su sangre, para manifestar su justicia, a causa de haber pasado por alto, en su paciencia, los pecados pasados.

3. La Providencia es directiva

Génesis 50.20

> *Vosotros pensasteis mal contra mí, mas Dios lo encaminó a bien, para hacer lo que vemos hoy, para mantener en vida a mucho pueblo.*

4. La Providencia es determinativa

Hechos 4.27-28

> *Porque verdaderamente se unieron en esta ciudad contra tu santo Hijo Jesús, a quien ungiste, Herodes y Poncio Pilato, con los gentiles y el pueblo de Israel, para hacer cuanto tu mano y tu consejo habían antes determinado que sucediera.*

1 Corintios 10.13

> *No os ha sobrevenido ninguna tentación que no sea humana; pero fiel es Dios, que no os dejará ser tentados más de lo que podéis resistir, sino que dará también juntamente con la tentación la salida, para que podáis soportar.*

El moderno debate teológico

No solo en términos populares se debate el tema de la soberanía y la providencia de Dios, también en el teológico se hace con profundidad. Por ejemplo, al escribir este capítulo, la Convención Bautista Americana se está dividiendo sobre el tema.

Un bando (tristemente el más numeroso) ha llegado a la conclusión de que Dios no es omnisciente, que Él no conoce el futuro, que igual que nosotros, tiene que esperar hasta ver el desarrollo de las decisiones humanas para llegar a hacer sus divinas determinaciones. Por tanto, no es Soberano.

El otro bando sigue la postura histórico-bíblica, que Dios es omnisciente, conoce el futuro y determina sus divinas decisiones de acuerdo a ese perfecto conocimiento. En otras palabras, que sí es Soberano.

Permítanme citar a uno de los más respetados teólogos bautistas (hombre centrado en la Biblia), Millard J. Erickson. En la cita que sigue,

Erickson trata el tema de nuestras presuposiciones:[93]

> Algunos hemos mantenido ya por tiempo, y el postmodernismo lo ha hecho explícito, que todo pensamiento procede de ciertas presuposiciones. Este reconocimiento debe hacernos reservar nuestras conclusiones con cierto grado de

probabilidad más que de certeza absoluta. Algunas veces las discusiones filosóficas resultan ser una mera refutación a toda idea opuesta y el reclamo de que solo la argumentación relevante y correcta es la del que respalda la propuesta que nosotros presentamos. En nuestra argumentación no siempre hay adecuado reconocimiento en cuanto a que si Dios es infinito, y nosotros finitos, hay posturas en las que Él diferirá de nosotros (aunque algunas de estas diferencias sólo sean en grados pequeños), mientras que en otros no le podremos comprender plenamente ... por tanto es importante atenernos en todo lo posible a lo que la revelación Biblia nos enseña.

En segundo lugar, Erickson se queja de que hoy día nos estamos alejando de la doctrina de Dios y convirtiéndonos en antropocentristas, dándole más importancia al hombre que a Dios:[94]

> Se evidencia en nuestro evangelismo que busca satisfacer las necesidades del hombre más que su pobreza espiritual y necesidad del perdón divino. La adoración se centra en celebrar a Dios en maneras que satisfacen a nuestras emociones. Nuestra consejería, en vez de comenzar con la pregunta: ¿Qué es lo que Dios pide que esta persona sea?, se centra mucho más en lo que la persona quiere llegar a ser. En cuanto a la administración de la iglesia, el pastor, más que imitar a Jesucristo, busca emular el estilo de vida de los ejecutivos seculares. En la metodología teológica, interesa mucho más el libre albedrío humano que la soberanía de Dios. El efecto es que nos dejamos llevar por ideas «pluralistas» — como que ninguna religión tiene toda la verdad, pero que podemos aprender de todas, y que toda religión tiene algo de verdad—, por lo tanto debemos como evangélicos, dejar de ser tan dogmáticos.[95]

Al poner al hombre como centro de interés, tanto por parte de Dios como por la nuestra, Erickson se queja también de que hoy se proponen drásticos y peligrosos cambios en la teología bíblica tradicional. En la nueva teología, Dios deja de ser el autoritativo soberano, para convertirse en simple colega y amigo del hombre. Por lo que entonces el atributo más importante de Dios llega a ser el amor, un amor que implica involucrarse con la condición humana detallada, sensible, responsable y continuamente. En consecuencia, ya a Dios no le molesta tanto el pecado, ahora lo que le importa es que el hombre se sienta amado y apreciado. Bajo estos conceptos, se presenta a Dios como un tierno, amoroso y cariñoso padre, en lugar del majestuoso, absoluto Rey y Soberano Dios de la Biblia. Desaparece por completo tanto la doctrina de la omnisciencia como la de la soberanía y la providencia divina.

Erickson añade:

> Una implicación importante de este punto de vista es que Dios no conoce con anterioridad lo que los hombres harán. Su conocimiento es dinámico en lugar de estático. Llega a conocer lo que ocurre cuando sucede. Él aprende de estos sucesos que ocurren. Se concibe en verdad un vistazo de la persona de Dios, ya que su conocimiento y experiencia son abiertos, y no fijos ni cerrados desde la eternidad pasada. Por tanto, Dios en ciertos aspectos depende de este mundo, cosa que no distrae su grandeza, sino que (a vista de los que propagan estas ideas) lo hacen más atractivo.[96]

El punto es importante para nuestra teología, ya que a consecuencia de este proceso de razonamiento moderno, no solo se empequeñece a Dios, sino que se le baja de su glorioso trono eterno, y se le reduce a nivel de colega. No importa cómo se trate de defender tal teología, el resultado final es que el Dios de la Biblia deja de ser el venerable, majestuoso, omnipotente Soberano. Todo lo contrario a lo que en realidad es el Todopoderoso Dios.

Textos que nos aseguran su providencia

Leyendo los textos que siguen, ¿quién puede dudar de la grandeza de nuestro eterno Dios, de su inigualable excelencia, de su sabiduría y omnisciencia, de su majestuosa soberanía sobre todo lo creado y su perfecta providencia?

Isaías 46.9-10

> *Yo soy Dios, y no hay otro Dios, y nada hay semejante a mí, que anuncio lo por venir desde el principio, y desde la antigüedad lo que aún no era hecho; que digo: Mi consejo permanecerá, y haré todo lo que quiero.*

Isaías 45.6-7

> *Que se sepa desde el nacimiento del sol, y hasta donde se pone, que no hay más que yo; yo Jehová, y ninguno más que yo, que formo la*

luz y creo las tinieblas, que hago la paz y creo la adversidad. Yo Jehová soy el que hago todo esto.

Daniel 4.35

Todos los habitantes de la tierra son considerados como nada; y él hace según su voluntad en el ejército del cielo, y en los habitantes de la tierra, y no hay quien detenga su mano, y le diga: ¿Qué haces?

Proverbios 21.1

Como los repartimientos de las aguas, así está el corazón del rey en la mano de Jehová; a todo lo que quiere lo inclina.

Apocalipsis 17.17

Porque Dios ha puesto en sus corazones el ejecutar lo que él quiso: ponerse de acuerdo, y dar su reino a la bestia, hasta que se cumplan las palabras de Dios.

Salmos 104.27-32

Abres tu mano, se sacian de bien. Escondes tu rostro, se turban; les quitas el hálito, dejan de ser, y vuelven al polvo. Envías tu Espíritu, son creados, y renuevas la faz de la tierra. Sea la gloria de Jehová para todos aquellos que esperan en ti, para que les des su comida a su tiempo. Les das, siempre; alégrese Jehová en sus obras. Él mira a la tierra, y ella tiembla; toca los montes, y humean.

Nehemías 9.6-7

Tú solo eres Jehová; tú hiciste los cielos, y los cielos de los cielos, con todo su ejército, la tierra y todo lo que está en ella, los mares y todo lo que hay en ellos; y tú vivificas todas estas cosas, y los ejércitos de los cielos te adoran. Tú eres, oh Jehová, el Dios que escogiste a Abram, y lo sacaste de Ur de los caldeos, y le pusiste el nombre Abraham.

2 Reyes 19.28

El Señor dijo a Senaquerib, rey de Asiria: Por cuanto te has airado contra mí, por cuanto tu arrogancia ha subido a mis oídos, yo pondré mi garfio en tu nariz, y mi freno en tus labios, y te haré volver por el camino por donde viniste.

Isaías 10.5-7,15

Oh Asiria, vara y báculo de mi furor, en su mano he puesto mi ira. Le mandaré contra una nación pérfida, y sobre el pueblo de mi ira le enviaré, para que quite despojos, y arrebate presa, y lo ponga para ser hollado como lodo de las calles. Aunque él no lo pensará así, ni su corazón lo imaginará de esta manera, sino que su pensamiento será desarraigar y cortar naciones no pocas ... ¿Se gloriará el hacha contra el que con ella corta? ¿Se ensoberbecerá la sierra contra el que la mueve? ¡Como si el báculo levantase al que lo levanta; como si levantase la vara al que no es leño!

Si hemos de ser fieles a Dios, es imprescindible que creamos lo que Él nos dice en su Palabra, y no nos dejemos llevar por las ideas novedosas que hombres —por bien intencionados o eruditos que parezcan— presenten en cuanto a lo que piensan que Dios es. Nuestro concepto y entendimiento de Dios y sus obras tiene que venir de lo que Él nos ha revelado de sí mismo en su Palabra; nunca de las opiniones que formen los hombres acerca de Él.

A LA PROVIDENCIA

Dime, Padre común, pues eres justo,
¿por qué ha de permitir tu providencia
que, arrastrando prisiones la inocencia,
suba el fraude a tribunal augusto?

¿Quién da fuerzas al brazo que robusto
hace a tus leyes firme resistencia,
y que el celo, que más las reverencia,
gima a los pies del vencedor injusto?

Vemos que vibran victoriosas almas
manos inicuas, la virtud gimiendo
del triunfo en el injusto regocijo.

Esto decía yo, cuando riendo
Celestial ninfa apareció, y me dijo:
«¡Ciego!, ¿es la tierra el centro de las almas?»

—Bartolomé L. d Argensola
(español, 1562-1631)

Más que maravilloso

Capítulo 9: Dios y su irreprochable consejo

Dios gobierna en los asuntos humanos; si una ave no cae a tierra sin Su divino conocimiento, seguramente no hay imperio que pueda surgir sin Su divino consentimiento.
— Benjamín Franklin

Tengo un amigo que es dueño de una compañía de poleas industriales, la segunda más grande del mundo. En una visita que le hice, me dio un paseo por su enorme fábrica: entré a las oficinas administrativas, al departamento de ventas, a ingeniería —donde había maquinarias gigantescas de todo tipo y obreros por todas partes—, finalmente pasé al almacén y al departamento de despachos donde estaban las grúas y los camiones para transportar los productos por toda la nación.

Entonces regresamos a las oficinas de mi amigo, el dueño. Era sencilla, aunque grande e impresionante, con un enorme escritorio en el centro y varias sillas alrededor. Algunas fotos de los productos y de los clientes adornaban las paredes, contando la historia de la planta.

Al verme admirado me preguntó:

—¿Qué te parece?

—¡Increíble! —le dije—. ¿Y a qué le atribuyes el éxito?

Con una sonrisa de satisfacción en sus labios, me dijo:

—Para que un negocio tenga éxito, tiene que contar con una sola cabeza —y señalando las fotos de la pared, añadió—: Todo lo que ves en esta planta comenzó aquí —dijo apuntando a su cabeza—. Nada se hace en este lugar antes que yo lo piense primero y dé la orden.

¿Cómo será controlado este mundo?

¿Se ha puesto usted a pensar en cómo opera este enorme mundo? ¿Quién y cómo se administra? ¿Por qué nace el sol en el este? ¿De dónde viene el frío? ¿Por qué los cambios de clima? ¿Por qué se habla inglés en el norte y español al sur? Si en todos fluye la misma sangre, ¿por qué las distintas razas, colores e idiosincrasias nacionales? ¿Quién controla los aguaceros, los relámpagos y los terremotos? ¿Quién regula las variables económicas? ¿El precio del petróleo? ¿Será el alcalde, el gobernador o el presidente del país?

Una cosa sí sabemos: Ni usted ni yo lo controlamos. Apenas podemos con lo que tiene que ver con nuestras propias vidas. No podemos controlar la enfermedad de un familiar ni una leve mejoría siquiera. Tampoco lo que sucede en nuestro trabajo. Apenas podemos controlar las cosas que afectan nuestros hogares. Aunque las más difíciles se escapan completamente de nuestro control.

Algunos piensan: ¿Quizás el que controla el mundo sea Satanás, junto con sus demonios perversos? ¡De ninguna manera! Eso ya lo tratamos en capítulos anteriores. Pero me pongo a pensar en lo rebelde, maligno, necio, perverso y diabólico que es el adversario. Si él fuera rey del mundo, estoy seguro de que no habría un día de sol sobre la tierra, ni un segundo de paz en la vida de alguien, no habría siquiera cosechas, ni las industrias funcionarían, ni existiría un momento en que alguien disfrutara de felicidad y gozo. Es más, no habría sobre toda la tierra cosa hermosa ni quién se salvara ni se arrepintiera de sus pecados. Este sería un mundo triste, sombrío y tenebroso.

Al contrario, dado el carácter de Dios, es lógico pensar que Él es quien gobierna todo con su gran poder. Por eso, a pesar de toda la maldad que se manifiesta en el mundo, sale el sol cada día, brillan las estrellas, irradian las flores su hermosura, el arco iris sigue proveyéndonos esperanza, y sentimos paz y gozo a pesar de las circunstancias.

Esto sucede porque Dios es *misericordioso y piadoso; tardo para la ira, y grande en misericordia y verdad;que guarda misericordia a millares, que perdona la iniquidad, la rebelión y el pecado*. A lo largo de la experiencia humana se ve esa divina mano, buena y justa, que lo controla todo.

Mirando con objetividad el movimiento del mundo, tenemos que concluir que un demonio no puede dirigirlo. Tampoco somos los hombres los que lo manejamos. Todo lo que tocan nuestras manos — como el rey Midas— se echa a perder. En verdad, la única respuesta lógica es que Dios es el gran Señor y gobernante del cielo y de la tierra.

Adaptando la declaración de mi amigo en Atlanta, podemos decir: «Todo lo que vemos en este planeta comienza con Dios. Nada se hace ni en el cielo ni en la tierra antes que Él lo piense primero y dé la orden».

La realidad del gobierno divino la confirma el escritor de la carta a los Hebreos cuando, refiriéndose a Jesucristo, dice que el Padre lo *constituyó heredero de todas las cosas, por medio de quien hizo también el universo. Él es el resplandor de su gloria y la expresión exacta de su naturaleza, y sostiene todas las cosas por la palabra de su poder* (Hebreos 1.2,3). En su carta a los cristianos de Colosas, Pablo añade: *Todas las cosas, las que hay en los cielos y las que hay en la tierra, visibles e invisibles; sean tronos, sean dominios, sean principados, sean potestades; todo fue creado por medio de él y para él. Y él es antes de todas las cosas, y todas las cosas en él subsisten* (1.16,17).

Siendo verdad que Él gobierna todo, ¿qué dice la Biblia en cuanto a su manera de ejercer dominio y control? Los eruditos, al tratar este importante concepto, hablan de lo que se conoce como «los decretos de Dios».

¿Qué son «los decretos de Dios»?

En cuanto a la explicación de estos conceptos, dos antiguos documentos nos pueden ayudar: En el *Catecismo de Heidelberg*,[97] hallamos la siguiente explicación: «Con su mano [Dios] sustenta y gobierna el cielo, la tierra y todas las criaturas, de tal manera que todo lo que la tierra produce, la lluvia y la sequía, la fertilidad y la esterilidad, la comida y la bebida, la salud y la enfermedad, las riquezas y la pobreza, y todas las cosas, no acontecen sin razón alguna, como al azar, sino por su consejo y voluntad paternal».

La *Confesión de Fe de Westminster*,[98] añade: «Aunque Dios sabe lo que puede suceder en toda clase de supuestas condiciones (véanse Hechos 15.18; 1 Samuel 23.11,12; Mateo 11.21; Salmos 139.1-4), sin embargo, nada decretó porque lo previera como futuro o como cosa que sucedería en circunstancias dadas (Romanos 9.11,13,16,18; Efesios 1.4-5)».

Ambas confesiones claramente establecen que Dios decreta lo que ha de suceder en todo momento, y que dirige —desde la eternidad pasada— todos los acontecimientos por su Palabra. Tal poder y determinación nos asombra, pues naturalmente pensamos que lo que ocurre en el mundo sucede por coincidencia o debido a las leyes de la naturaleza. Es por tal tendencia deísta (creer que Dios creó al mundo, le dio cuerda, y lo dejó para que se manejara a sí mismo) que se nos ocultan sus acciones continuas.

No reconocemos la presencia de Dios en los acontecimientos de la naturaleza —como un relámpago, un aguacero, una puesta de sol. No lo vemos en las trayectorias de las estrellas ni de los planetas. Olvidamos que Él es quien mantiene en perfecto equilibrio toda la naturaleza. Él es quien guía los pasos buenos de los hombres. El que manda a los ángeles invisibles a protegernos y ayudarnos. Es por el mandato de su boca, como ya vimos, que son creados los ciclones, los terremotos, las sequías, las epidemias, las guerras —todos medios usados por Él para enjuiciar a esta tierra a consecuencia del pecado de los hombres (Apocalipsis 6). ¡Qué ciegos somos!

¿Cómo se definen los decretos?

Hace más de 500 años, los padres de la Iglesia tomaron los textos de Efesios 1.19; Romanos 9.15,18; 11.33 y resumieron lo que enseñan: «Los decretos de Dios son los actos santos, sabios y libres del consejo de su propia voluntad». Luego usaron los que siguen: Efesios 1.4,11; Romanos 9.22-23; y el Salmo 23.11 y llegaron a concluir que Dios, «desde la eternidad y para su propia gloria, ha pre ordenado inmutablemente todo lo que sucede en el tiempo, especialmente lo que toca a los ángeles y a los hombres».[99]

Ahí no quedó la definición, ellos elaboraron acerca de su sentido. Y se preguntaron: ¿Qué es lo que Dios ha decretado especialmente con respecto a los ángeles y a los hombres? Otra vez, basándose en la Biblia, respondieron:

«Dios, por un decreto eterno e inmutable, por su puro amor, para alabanza de su gracia gloriosa que se manifiesta en su debido tiempo, ha elegido algunos ángeles para la gloria (1 Timoteo 5.21), y en Cristo ha escogido a algunos hombres para la vida eterna y al mismo tiempo los medios para ellos (Efesios 1.4-6; 2 Tesalonicenses 2.13-14; 1 Pedro 1.2).

»Así mismo, conforme a su poder soberano y al consejo inescrutable de su propia voluntad (por la que Él concede o retira su favor según le place), ha pasado por alto, y ha preordenado el resto para deshonra e ira, aplicada a ellos por sus pecados, para alabanza de la gloria de su justicia (Romanos 9.17,18,21,22; Mateo 11.25-26; 2 Tesalonicenses 2.20)».

Estas conclusiones discutidas y acordadas por el Sínodo de Dort (1618-1619), a pesar de ser bíblicas, crearon tal furor en la Iglesia que la dividieron en dos grandes grupos: los calvinistas, por un lado, y los arminianos, por el otro. Hasta el presente, estos dos grupos se oponen entre sí.

Sin embargo, cuando algo se enseña en la Biblia, aunque sea difícil de aceptar o entender, es nuestro deber como cristianos estudiarlo y llegar a alguna opinión personal —buscando que tal conclusión sea bíblica. Así, con cierta aprensión, consciente de lo divisivo que es el tema, presento mis argumentos al respecto.

¿Cómo tratar el tema de los decretos de Dios?

Comencemos recordando lo que ya en el capítulo 3 citamos de Herman Bavink: como seres creados somos muy distintos de Dios, sabemos después y porque vemos las cosas que existen. Comenzamos con lo visible para luego tratar lo desconocido y lo invisible.

Dios, al contrario, conoce antes de la existencia de algo. El mundo existe porque Él lo «habló» —esto es, el poder de Dios es tal que hace lo que quiere con su solo decir. Cuando Él habla la cosa o el evento sucede. En Génesis 1 vemos ese majestuoso poder cuando dice: «Sea la luz»; «produzca la tierra hierba verde»; «haya lumbreras en la expansión de los cielos», etc. Todo lo que dice existe al instante.

Quizás lo pueda ilustrar de la siguiente forma: Cierta vez vi a la mujer que hoy es mi esposa, Carolina —joven bonita, con ojos azules, una figura atractiva, risueña, alegre. Después de verla y reverla, como dicen los argentinos, fue que me enamore locamente de ella. Pero luego que llegué a conocerla mi corazón se llenó de amor.

En cuanto a Dios ocurre todo lo contrario. El pensamiento y el conocimiento de Él preceden lo que existe.[100]Él no tiene que esperar a que nazcamos ni a que nuestra personalidad y dirección de vida se establezcan para entonces amarnos y escogernos. La Biblia dice en Efesios 1.4-5 que Dios *nos escogió en él antes de la fundación del mundo, para que fuésemos santos y sin mancha delante de él, en amor habiéndonos predestinado para ser adoptados hijos suyos por medio de Jesucristo, según el puro afecto de su voluntad.* ¡Increíble declaración!

Para decirlo de otra forma, en la eternidad pasada Dios determinó (decretó) que una chica naciera, que su nombre fuera Carolina, y que tuviera un semblante hermoso, ojos azules, una figura atractiva, risueña y alegre. No solo determinó eso, sino que también decretó un día para que yo viajara al Estado de Washington, la viera y me enamorara de ella, que me correspondiera, y que nos casáramos. Esto, en términos personales, es lo que entendemos por «el consejo de Dios».

En términos sencillos, podemos resumir lo que significa el «decreto de Dios» así: (1) Nada sucede en el mundo sin que Él lo haya decretado primero. (2) Ese decisivo decreto fue dado antes de la fundación del mundo.

Ante este Dios tan sublime y poderoso quedamos atónitos como David: *Tal conocimiento es demasiado maravilloso para mí; alto es, no lo puedo comprender* (Salmos 139.6).

Me imagino que ya salieron de su boca unos cuantos «peros»: el cáncer de mi esposa, el accidente de mi padre, el terremoto que destruyó mi casa. Tomemos la explicación paso a paso, para luego incluir las cosas en su debido lugar. En el decreto de Dios debemos incluir a Satanás, los actos permisivos de Dios, el libre albedrío, lo que llamamos «accidentes». Primero es importante conocer la doctrina, para luego poder repetirla con facilidad.

Lo que abarca hablar de los decretos de Dios

Esta doctrina es aborrecible para los que dicen: «Si Dios controla todo, ¡tiene que ser un déspota!» Ellos no estudian los pasajes de la Biblia que enseñan esta doctrina, o interpretan mal los textos que la aclaran. Para ellos el principal atributo de Dios es el amor, el que creen se ha de colocar por encima de la gloria, justicia y santidad del propio Dios. Les es difícil aceptar a una Deidad que manda un diluvio, que destruye dos ciudades con azufre y fuego, que usa a su pueblo Israel para traer terrible juicio sobre los habitantes de Palestina. Para ellos los cananeos, heteos, amorreos, ferezeos, heveos y jebuseos son pueblos que deben ser amados, jamás destruidos. Solo piensan en un Dios amoroso que nunca actúa desfavorablemente para con los hombres.

Los que así piensan siguen el ideario de la «Teología del proceso o procesal»,[101] una doctrina que niega la inmutabilidad, eternidad y omnisciencia de Dios. Los teólogos procesales ven a Dios más como un ser contingente, dependiente, temporal, relativo y continuamente en proceso de cambio. Para ellos, Él es un ser limitado.

Al analizar esta teología, Dios llega a ser poco más que un mero aspecto de la realidad metafísica. El conocimiento que tiene es adquirido (igual que el nuestro), y depende de las decisiones que la gente tome a través del tiempo. En fin, según esos teólogos, Dios es un ser tan «bonachón» que, por decisión propia, escogió participar en la historia igual que nosotros, sus criaturas. Para ellos, Él no desea ser superior. Es más, solo quiere participar de las mismas cosas que influyen en nosotros, y no interferir con nuestros deseos. Es, como dirían los venezolanos, «un dios chévere».

Otros, proponen un concepto de un Dios «abierto».[102] Opinan que la teología evangélica ortodoxa tiene un sistema «cerrado», presentando a Dios como un ser inmutable —un todopoderoso monarca que domina y controla todo a su divino antojo, una Deidad que no puede cambiar. Dicen que tal Dios, que es el mismo ayer, hoy y por los siglos, no aprende, que se queda encajado en el pasado. Por tanto, no pueden concebir al Dios de los cielos que hoy, ayer y por los siglos conoce absoluta y perfectamente todo, y precisamente porque así Él lo ha ordenado.

En otras palabras, llegan a humanizar a Dios a tal punto que deja de ser trascendente, majestuoso, augusto, venerable, glorioso y —especialmente— omnisciente. Lo hacen parecido a nosotros —que tenemos que aprender por las cosas que suceden. Lo conciben como que si fuera humano, un ser lleno de emociones, que siente de corazón lo que sucede en el mundo y mantiene intercambios amorosos con sus criaturas. Según ellos, Él no desea la gloria de su propio nombre, sino más bien el bienestar de sus criaturas. Al ver los acontecimientos que ocurren en la tierra, cambia de pensamiento y actúa para adaptarlos a las necesidades del momento. Él no controla al mundo arbitrariamente, sino que comparte ese control con el hombre. Parece más un colega que un soberano. Estos teólogos están tan encantados con lo que creen que no se detienen a pensar que ese dios de ninguna manera se parece al Dios de la Biblia.

Otros rechazan la doctrina de un Dios que todo lo decreta porque opinan que si en verdad es soberano, absoluto y ordena todo lo que sucede en el mundo, ello sería «incongruente con el reconocimiento del mérito, de la libertad y de la plena responsabilidad del hombre».[103]

La conclusión de ellos es que si Dios es el absoluto soberano del cielo y de la tierra, nosotros por necesidad seríamos unos meros robots marchando al ritmo de sus tambores.

Nuestro libre albedrío

Hay un refrán en la película Born Free [Nacido libre] que se toma como axioma: Born free, and life is worth living [He nacido libre, por lo tanto vale la pena vivir]. ¿Será cierto eso? Piénselo. ¿No es el que se cree libre el que se deja llevar por los excesos? Y esos excesos, ¿no son los que producen la esclavitud a las drogas, al alcoholismo, a los desvíos sexuales?

¡Qué irónico! Por un lado nos declaramos seres totalmente libres con independencia y capacidad para hacer lo que nos dé la gana. A la vez, esa misma libertad nos lleva a un cautiverio despiadado. Luego clamamos a Dios para que nos libre del problema causado por nuestras propias decisiones. Irónico, porque acudimos a Él aun cuando declaramos que no debe inmiscuirse en nuestras decisiones, y que no debe entrometerse en nuestro libre albedrío. ¡Gracias a Dios que Él no se sujeta a nuestras doctrinas!

Recuerdo una reunión de pastores en la que uno de ellos se levantó para decir: «El concepto más precioso que la Biblia enseña desde Génesis a Apocalipsis es que tenemos libre albedrío». Le pedí al pastor que me diera una cita bíblica para corroborar lo que decía. Se quedó mudo. Por fin habló de la decisión de Adán y Eva en el huerto en cuanto a comer el fruto prohibido. «Buena respuesta», le dije, «pero extraes el concepto del libre albedrío de una acción de ellos, no porque les fuera dado como una enseñanza directa». Luego nos referimos a

Lucas 6.45, donde Jesús trata el tema de nuestra libertad moral: *El hombre bueno, del buen tesoro de su corazón saca lo bueno; y el hombre malo, del mal tesoro de su corazón saca lo malo.* Es decir, somos libres para actuar de acuerdo con lo que somos —tan libres para actuar como Adán y Eva cuando comieron de la fruta.

Al ver las decisiones tomadas por los personajes de la Biblia concluimos correctamente que el hombre tiene libre albedrío. El gran problema no está en la libertad para actuar, sino en la habilidad que tiene para cambiar de lo que es. Expliquémoslo. Jesús dijo:

O haced el árbol bueno, y su fruto bueno, o haced el árbol malo, y su fruto malo; porque por el fruto se conoce el árbol. ¡Generación de víboras! ¿Cómo podéis hablar lo bueno, siendo malos? Porque de la abundancia del corazón habla la boca. El hombre bueno, del buen tesoro del corazón saca buenas cosas; y el hombre malo, del mal tesoro saca malas cosas (Mateo 12.33-35).

Acerca de esta naturaleza humana, Hodge afirma:[104]

La habilidad consiste en el poder de la persona para cambiar su estado subjetivo, de hacerse preferir lo que no prefiere, de actuar en una situación de manera opuesta a los deseos y preferencias coexistentes en su corazón. Por tanto, el hombre es tan libre ahora como lo fue antes de la caída, ya que escoge y decide lo que agrada a su corazón. Sin embargo, ha perdido toda su habilidad para obedecer la ley de Dios, porque su corazón pecaminoso no está sujeto a esa ley, y la persona no tiene la habilidad para cambiarlo.

Cierto es que el libre albedrío es un concepto importante para nosotros, y que se enseña claramente en la Biblia. Es el producto de tres funciones independientes de nuestro ser: (1) lo intelectual (mente que razona), (2) lo emocional (los deseos que nos mueven), y (3) lo volitivo (que actúa de acuerdo con lo que se piensa y se desea).[105] Cuando vemos hasta qué punto tan calamitoso nos puede llevar esa voluntad, sin embargo, es que ponemos en duda que sea el concepto más precioso en cuanto al hombre que la Palabra de Dios presenta.

Como indica A.A. Hodge:[106] «Un hombre con su albedrío es libre, es decir, siempre ejerce su voluntad de acuerdo a la disposición o deseo que le mueve en el momento preciso en que decide. Esta es la libertad suprema que tiene, la que armoniza con su raciocinio y responsabilidad moral». Repetimos: el gran problema que tiene el hombre no está en el área de su libre albedrío, sino en la habilidad personal que tiene para cambiar lo que es en su naturaleza y lo que desea en su corazón. Por ejemplo, el alcohólico tiene libre albedrío. Puede escoger lo que quiere.

El problema es que lo que más quiere es alcohol. Igualmente el pecador tiene libre albedrío para escoger, pero como está esclavizado por el pecado, lo que más quiere es eso precisamente, el pecado. Es por ello que la Biblia señala: *No hay quien busque a Dios* [prefiere buscar el pecado que le satisfaga]... *no hay quien haga lo bueno* [le encanta más pecar], *no hay ni siquiera uno* [todo el mundo prefiere el pecado a Dios] (Romanos 3.10-18). Esto se puede comprobar fácilmente. Un domingo en la mañana, cuando en las iglesias se adora a Dios, ¿cuánta gente en nuestras ciudades se levantan con gusto para ir a la iglesia? Cuando en un sábado por lo noche se ofrece una campaña evangelística, ¿cuántos en las grandes metrópolis abandonan los bares, clubes, y centros nocturnos para llenar una iglesia?

¿Puede nuestro libre albedrío limitar las acciones de Dios?

Reconociendo estos puntos en cuanto a la libertad que poseemos, lo que en realidad importa es si en este mundo, lleno de seres libres, el hecho de tener nosotros libre albedrío limita de alguna forma el actuar independiente de Dios. ¿Puede el Soberano, a la vez que nos da libre albedrío, hacer sin impedimento lo que ha determinado desde antes de la fundación del mundo?

En el capítulo tres vimos que la respuesta es que sí puede. Nada, absolutamente, limita el poder y el gobierno de Dios. Llegamos a concluir, entonces, que aunque no comprendamos todo el misterio que hay en Dios, descansamos en la realidad de que tenemos libre albedrío, pero que tal libertad no interfiere con los propósitos gloriosos de Dios.

Veamos un ejemplo. Puedo ser un ciudadano de Colombia. Allí vivo y trabajo todos los días, como lo que me gusta, me acuesto cuando quiero, leo los libros que quiera, visito los parques, los parientes, los amigos. En resumen, ejerzo plenamente mi libre albedrío. A la vez, en el país hay otro poder, el revolucionario, de las FARC que, gracias a Dios, no ha llegado a mi ciudad. También está el gobierno legítimo del país, elegido democráticamente por el pueblo. Este gobierno es el que establece las leyes y procura gobernar a todo el país. Como que obedezco las leyes, no me afecta en absoluto lo que haga el presidente de la república. Solo sería afectado si las FARC llegaran a mi pueblo y me quitan mis libertades, o si yo cometiera un crimen contra el gobierno y me arrestara la policía.

Algo parecido es el hombre viviendo en el mundo. Escoge, decide, camina y anda como quiere. A la vez, está Satanás con el deseo de dominarlo y hacerlo su esclavo. También está Dios, el Rey legítimo de la tierra. Si me alineo con Satanás y sigo sus mentiras, Dios me perseguirá debido a mi rebeldía. Si quebranto las leyes de Dios, Él me dará el castigo apropiado. Es cierto, yo como agente moral y responsable, vivo mi vida y tomo mis decisiones. Tengo libertad para escoger lo que quiera, pero esas decisiones traen sobre mí los efectos pertinentes.

Además, como persona que ejerce su libertad entre millones y millones de seres, lo que hago no afecta en absoluto a lo que Dios determina hacer en el mundo. El ejercicio de mi libre albedrío no le impide a Dios que permita un ciclón, un terremoto, una sequía o que bendiga poderosamente un esfuerzo de evangelización en China, ni siquiera en mi vecindario. Como Rey del universo, tiene poder para cumplir con todos los propósitos que estableció desde la fundación del mundo.

El horizonte ilimitado de la actividad divina traspasa mi entendimiento. La manera en que trata a la humanidad rebelde a través de la historia me deja sin palabras. El tierno detalle de su amor y bondad hacia su pueblo me asombra. Nuestro glorioso y maravilloso Dios todo lo tiene en cuenta y todo lo maneja a perfección. Lo hace, primero para la gloria de su nombre y, en segundo lugar, para el bien de su pueblo.

Como afirmaba Pablo:

Por lo cual estoy seguro de que ni la muerte, ni la vida, ni ángeles, ni principados, ni potestades, ni lo presente, ni lo por venir, ni lo alto, ni lo profundo, ni ninguna otra cosa creada nos podrá separar del amor de Dios, que es en Cristo Jesús Señor nuestro (Romanos 8.38,39).

En el libro de Jueces (2.11-23) tenemos una buena ilustración. Vemos en el relato la evidencia del libre albedrío del hombre a la vez que observamos la clara intervención de Dios:

Después los hijos de Israel hicieron lo malo ante los ojos de Jehová, y sirvieron a los baales. Dejaron a Jehová el Dios de sus padres, que los había sacado de la tierra de Egipto, y se fueron tras otros dioses, los dioses de los pueblos que estaban en sus alrededores, a los cuales adoraron; y provocaron a ira a Jehová. Y dejaron a Jehová, y adoraron a Baal y a Astarot. Y se encendió contra Israel el furor de Jehová, el cual los entregó en manos de robadores que los despojaron, y los vendió en mano de sus enemigos de alrededor; y no pudieron ya hacer frente a sus enemigos. Por dondequiera que salían, la mano de Jehová estaba contra ellos para mal, como Jehová había dicho, y como Jehová se lo había jurado; y tuvieron gran aflicción. Y Jehová levantó jueces que los librasen de mano de los que les despojaban; pero tampoco oyeron a sus jueces, sino que fueron tras dioses ajenos, a los cuales adoraron; se apartaron pronto del camino en que anduvieron sus padres obedeciendo a los mandamientos de Jehová; ellos no hicieron así. Y cuando Jehová les levantaba jueces, Jehová estaba con el juez, y los libraba de mano de los enemigos todo el tiempo de aquel juez; porque Jehová era movido a misericordia por sus gemidos a causa de los que los oprimían y afligían. Mas acontecía que al morir el juez, ellos volvían atrás, y se corrompían más que sus padres, siguiendo a dioses ajenos para servirles, e inclinándose delante de ellos; y no se apartaban de sus obras, ni de su obstinado camino. Y la ira de Jehová se encendió contra Israel, y dijo: Por cuanto este pueblo traspasa mi pacto que ordené a sus padres, y no obedece a mi voz, tampoco yo volveré más a arrojar de delante de ellos a ninguna de las naciones que dejó Josué cuando murió; para probar con ellas a Israel, si procurarían o no seguir el camino de Jehová, andando en él, como lo siguieron sus padres. Por esto dejó Jehová a aquellas naciones, sin arrojarlas de una vez, y no las entregó en mano de Josué.

Parte de nuestra equivocación es pensar que el hombre está por encima de Dios. Esto es querer cambiar a Dios, como hacen los de la «Teología del proceso». Es humanizar a Dios y reducirlo a un ser ineficiente, como hacen los que abogan por un Dios «abierto». Es pensar que el «libre albedrío» humano tiene que limitar forzosamente las acciones divinas. Pero el Dios de la Biblia, en su grandeza y magnificencia, está por encima de toda idea que pueda fabricar la mente humana. Y Él seguirá siendo Dios, querámoslo o no.

Los decretos de Dios y su voluntad permisiva

También es erróneo pensar que el mal es una necesidad basados en que Dios al hacer el mundo incluyó esa probabilidad. Sobre esas mismas bases se asume que Dios no puede evitar que ni el diablo, ni los demonios, ni los hombres hagan mal. Así se llega a la conclusión de que el pecado es inevitable —y hasta necesario. Dios, declaran los teólogos del proceso, se vio obligado a establecer su «voluntad permisiva».

Nunca reduzcamos a Dios de tal manera. Si hacemos «necesario» el pecado, convertimos a Dios en su autor, cosa que la Biblia niega rotundamente (Santiago 1.13, 17; Números 23.19; 1 Samuel 15.29; Hebreos 6.18). En verdad, Dios crea los seres que más tarde han de pecar (Satanás, los ángeles, los hombres), pero ni los hizo para pecar, ni quiso que pecaran. Es más, les dio libre albedrío y ellos escogieron hacer lo mismo. La culpa y aun la creación del pecado se debió a lo que ellos, como seres libres, decidieron hacer. La voluntad de Dios nunca es que el hombre ni los ángeles pequen, ya que su voluntad es idéntica, inseparable de su carácter o su ser. Dios es santo, puro, sin pecado.

¿Cómo puede un Dios bueno permitir el pecado? El Dr. Oliver Buswell presenta una respuesta clara que debemos considerar:[107]

> Sabemos que Dios *hace todas las cosas según el designio de su voluntad* (Efesios 1.11). No podemos negar que «todo lo que sucede» está dentro de los decretos eternos de Dios. El pecado también tiene que estarlo en algún sentido, aunque Él no es su autor.

1. Primera solución de Pablo

En Romanos 9, el apóstol nos da dos soluciones al problema; primero, el barro y el alfarero: *Me dirás: ¿Por qué, pues, inculpa? Porque, ¿quién ha resistido a su voluntad? Oh hombre, ¿quién eres tú, para que alterques con Dios? ¿Dirá el vaso de barro al que lo formó: Por qué me has hecho así? ¿O no tiene potestad el alfarero sobre el barro, para hacer de la misma masa un vaso para honra y otro para deshonra?* (9.19-21).

Muchas personas nunca van más allá de la primera solución de Pablo. Dios tiene el derecho de hacer lo que quiera con su creación. Algunas mentes todavía se aferran a la paradoja. Por un lado se presume que lo que no debe ser, no se debe permitir. Por otro lado, Dios *hace todas las cosas según el designio de su voluntad* (Efesios 1.11).

Algunos hasta se han refugiado en el verso —o por lo menos la idea— de Pope (poeta y pensador inglés): «El mal no es tal cosa si se entiende correctamente, y mal parcial es bien universal». Pero la solución cristiana no concuerda con Pope. Poner en tela de juicio la «pecaminosidad del pecado», valga la redundancia, sería como juzgar la necesidad de la expiación de Cristo para la salvación de los pecadores.

2. Segunda solución de Pablo

La segunda respuesta de Pablo claramente quebranta el dilema y no nos sume en una paradoja; pero el apóstol no logra esto objetando que el pecado no debe ser absolutamente. El sofisma que deja a algunas mentes en estado de contradicción es la suposición falsa de que lo que no debe ser, no debe ser permitido. Los que han estudiado los métodos educativos modernos deberían ser los últimos en criticar que Dios permita el pecado. Como padres, dentro de los límites de nuestro entendimiento finito, tenemos que permitir que nuestros hijos experimenten algunas caídas y golpes si queremos que aprendan a andar. Algunas cosas se permiten con el objeto de enseñarnos por experiencia.

Pablo no deja la cuestión meramente en su referencia al barro y al alfarero. En los versículos anteriores (17,18) indica que al permitir que Faraón naciera, que accediera al trono de Egipto y se resistiera a la salvación de Israel, Dios había demostrado su poder y hecho que su nombre fuera conocido en toda la tierra. «Por esta razón te he incitado» (sugerencia de Alford).

Luego de presentar los derechos de Dios, como los del alfarero sobre el barro, Pablo continúa: ¿Y qué si Dios ...soportó con mucha paciencia [a Faraón], para demostrar su enojo, y hacer notoria su habilidad y las riquezas de su gloria al salvar a su pueblo? La palabra «soportó» ciertamente sugiere el permiso de Dios. Tenemos que inferir entonces que entre los decretos de Dios, hay los que permiten cosas de las que Dios mismo no es el autor.

Por supuesto que Dios puede evitar el mal. Pero en vez de hacerlo y quitarnos nuestro libre albedrío en el proceso, nos ha permitido pecar. Sin embargo, vemos en las Escrituras que toma al pecado y lo convierte para su gloria; hasta lo usa para el establecimiento de su eterno reino. El pecado nunca controla a Dios, Dios lo controla (Romanos 8.28). Esto lo muestra claramente el libro de Apocalipsis: Dios finalmente destruirá al mal y a todos los malvados, incluso a

Satanás y sus demonios. Mientras tanto, Dios decretó que usará al mal para que aun esto traiga abundante gloria a su nombre.

Dejemos los recelos a un lado

Pregúntese: Si Dios es ese ser perfecto, bondadoso, amoroso (tal como la Biblia lo presenta), ¿debemos resentir la manera en que gobierna al mundo? Claro que no. Después de todo, Él es el Creador y debe tener los derechos correspondientes.

¿Ha sentido alguna vez que Dios le ha quitado sus derechos y le ha restringido sus deseos y acciones? ¿No es cierto que la misma experiencia lo desmiente? Fíjese en toda la libertad que Dios nos ha dado.

Si usted o yo, con nuestro limitado poder y sabiduría, fuésemos a controlar absolutamente nuestro destino ¿cómo terminaríamos? ¿No es cierto que el solo saber que Dios nos tiene en sus manos nos da confianza y seguridad?

Si, como predican algunos, fuera Satanás el que controla, ¿no sería eso vivir el infierno aquí en la tierra? Si así fuera, imagínese como sería este mundo, con ese cruel dictador, homicida, padre de mentira, ser enteramente impío y malicioso como gobernador.

Lo que nos dice la Biblia

Veamos algunos de los versículos que declaran que Dios ha decretado todo desde la eternidad pasada.

Pablo explica que nuestro llamamiento en Cristo es *según el propósito suyo y la gracia que nos fue dada en Cristo Jesús antes de los tiempos de los siglos* (2 Timoteo 1.9). Isaías enseña que *ciertamente se hará de la manera que lo he pensado, y será confirmado como lo he determinado* (14.24). Y añade en 46.9-10: *Acordaos de las cosas pasadas desde los tiempos antiguos; porque yo soy Dios, y no hay otro Dios, y nada hay semejante a mí, que anuncio lo por venir desde el principio, y desde la antigüedad lo que aún no era hecho; que digo: Mi consejo permanecerá, y haré todo lo que quiero.* (Véanse también Efesios 1.4,11; Romanos 9.22-23).

El salmista indica que este consejo de Dios continúa hasta la eternidad futura: *El consejo de Jehová permanecerá para siempre; los pensamientos de su corazón por todas las generaciones* (Salmos 33.11). San Pablo enfatiza lo mismo: *para mostrar en los siglos venideros las abundantes riquezas de su gracia en su bondad para con nosotros en Cristo Jesús* (Efesios 2.7).

El decreto de Dios se estableció en la eternidad pasada. Oliver Buswell afirma:[108] «Los decretos de Dios nunca tuvieron principio. Él no habría sido omnisciente si hubiera llegado a sus decretos en un proceso de tiempo o de razonamiento».

Puesto que se trata de un plan con un gran propósito que incluye todo lo que sucede, muchos teólogos hablan de «el decreto de Dios», en singular, en vez de dividirlo, para hablar de «los decretos de Dios». Emplean a 2 Timoteo 2.13 como base: El eterno Dios «no puede negarse a sí mismo». Es decir, tiene un solo propósito, un solo fin, y todo lo que hace apunta a ese plan que decretó.

El decreto de Dios incluye el plan eterno para su pueblo

Ese plan incluye el cuidado especial de su pueblo. Todo el Antiguo Testamento testifica de esa realidad, a la vez que incluye la manera en que disciplina a los que ama, castiga a los que le son infieles, y recompensa a los que le obedecen.[109] Ese cuidado también se muestra en la atención de Dios por su Iglesia a través de las edades, incluso hasta el presente (Mateo 28.20).

Hay un incidente tan notable en cuanto al cuidado especial de Dios por su pueblo, que el periodista Beckwith,[110] en la revista *Life* lo hizo público. Cuenta del caso (sucedido en 1950) de quince personas que fueron convocadas al ensayo de un coro musical en una iglesia de Beatrice, Nebraska. De especial interés es que todos sin excepción llegaron tarde a ese ensayo aquel primer día de marzo de 1950. Cada uno se disculpó con una razón distinta: el motor del auto no encendía; estaba escuchando un programa de radio y no quería perderme el final; no había terminado de planchar; conversaba con un amigo; o no me di cuenta de la hora. El caso es que fueron muy dichosos al no llegar a la hora prevista (las 7:15 p.m.), pues la iglesia fue totalmente destruida por una explosión a las 7:25. Cuando aparecieron, minutos más tarde, cada uno se preguntaba si lo de su tardanza fue simplemente un accidente o un obrar extraordinario de Dios. El autor del artículo calculaba que habría una probabilidad en un millón de que cada uno de los[ref]Feliz es el significado de la palabra «bendito» en 1 Timoteo 1.11.[/ref] hubiese llegado tarde esa noche. Terminó de contar el relato preguntando: «¿Fue coincidencia o un milagro de Dios?»

Al ver casos como este, propiamente podemos preguntar: ¿Interviene Dios directamente en los asuntos humanos? ¿Qué derecho tiene para hacerlo? El gran predicador, John Piper (pastor de la Iglesia Bautista Belén, en la ciudad de Minneapolis) en su obra, *Los placeres de Dios*, escribe en el prefacio:

> «Este es un libro acerca de la grata y feliz realidad que Dios siente por ser Dios. Es lo que el apóstol Pablo llamó "el evangelio de la gloria del Dios feliz". No he escrito el libro para tratar el tema de nosotros los humanos, sino para indagar sobre el porqué de nuestra creación... [Al escribir el libro] he saboreado de mil maneras las aguas de ese río en el que fluyen las gratas corrientes de los deleites de Dios. Me han llenado tanto que he deseado remar río arriba para poder llegar al punto más cercano posible a eses glorioso manantial en el que nacen esas aguas deleitosas».[111]

En su libro, John Piper trata el controversial punto que conocemos como «la elección» o «predestinación». Podríamos resumirlo en las propias palabras de Jesús: *No me elegisteis vosotros a mí, sino que yo os elegí a vosotros* (Juan 15.16). Personalmente, he oído a predicadores evangélicos que afirman que esta es «una doctrina del diablo». Es triste que se le atribuya al adversario una enseñanza que es inspirada por el mismo Dios, autor de la Biblia. No podemos descartar tan fácilmente una doctrina —aunque no nos guste— ya que tiene que ver con cada creyente —aun con los que la niegan.

Pregunta Piper: «¿Habrá alguna enseñanza bíblica importante que no haya sido controversial? No puedo pensar ni siquiera en una. Por eso afirmo que la enseñanza de la Biblia acerca de la elección es controversial, aunque creo con todo mi corazón que es indescriptiblemente preciosa y muy nutritiva para la fe...» Piper en su libro relata cómo Carlos Spurgeon llegó a aceptar esta importante verdad bíblica.

El testimonio de Carlos Spurgeon[112]

«Cuando llegué a Cristo, pensé que lo había hecho con mis propias fuerzas. Aunque busqué al Señor con toda sinceridad, no me había percatado de que Él era quien me buscó. Me parece que los recién convertidos al principio no se dan cuenta de esta interesante verdad. Puedo recordar el día y la hora en que la recibí [la doctrina de la elección] en mi alma —cuando era, como decía Juan Bunyan, cual hierro caliente que quemaba mi corazón. Recuerdo que sentí como si me hubiera convertido repentinamente de niño a adulto —y sé que desde entonces he progresado mucho en el conocimiento de las

Escrituras, como consecuencia de haber entendido de una vez y para siempre esas gloriosas verdades.

«Una noche, sentado en la casa de Dios, decidí no prestarle atención al mensaje que se predicaba [acerca de la predestinación] porque no creía en eso. De pronto, pensé: "¿Cómo llegué a ser cristiano?" "Pues, busqué al Señor", me dije. "Pero ¿por qué lo busqué?" En ese momento la verdad iluminó mi mente como una luz brillante —jamás lo hubiera buscado de no ser por una influencia previa que me hizo intentarlo. Recordé que había orado, pero entonces me pregunté: "¿Por qué tuve que orar?" Deseaba orar como consecuencia de que leía la Biblia, por lo que me dije: "¿Por qué leí la Biblia?" Sí, la había leído, pero ¿por qué? Fue así que me di cuenta de que en el fondo de todo lo que había hecho estaba Dios y que Él era el autor de mi fe. Fue así como la doctrina de la gracia de Dios se me aclaró. Y no me aparto de ella jamás. Quiero que sea mi única confesión: atribuyo a Dios únicamente todo el cambio que ha sucedido en mi vida». [113]

El apóstol Pablo, en Efesios, nos declara este decreto: *Bendito sea el Dios y Padre de nuestro Señor Jesucristo, que nos bendijo con toda bendición espiritual en los lugares celestiales en Cristo, según nos escogió en él antes de la fundación del mundo, para que fuésemos santos y sin mancha delante de él, en amor habiéndonos predestinado para ser adoptados hijos suyos por medio de Jesucristo, según el puro afecto de su voluntad* (1.3-5). Pablo bendice a Dios por esta verdad, a la vez que declara lo bendecido que somos por ella.

Pablo recalca:

> *En él asimismo tuvimos herencia, habiendo sido predestinados conforme al propósito del que hace todas las cosas según el designio de su voluntad, a fin de que seamos para alabanza de su gloria* (Efesios 1.11,12).

Ejemplos bíblicos

Para mostrar que esta enseñanza no es algo que algunos calvinistas inventaron, hagamos un recorrido por la Biblia. Veremos en las referencias bíblicas que Dios ha actuado en forma definida, clara y segura para escoger a los que quiere que le sirvan. Además de ello, observaremos lo bendecido que fueron esos individuos y el pueblo de Israel al ser escogidos por Dios.

En toda la Biblia vemos el proceso divino de la elección. Desde el mismo principio, la raza humana es dividida en dos: los que temen a Dios, en la línea de Set (Génesis 4.25-26; 5.1-32), y los impíos, los del linaje de Caín (Génesis 4.17-24). Cuando ambas descendencias comienzan a unirse, Dios enjuicia la tierra, pero escoge por gracia a Noé y su familia, y solo ellos se salvan (Génesis 6). Después del diluvio, Dios pronuncia su bendición sobre Sem y Jafet, pero maldice a Canaán (Génesis 9.25-26). De los hijos de Sem, escoge a Abraham (Génesis 12). Rechaza a Ismael, pero escoge a Isaac (Génesis 17.19-21; 21.12-13). De los hijos de Isaac, escoge a Jacob y desprecia a Esaú (Génesis 25.23). De los hijos de Jacob, a los doce se les asignan deberes especiales, pero a Judá se le da la primacía (Génesis 49).

Mientras que a todas las demás naciones del mundo las deja seguir por sus propios caminos de iniquidad, escoge a Israel como su posesión —no debido a sus méritos, sino sencillamente a su gran amor (Deuteronomio 4.37; 7.6-8; 8.17; 9.4-6; 10.15; Ezequiel 16.1ss; Amós 9.7), del que nos dice Jeremías que era desde la eternidad pasada (Jeremías 31.3).

Veamos a algunos de estos con más detalle:

Abraham

Así dice Jehová, Dios de Israel: Vuestros padres habitaron antiguamente al otro lado del río, esto es, Taré, padre de Abraham y de Nacor; y servían a dioses extraños. Y yo tomé a vuestro padre Abraham del otro lado del río, y lo traje por toda la tierra de Canaán, y aumenté su descendencia (Josué 24.2-3).

Tú eres, oh Jehová, el Dios que escogiste a Abram, y lo sacaste de Ur de los caldeos, y le pusiste el nombre Abraham (Nehemías 9.7).

La nación de Israel entera

Porque eres pueblo santo a Jehová tu Dios, y Jehová te ha escogido para que le seas un pueblo único de entre todos los pueblos que están sobre la tierra (Deuteronomio 14.2).

Así ha dicho Jehová el Señor: El día que escogí a Israel, y que alcé mi mano para jurar a la descendencia de la casa de Jacob, cuando me di a conocer a ellos en la tierra de Egipto, cuando alcé mi mano y les juré diciendo: Yo soy Jehová vuestro Dios (Ezequiel 20.5).

Ahora pues, oye, Jacob, siervo mío, y tú, Israel, a quien yo escogí. Así dice Jehová, Hacedor tuyo, y el que te formó desde el vientre, el cual te ayudará: No temas, siervo mío Jacob, y tú, Jesurún, a quien yo escogí (Isaías 44.1-2).

Dios escogió a David

Entonces David respondió a Mical: Fue delante de Jehová, quien me eligió en preferencia a tu padre y a toda tu casa, para constituirme por príncipe sobre el pueblo de Jehová, sobre Israel (2 Samuel 6.21).

Eligió a David su siervo, y lo tomó de las majadas de las ovejas; de tras las paridas lo trajo, para que apacentase a Jacob su pueblo, y a Israel su heredad (Salmos 78.70-71).

Dios eligió a Zorobabel

En aquel día, dice Jehová de los ejércitos, te tomaré, oh hijo de Salatiel, siervo mío, dice Jehová, y te pondré como anillo de sellar; porque yo te escogí, dice Jehová de los ejércitos (Hageo 2.23).

Dios escogió a Salomón

Después dijo el rey David a toda la asamblea: Solamente a Salomón mi hijo ha elegido Dios; él es joven y tierno de edad, y la obra grande; porque la casa no es para hombre, sino para Jehová Dios (1 Crónicas 29.1).

Escogió salvar a los gentiles

En el Nuevo Testamento igualmente Dios eligió a los gentiles, entre los que componen Su iglesia: *Por tanto os digo, que el reino de Dios será quitado de vosotros, y será dado a gente que produzca los frutos de él* (Mateo 21.43).

Y caerán a filo de espada, y serán llevados cautivos a todas las naciones; y Jerusalén será hollada por los gentiles, hasta que los tiempos de los gentiles se cumplan (Lucas 21.24).

Porque no quiero, hermanos, que ignoréis este misterio, para que no seáis arrogantes en cuanto a vosotros mismos: que ha acontecido a Israel endurecimiento en parte, hasta que haya entrado la plenitud de los gentiles (Romanos 11.25).

Bendito sea el Dios y Padre de nuestro Señor Jesucristo, que nos bendijo con toda bendición espiritual en los lugares celestiales en Cristo, según nos escogió en él antes de la fundación del mundo, para que fuésemos santos y sin mancha delante de él (Efesios 1.4).

Ejemplos del Nuevo Testamento

En el Nuevo Testamento observamos el proceso de elección de individuos por parte de Dios:

Y si el Señor no hubiese acortado aquellos días, nadie sería salvo; mas por causa de los escogidos que él escogió, acortó aquellos días (Marcos 13.20).

Así, los primeros serán postreros, y los postreros, primeros; porque muchos son llamados, mas pocos escogidos (Mateo 20.16).

El Señor le dijo: Ve, porque instrumento escogido me es este, para llevar mi nombre en presencia de los gentiles, y de reyes, y de los hijos de Israel; porque yo le mostraré cuánto le es necesario padecer por mi nombre (Hechos 9.15-16).

Ninguno que milita se enreda en los negocios de la vida, a fin de agradar a aquel que lo tomó [escogió] por soldado (2 Timoteo 2.4).

No me elegisteis vosotros a mí, sino que yo os elegí a vosotros, y os he puesto para que vayáis y llevéis fruto (Juan 15.16).

John Piper nos aclara un punto interesante:

«Puesto que la iglesia no es un grupo étnico como Israel, Dios no elige a una nación nueva, más bien el Nuevo Testamento habla de la elección de individuos por parte de Dios, para que crean y lleguen a ser participantes del pueblo redimido por Él».[114]

¿Por qué tanta objeción a esta doctrina?

Esta doctrina se demuestra claramente en la Biblia. La objeción tiene que ver con el concepto del libre albedrío. La idea es que si Dios nos escoge antes de la fundación del mundo, entonces no podemos ser libres para escogerlo o rechazarlo. No se acepta el hecho de que nuestro problema no yace en nuestra libertad para actuar, sino en nuestra habilidad para cambiar lo que somos. Hodge afirma:

«La habilidad consiste en el poder de la persona para cambiar su estado subjetivo, de hacerse preferir lo que no le agrada, de actuar en una situación de manera opuesta a los deseos y preferencias coexistentes en su corazón. Por tanto, el hombre es tan libre ahora como lo fue antes de la caída, ya que escoge y decide lo que agrada a su corazón. Sin embargo, perdió toda su habilidad para obedecer la ley de Dios, porque su corazón pecaminoso no está sujeto a esa ley, y como humano que es no tiene capacidad para cambiarlo.[115]

Para tener capacidad de escoger a Dios, debemos contar con una fuerza más poderosa que nosotros. Precisamente, esa es la fuerza que nos da el Espíritu de Dios. Esto se lo explica Jesús a Nicodemo cuando éste pregunta cómo puede uno «nacer de nuevo» siendo ya un hombre. Jesús le responde: *El que no naciere de agua y del Espíritu, no puede entrar en el reino de Dios. Lo que es nacido de la carne, carne es; y lo que es nacido del Espíritu, espíritu es.*

Pablo explica igualmente esa obra renovadora del Espíritu Santo al decir: *Él os dio vida a vosotros, cuando estabais muertos en vuestros delitos y pecados* (Efesios 2.1). Esa vida es lo que se entiende con la palabra regeneración. Sin ese obrar especial del Espíritu en nuestros corazones no tenemos la fuerza (habilidad) para preferir a Dios, antes que al pecado.

Los que niegan la elección necesariamente rechazan lo que nos dice Romanos 3: *Como está escrito, no hay justo ni aun uno; no hay quien entienda. No hay quien busque a Dios ... no hay quien haga lo bueno, no hay ni siquiera uno.* La enseñanza es ineludible: El hombre sin Cristo no puede hacer lo bueno, no puede buscar a Dios. Los que niegan la elección, con su propia negación declaran que los muertos en sus pecados sí pueden buscar a Dios, que a pesar de lo que dice la Biblia, tienen la habilidad para responder al llamado divino.

Es obvio que hay una contradicción. O la Biblia nos está mintiendo, o los que enseñan tales cosas están errados. Ahí radica el dilema y ahí la contradicción.

Un ejemplo de los que niegan la elección

Los que se oponen a la predestinación y la elección plantean la siguiente argumentación:[116]

«Inmediatamente que uno se convierte en cristiano, viene a ser "escogido" para Dios. Él entonces emite un decreto legal en favor del creyente, por el cual lo adopta como hijo». En base a esta idea, en Juan 1.12, plantean que: *Mas a todos los que le recibieron les dio potestad de ser hechos hijos de Dios.*Esto es derecho legal.

Ahora bien, como esto solo ocurre luego que uno recibe a Jesucristo, es lógico afirmar que la predestinación depende de convertirse en cristiano, un elegido (*eklectos*), por lo que Pablo les dice a los efesios:

Habiéndonos predestinado para ser adoptados hijos suyos por medio de Jesucristo (Efesios 1.5).

Aunque es una buena idea, la Biblia dice que nos escogió antes de la fundación del mundo, y no después de aceptar a Cristo, como señala Stanton Richardson. Además, el texto de Juan 1.12 no niega la elección, pues ¿cuál es esa potestad mencionada, sino la obra del Espíritu Santo dándole vida al que no tiene poder para creer por su propia fuerza?

Tampoco el momento cronológico en el que uno llega a Jesucristo es contrario a la predestinación. Jesús dice: *El viento sopla de donde quiere, y oyes su sonido; más ni sabes de dónde viene, ni a dónde va; así es todo aquel que es nacido del Espíritu* (Juan 3.8). Quién se salva y el momento en que se salva no depende del individuo, sino de ese viento del Espíritu —cuando Él sopla, cuando Él toca el corazón, cuando Él le da al pecador esa habilidad (poder o potestad) espiritual para que pueda creer y ser salvo.

Es a cuenta de esta indispensable obra del Trino Dios (como Jesús indica, el agente es el Espíritu Santo) en el corazón del pecador que Jesucristo dice: *Ninguno puede venir a mí, si el Padre que me envió no le trajere...* (Juan 6.44) y añade: *Por eso os he dicho que ninguno puede venir a mí, si no le fuere dado del Padre* (Juan 6.65).

San Pablo corrobora esta verdad. Cerca de la ciudad de Filipos, junto a un río, el apóstol dice que hablaron a las mujeres que se habían reunido. Cuenta acerca de Lidia, la única que se convirtió, diciendo:

Y el Señor abrió el corazón de ella para que recibiera lo que Pablo decía (Hechos 16.13,14).

Tal como enseñaba Martín Lutero:

«Cuando Dios obra en nuestras vidas, la voluntad nuestra es modificada por la dulce influencia del Espíritu Santo. Esa voluntad desea y actúa, ya no por compulsión, sino por su propio deseo, en forma espontánea. Esa inclinación ya no puede ser impedida por ninguna oposición; ni dominada ni persuadida ni siquiera por las puertas del infierno; al contrario, ahora desea y ama lo bueno y lo justo así como anteriormente deseaba y amaba lo malo y lo perverso».[117]

Jesús explica por qué tal obra del Espíritu es necesaria, indicando que sin ella la gente no puede creer. Dice: *El que es de Dios* [renacido por la obra del Espíritu Santo] *las palabras de Dios oye; por esto no las oís vosotros, porque no sois de Dios* (Juan 8.47). Y sigue explicando: *pero vosotros no creéis, porque no sois de mis ovejas, como os he dicho* (Juan 10.46). Cuando Él dice «*no sois de mis ovejas*», ¿no se estará refiriendo a la elección, es decir, a los que no eran predestinados? ¿No es esta la explicación más lógica?

He tenido la oportunidad de trabajar con la Asociación Evangelística Billy Graham en varias de sus campañas. En la última que participé, en el Estadio Ramón Clemente de Puerto Rico, sucedieron cosas fascinantes, se sintió verdaderamente la presencia de Dios. Una de esas cosas ocurrió con el tiempo lluvioso que imperaba. El primer día de la reunión, el cielo estaba nublado, con clara indicación de que iba a llover. Nos reunimos y oramos y con fervor, pidiéndole a Dios que detuviera la lluvia, pues era un estadio descubierto.

Llegó la ora de ir al estadio y todos los integrantes del equipo evangelístico montamos en el bus que nos llevaría al lugar del evento. Al sentarme podía observar a los demás que iban entrando. En eso subió el que le servía de traductor a Billy Graham con un enorme paraguas. Me le acerqué y le dije: «Hace unos minutos te escuché implorándole al Señor que no lloviera. Hasta te oí decir: "En el nombre de Jesús pido que la lluvia no venga". Y ahora, ¿para qué ese paraguas? ¿Qué clase de fe tienes? Mira, ¡nadie más lleva uno!» Así de débil es nuestra fe. Y si tan débil es la fe de un creyente «fuerte», ¿cómo será la de un incrédulo? Dios tiene que actuar a su favor, si es que se ha de salvar.

Por cierto, todos los días llovía antes y después del culto, pero nunca durante la reunión. Aparte de la lluvia, lo otro que noté fueron los que pasaron al frente para recibir a Cristo. Recuerdo que varias noches, cuando se hacía el llamamiento, vi a varias personas que me parecían buenas candidatas al cielo, y oré que pasaran al frente. ¡Ninguna de ellas pasó!

Me sorprendió que a veces pasaba al frente alguno de los que estaban sentados al lado de la persona por la que yo oraba. Me preguntaba: «¿Por qué este, y no aquel por el que oré?» Al instante me vino a la mente el texto de Romanos: *No los que son hijos según la carne son los hijos de Dios, sino los que son hijos según la promesa ... para que el propósito de Dios conforme a la elección permaneciese, no por las* obras sino por [Dios] *el que llama* (Romanos 9.8,11). No soy yo el que elijo.

Por ser Dios, es Él quien tiene derecho de escoger a quien quiera salvar.

El ejemplo irrefutable que da el apóstol es el de Jacob y Esaú. Nos muestra el principio doctrinal indicando que antes de haber nacido, antes de haber hecho ni bien ni mal, Dios amó a Jacob y aborreció a Esaú.

«¡No es justo!» pensamos.

Pablo anticipa nuestra reacción y afirma con corrección: *Oh hombre, ¿quién eres tú para que alterques con Dios? ¿Dirá el vaso de barro al que lo formó: ¿Por qué me has hecho así? ¿O no tiene potestad el alfarero sobre el barro, para hacer de la misma masa un vaso de honra y otro de deshonra?*

El autor Luis Berkhof añade:

> «Dios decidió no solamente que acontecieran [las obras de la elección] sino que Él mismo haría que sucedieran, ya fuera de inmediato como en la creación, o por medio de causas secundarias que continuamente son mantenidas por el poder divino».[118]

La gran objeción que se tiene contra la predestinación es que viola el libre albedrío de los hombres: «¡El hombre es el que debe poder elegir su destino eterno! ¡Dios no tiene derecho de interferir con las decisiones de una persona libre!», son las afirmaciones más frecuentes que se oyen por parte de los opositores de esta doctrina.

Pareciera que han creído la mentira de Satanás cuando tentó a nuestros primeros padres: «¡Seréis como dioses!» ¿Será posible que de veras creamos que nuestras decisiones están por encima de las de Dios? Es tiempo de que dejemos a Dios ser Dios y aceptemos la realidad de que somos seres finitos, débiles e incapaces de decidir nuestro futuro eterno sin su intervención directa.

Así se describen los decretos de Dios

Prestemos atención a lo que los estudiosos de la Biblia nos dicen sobre el tema. Si ponemos a un lado el emocionalismo y buscamos con sinceridad lo que la Biblia dice respecto al tema, podremos evaluar mucho mejor la verdad. Para ayudarnos tomaremos lo que algunos de los mejores eruditos evangélicos enseñan.

Charles Caldwell Ryrie

En la teología clásica, hay tres palabras que se emplean para tratar este tema: decretos, designios y planes. Charles Caldwell Ryrie, profesor emérito de Teología Sistemática de Dallas Theological Seminary, dice:

«El vocablo "designio" nos pone ante la vista el término "arquitecto", el cual es útil al hablar de esta doctrina. Dios es el Arquitecto de un plan que incluye todas las cosas, aunque en una variedad de relaciones. Los planes de los arquitectos son detallados. También lo es el de Dios. Al construir un edificio, los expertos pueden predecir que cierto número de obreros sufrirá heridas y, en algunos casos, es posible que un pequeño porcentaje de ellos incluso pierda la vida. Estas penosas estadísticas se incluyen en la planificación del edificio; no obstante, no podemos responsabilizar al arquitecto por las heridas ni por las muertes (suponiendo que se tomen medidas de seguridad) que puedan suceder. El descuido, la negligencia de las normas y aun la violación de estas medidas son, por lo general, las causas de los accidentes, pero, ¿de quién es la culpa? De los individuos descuidados o negligentes. Así también ocurre con el plan de Dios, fue designado de forma que la responsabilidad del pecado recaiga sobre el individuo, aun cuando Dios lo haya incluido de manera consciente».[119]

Millard J. Erickson

Este distinguido profesor de teología se levanta al oeste de los Estados Unidos como uno de los baluartes de la fe cristiana histórica. Bautista de trasfondo, enseña teología en la Universidad Baylor, en el *Western Seminary* de Portland, Oregon. Es el teólogo que más fuertemente ha luchado contra las enseñanzas de nuevos eruditos que simulan ser evangélicos, pero que abogan por versiones de la Teología del proceso o *Free Will Theism* [teísmo libre], y sostienen ideas relativas a un Dios absolutamente receptivo.

Erikson prefiere la frase «plan de Dios», en vez de «los decretos de Dios» o del «designio de Dios». Él indica:

«Podemos definir el plan de Dios como su eterna decisión asegurando que todas las cosas serán cumplidas... Pudiéramos pensar en Dios como el entrenador de un equipo deportivo que ha concebido un plan para el juego a realizar. Es parecido a un estudiante que planea su trabajo con cuidado para el año de estudio completo, de modo que pueda cumplir con todos los requerimientos de los cursos a realizar... La Biblia contiene muchas enseñanzas ricas en cuanto al plan divino... En el Antiguo Testamento, ese plan está atado a los pactos que Dios hizo con su pueblo. Al leer acerca de todo lo que Él hizo, escogiendo y cuidando a su pueblo, sobresalen dos verdades. Por un lado, Dios es supremamente poderoso, el creador y sustentador de todo lo que existe. Por otro, es el Dios amoroso, bondadoso... no es un Dios abstracto, sino un ser amoroso.

»Para los escritores del Antiguo Testamento, pareciera inconcebible que algo pudiera suceder fuera de la voluntad y obra de Dios... También en el Nuevo Testamento el plan divino se observa en forma relevante. Jesús vio los acontecimientos de su vida, tanto del presente como del futuro, cual cumplimiento de ese plan. Jesús afirmó que Dios había planeado no solo los grandes y complejos acontecimientos, como la caída y la destrucción de Jerusalén (Lucas 21.20-22), sino también las cosas menos significantes en apariencia, como la apostasía, la entrega de Judas y la fidelidad de los otros discípulos (Mateo 26.24; Marcos 14.21; Lucas 22.22; Juan 17.12; 18.9).

Arthur W. Pink

Si le quitáramos a Dios el control de lo que sucede en el mundo, si Él no interviniera, ¿qué clase de mundo tendríamos? El teólogo A.W. Pink nos dice:

«Como argumento inicial, digamos que cada hombre llega al mundo con una voluntad totalmente libre, y que sería imposible obligarlo a algo sin destruir su libertad. Digamos, además, que todo hombre posee cierto conocimiento de lo bueno y lo malo, y que tiene poder para escoger entre ambas cosas, por lo que es completamente libre para decidir el rumbo de su vida.

»¿Qué sucedería? Tendríamos que decir que el hombre es soberano, porque hace lo que quiere y es el arquitecto de su futuro. En tal caso, sin embargo, no habría seguridad de que, al pasar el tiempo, cada persona llegara a rechazar lo bueno para escoger lo malo. Bajo esas condiciones no habría garantía de que la raza humana no cometería suicidio moral llegado el momento. Si quitáramos todo freno divino para dejar al hombre en libertad absoluta, todas las distinciones éticas desaparecerían. El hombre se convertiría en un salvaje e imperaría un verdadero pandemónium».[120]

A. Hodge

Hijo del famoso Charles Hodge, profesor de Teología Sistemática en Princeton a principios del siglo 19, llegó a ser pastor en el pueblo de Fredericksburg, a mediados del mismo siglo. Para ayudar a su congregación a conocer las grandes verdades bíblicas, los domingos por la noche predicaba acerca de distintos temas doctrinales, entregando a los que asistían unas preguntas con las respuestas. Imagínese lo extenso de la serie, el libro con estos bosquejos tiene 650 páginas. Lo siguiente nos da buen ejemplo de su método:[121]

> «¿Cuáles son los decretos de Dios? Los decretos de Dios son su eterno, incambiable, santo y sabio propósito soberano, incluidas todas las cosas que eran y serían en sus causas, condiciones, sucesiones y relaciones, que determinan su seguro cumplimiento. Los diversos contenidos de este único y eterno propósito son, a cuenta de nuestras limitadas facultades, necesariamente concebidos por nosotros en aspectos parciales y en relaciones lógicas, por lo que los denominamos "decretos"».

R.C. Sproul

El Dr. Sproul es conocido como uno de los teólogos más reconocidos en la actualidad. Además de enseñar Teología Sistemática en varios seminarios, dirige Ligonier Ministries, un ministerio que ayuda al laicado evangélico a comprender las verdades más importantes de la Palabra de Dios.

Entre sus obras más importantes tenemos *Las grandes doctrinas de la Biblia* (publicada por LOGOI, Inc.), en la que de forma clara y amena repasa 101 doctrinas fundamentales de la fe cristiana. Entre estas tenemos: «La voluntad de Dios», de la que extraemos lo siguiente:

> «Cuando nos referimos a la voluntad de Dios... hablamos de un concepto más amplio que se conoce como la voluntad

secreta, decretal o soberana de Dios. Los teólogos utilizan esta expresión para referirse a la voluntad expresa mediante la cual Dios, en su soberanía, ordena todo lo que ha de suceder. Como Él es soberano y su voluntad no puede ser frustrada, podemos tener la certeza de que nada ocurre fuera de su control. Al menos, debe "permitir" que suceda lo que ha de suceder. Pero incluso cuando Dios permite pasivamente que ocurran las cosas, decide permitirlas en la misma medida de su potencialidad para evitarlas e intervenir en ellas. En la medida que permite que las cosas sucedan, "está disponiendo" de ellas en cierto sentido».

Gerald Bray

Durante doce años Gerald Bray sirvió como maestro de Teología y Filosofía en Oak Hill College, Londres. Aunque es anglicano, se identifica con los que siguen la fe evangélica histórica. Su libro, *The Doctrine of God* [La doctrina de Dios], publicado por InterVarsity, es una sólida y magnífica obra, en la que defiende con fuerte argumentación las grandes doctrinas clásicas de Dios. Para nuestros propósitos, escogemos una interesante porción en la que responde a la pregunta: ¿Por qué no todas nuestras oraciones a favor de la conversión del mundo son contestadas?[122] Bray acota:

«Casi nunca se reconoce, a pesar de que su lógica es clara, que el universalismo es una negación total del libre albedrío, ya que la premisa principal es que todo el mundo se va a salvar, quiéranlo o no. Los que sostienen esa premisa se basan en 2 Pedro 3.9, donde dice que no es la voluntad de Dios que todos perezcan, sino que todos tengan vida eterna, lo cual vinculan a la doctrina de la elección. ¡Qué irónico! Muchos de los que siguen esta teología rechazan al calvinismo. Aceptan aquella doctrina que es más extrema y rígida que ninguna otra, ya que prescribe uno y el mismo destino para todo el mundo sin distinción. La respuesta de Calvino, a este tipo de lógica, era que la voluntad de Dios tiene dos aspectos: uno revelado y otro oculto. De acuerdo con Calvino, Dios reveló la extensión universal de su amor por la humanidad perdida, al extremo de decir que nadie está excluido anticipadamente de la posibilidad de responder al evangelio; pero en el aspecto oculto del corazón de Dios, Él ya determinó quién responderá bien y quién no... Si reconocemos que la "voluntad" pertenece a la naturaleza de Dios y a la de los seres humanos, y si aceptamos que Él no obra en nosotros a través de ese medio, entonces comprenderemos que ni la voluntad divina ni la nuestra son el factor primario y decisivo en nuestra redención. Esto siempre se ha aceptado en cuanto a la voluntad humana (al menos los calvinistas), y es el testimonio de grandes creyentes como Pablo, Agustín, Lutero y C.S. Lewis, que nos cuentan que fueron salvados en contra de su voluntad. Fue después que se encontraron con Dios que su voluntad rebelde fue vencida... El factor determinante en la conversión no es la sumisión de la voluntad, cosa que ocurre como consecuencia de la regeneración, y a través de las pruebas que se viven, sino cuando se tiene un encuentro real con Dios».

Conclusión

A este punto de nuestro estudio algunos aún pensarán: «¡No es justo! ¿Por qué determina Dios que unos se salven y otros perezcan?»

No hay manera de considerar estas cosas desde la perspectiva humana y hallar satisfacción plena. Lo que nos satisface, a pesar del misterio, es la Palabra de Dios.

Pareciera que la idea de Carlos Darwin acerca de «la supervivencia de los más fuertes», tiene cierta validez.[123] Hay lugares en el mundo donde nacen miles de niños, pero solo unos pocos sobreviven. Fíjense en los millones de personas que luchan, trabajan y, con el sudor de su frente, buscan mejorar sus condiciones de vida, y observen a un reducido número de ricos que viven de los frutos de esas labores. Como dice Herman Bavink: «El mundo no es ordenado de acuerdo a la ley farisaica de labor y recompensa; el mérito y la riqueza no tienen nada que ver entre sí. Igual ocurre con la esfera sublime de la gracia de Dios...»[124] El apóstol Pablo lo confirma con claridad: «*Porque por gracia sois salvos por medio de la fe; y esto no de vosotros, pues es don de Dios; no por obras, para que nadie se gloríe. Porque somos hechura suya, creados en Cristo Jesús para buenas obras, las cuales Dios preparó de antemano para que anduviésemos en ellas*».

PLEGARIA

Cobarde llego a vuestra real presencia,
porque culpados dicen que acaricia,
temblando, ay Dios, si la he de hallar propicia
por ser envejecido en mi dolencia.

Llego viéndoos con brazos de indulgencia;
temo viéndoos con vara de justicia;
huyo de vos a vos en mi malicia,
y apelo de vos a vos en mi sentencia.

Para que me convierta, convertidme;
porque no huya, a vuestros pies clavadme,
y pues herido estáis, Señor, heridme.
Oveja vuestra soy, Pastor, buscadme;
pródigo vuelo, Padre, recibidme,
y pues que sois Jesús, Jesús salvadme.

—José de Valdivieso
(español, 1560-1638)

Más que maravilloso

Capítulo 10: Dios en grandiosa trinidad

*Si es Dios el que ha hecho este mundo, yo no querría ser Dios;
la miseria que hay por todas partes me destrozaría el corazón.*
— Arthur Schopenhauer, Filósofo alemán
1788-1860

Se cuenta de un anciano teólogo del siglo XVI llamado Alanús que le prometió a su congregación un sermón sobre la Trinidad. Un día, meditando en el tema, caminó a orillas del mar. Allí encontró un niño que escarbaba la arena.

— ¿Qué haces? —le preguntó el teólogo.

— Estoy cavando un hoyo —respondió el pequeño.

— Y ¿para qué lo estás haciendo tan grande? —volvió a preguntar el anciano.

— Para que quepa todo el mar en él —concluyó el niño.

Alanús se sonrió, percatándose de que sus propios esfuerzos por comprender y explicar al trino Dios se parecían al falaz intento del niño.

¿Quién puede entender la majestuosa grandeza de Dios, Aquel que ni cielo ni tierra pueden contener? El mismo Dios, sin embargo, nos invita a conocerlo:

> El Espíritu y la Esposa dicen: Ven. Y el que oye, diga: Ven. Y el que tiene sed, venga; y el que quiera, tome del agua de la vida gratuitamente (Apocalipsis 21.17).

En los capítulos anteriores presentamos, con nuestra limitada capacidad, varios aspectos maravillosos de nuestro glorioso Dios. En este tratamos el más complicado de todos: Dios es tres personas en un solo Dios. Afirmamos que aun cuando esta doctrina es superior a la razón, no la contradice —aunque requiere fe para creer en ella. Al respecto, hay un dicho que reza: *Donde es demasiado hondo para andar, la fe puede nadar*. Con seguridad, en varias partes de este capítulo, tendremos que nadar. Sin más ni menos, demos comienzo al asunto.

Primero, busquemos una definición. León el Grande[125] (390-461) dio una de las más resumidas al definir a la Santa Trinidad así: *Un Dios sin división en una trinidad de personas, y tres personas inconfundibles en una unidad de esencia*. Esa breve frase de León nos da a entender lo complicado que es la paradoja. Veremos que es una excelente definición porque contiene los elementos básicos de lo que es Dios. Pero, ¿cómo entenderla y qué es lo que comprende? Trataremos de ilustrarla a la vez que la explicamos.

Antes, sin embargo, contaré una experiencia que tuve en Ecuador. Allí, en una iglesia rural, conocí a un hombre ciego con quien entablé amistad. Me preguntó cómo había llegado, ¿a pie, en burro o a caballo? Al decirle por avión me metí en un problema, ya que tal aparato era totalmente ajeno a su conocimiento (apenas sabía lo que era un auto). ¿Cómo hablarle de un aparato gigantesco cargado de gente que volaba como un pájaro, cuando nunca siquiera había visto un ave?

Para explicar el concepto de la Trinidad, el problema que enfrentamos es parecido. No hay nada en nuestro entendimiento que se acerque a lo que es Dios.

Esfuerzos por ilustrar la Trinidad

Al hablar de la Santa Trinidad es común empezar dando ilustraciones de figuras trinitarias. Hallaremos muchas, pero ninguna con lo que llamaremos una «triple personalidad» —si pudiera emplearse este término—,que sea de la misma substancia como la que tiene Dios. Advertimos que toda analogía queda corta en cuanto a su objetivo. Para saber quién y cómo es el Trino Dios dependemos totalmente de la revelación bíblica. Igualmente, al ilustrar una que otra trinidad, establecemos que creer en un Dios Trino no es algo irrazonable ni absurdo, pues existen varios casos de trinidades.

Las más antiguas ilustraciones nos vienen de los Padres de la Iglesia del segundo siglo.[126] Extrayéndolas de la Biblia, señalaron, por ejemplo, que el número tres es muy prominente; que el universo se divide en cielo, tierra y la región debajo de la tierra; que la humanidad se divide en tres grupos raciales que provienen de los tres hijos de Noé; que el tabernáculo tiene tres divisiones. Además, que hay tres grandes fiestas judías; que el ministerio de Jesucristo fue solo de tres años; que tres son las grandes virtudes y que hay tres tipos de concupiscencias; y, para nombrar una última, son tres las personas mencionadas en la bendición apostólica: el Padre, el Hijo y el Espíritu Santo.

Otros siervos de Dios de antaño también sacaron ilustraciones trinitarias de la naturaleza. Justino Mártir (100-165 d.C.), por ejemplo, hablaba de que una llama de fuego enciende a otra, y que esta a su vez puede prender a otra, y siempre sigue siendo la misma llama. Tertuliano (160-225 d.C.) hablaba de un manantial que formaba un arroyo, y luego se convertía en río.

Más adelante, los teólogos medievales buscaron sistemas trinitarios en cosas parecidas. Por ejemplo, San Agustín (354-430 d.C.) decía que: «todo lo que existe tiene esencia, unidad y medida. Pero esa existencia difiere de otras cosas, ya que posee su propia identidad y fácilmente puede distinguirse de otras especies. Sin embargo, aquello que tiene forma común con otros objetos, pero que se puede distinguir de los demás, es porque retiene un elemento de relación, de correspondencia y de unidad».[127] ¿Ven hasta qué grado de complejidad llegaban los argumentos y las ilustraciones?

En nuestros días son más simples aunque, como ya mencionamos, ninguna contiene una «triple personalidad» cual la de Dios. Por eso es que todas las ilustraciones fallan. Sin embargo, lo valioso de ellas es que nos hacen pensar en términos trinitarios. Además, son interesantes:

Una torta: Podemos dividirla en tres partes iguales, de modo que cada una represente al Padre, al Hijo y al Espíritu Santo. El problema es que el Padre no es una tercera parte de Dios, ni tampoco lo es el Hijo, ni el Espíritu Santo. *Él es un Dios sin división.*

El agua: Puede presentarse en sus tres estados: líquido, sólido o gaseoso, pero solo de una manera a la vez; mientras que el Padre, el Hijo, y el Espíritu Santo son cada una personas independientes, a la vez que son exactamente de la misma esencia, y todo exhibido a la misma vez —un Dios en *una unidad de esencia.*

El árbol: es constituido por raíz, tallo y ramas. El tallo procede de la raíz, y las ramas del tallo y las raíces. Es un tipo de trinidad, pero también nos deja insatisfechos, ya que una raíz puede existir por un tiempo sin el tallo y sin los gajos, pero Dios nunca existió sin el Hijo y sin el Espíritu Santo: Él es el eterno Dios *sin división en una trinidad de personas.*

Se dice que nuestras ilustraciones de la Trinidad podrán muy bien satisfacer parcialmente el entendimiento de los hombres, pero nunca explicarán de manera precisa la naturaleza de Dios.

El Dr. Nathan Wood, que fuera presidente de Gordon College en Boston, EE.UU., ve varias trinidades en la naturaleza cuyo valor es hacernos conscientes de la gran importancia de ellas. Para ello las explica presentándolas en fórmulas sencillas:

Universo = espacio, tiempo, materia. Quítese un solo elemento y ya no hay «universo». Los tres elementos son los que forman al universo y son igualmente esenciales.

Espacio = largo, ancho y alto. Elimínese un elemento y el «espacio» deja de ser. Cada parte es de igual importancia para que el espacio exista.

Tiempo = pasado, presente y futuro. Cada parte es de igual y esencial valor. (Luego de usar estas ilustraciones, el Dr. Wood afirmaba la necesaria existencia de Dios en forma trinitaria y la consecuente interdependencia que tiene que haber entre las tres personas —al omitir una persona ya no se trata de Dios.)

Dios = Padre, Hijo y Espíritu Santo. Aquí se ve la particularidad de cada Persona y la indispensable interdependencia en la Trinidad: «El Padre no se ve excepto cuando se hace visible en el Hijo. El Hijo es lo que vemos, oímos y conocemos [128] [véanse 1 Timoteo 1.15-19; Hebreos

1.1-3]. Siempre personifica al Padre, día tras día, hora tras hora, momento tras momento [Juan 14.9]. Siempre revela al Padre que, de otra manera, sería invisible [Juan 1.18]. El Padre lógicamente es primero, pero no en el aspecto cronológico. Porque el Hijo existe desde que el Padre existe, ya que estaba con el Padre en toda la eternidad pasada.

El Espíritu a su vez procede del Padre y del Hijo. Él no encarna al Hijo, más bien procede silenciosa, eternal e invisiblemente de Él, haciendo efectiva su obra de redención».

Nuestro Dios UNO es

La Biblia no usa el término *trinidad*. Este surge de nuestro vocabulario para indicar el concepto de «tres elementos en uno», cosa que vemos en el proceso de la revelación progresiva de la Biblia. En el Antiguo Testamento tenemos solo una prefiguración de esta doctrina; más adelante, en el Nuevo, se despliega claramente.

Por ejemplo, el «*Logos*» de Dios (Juan 1.1) es personificado en pasajes del Antiguo Testamento que hablan de Dios en términos de «Palabra» o de «Sabiduría» (Salmos 33.6, 9; Job 28.23,28; Proverbios 8.22, etc). También están los textos que tratan del «Espíritu de Dios» (Génesis 1.2; Salmos 139.7; Job 26.13; 33.4; Isaías 63.10, etc.). Otros pasajes claramente indican que hay más de una Persona en Dios (Salmos 33.6; Isaías 61.1; 63.9-12; Hageo 2.5,6). Además, hay textos que indican que hay distinciones dentro del ser divino (Génesis 19.24; Salmos 45.7; 110.1; Oseas 1.7). En Números tenemos el texto que repite la palabra «Jehová» tres veces, de lo que se infiere la bendición del Padre, del Hijo y del Espíritu Santo: *Jehová te bendiga, y te guarde; Jehová haga resplandecer su rostro sobre ti, y tenga de ti misericordia; Jehová alce sobre ti su rostro, y ponga en ti paz*. Es así que a través de la historia bíblica del Antiguo Testamento se va aclarando el dicho de León el Grande, que tenemos «un Dios sin división en una trinidad de personas, y tres personas inconfundibles en una unidad de esencia.»

Podríamos preguntar, ¿por qué este proceso? A lo que respondemos: ¿Quién conoce la mente de Dios? Al mismo tiempo, ciertas conclusiones parecen apropiadas. Dios quiso que esta revelación se nos presentara en cuatro pasos progresivos, al menos:

El hombre necesita reconocer que existe un Dios verdadero: *Porque lo que de Dios se conoce es evidente entre ellos [toda la humanidad], pues Dios hizo que fuese evidente. Porque lo invisible de Él —su eterno poder y deidad — se deja ver desde la Creación del mundo, siendo entendido en las cosas creadas* (Romanos 1.19).

El hombre necesita saber que Dios es Uno. Tanto en el Antiguo Testamento como en el Nuevo la enseñanza es clara. Se afirma en Deuteronomio 6.4: *Escucha, Israel: Jehová nuestro Dios, Jehová uno es*. Igualmente se declara en Marcos 12.29: *Jesús le respondió: El primero es: Escucha, Israel: El Señor nuestro Dios, el Señor uno es* (véanse textos afines como Deuteronomio 4.35,39; 1 Reyes 8.60; Isaías 45.5,6; Zacarías 14.9; Marcos 12.29-32; Juan 17.3; 1 Corintios 8.46; 1 Timoteo 2.5). La naturaleza divina no está dividida ni es divisible. Repetimos, la idea trinitaria, aunque no se expone con claridad, fluye a través de todo el Antiguo Testamento. En Génesis vemos a Dios como Creador, pero se nos presenta el «Espíritu de Dios» moviéndose sobre la faz de las aguas. Al crear al hombre dice: «*Hagamos al hombre a nuestra imagen*», usándose la forma plural al tratarse de Dios. Otra vez en Génesis 6 se nos dice: «*No contenderá para siempre mi Espíritu con el hombre*». El Salmo 2 afirma que Dios tiene un Hijo: «*Jehová me ha dicho: Tú eres mi Hijo; yo te engendré hoy*» (Véanse Isaías 9.6; Miqueas 5.2; Números 27.28; Salmos 51.11; Isaías 40.13; 48.16).

El hombre necesita conocer los atributos y el carácter de Dios tal como lo revela la Biblia. Dios es bondad, amor, santidad, justicia y verdad. En las páginas del Antiguo Testamento vemos sus grandiosos atributos a través del trato de Dios con la humanidad, además se ven en su ley y en todos sus juicios. Dios es incomparable en su carácter: *Jehová, Jehová, Dios compasivo y clemente, lento para la ira y grande en misericordia* (Éxodo 34.6).

El hombre necesita conocer la esencia, es decir, la composición de nuestro Dios. Él es un Dios: Padre, Hijo y Espíritu Santo, «*tres personas inconfundibles en una unidad de esencia*». Dios esperó hasta la encarnación de su Hijo para aclarar esta revelación trinitaria. Para que pudiéramos entenderla, primero tuvo que manifestarse en su Hijo (Juan 14.8-11), enseñanza que se asume en todo el Nuevo Testamento.

Vemos también a un Dios en tres personas en el bautismo de Jesús (la voz del Padre, el Espíritu que desciende como una paloma y el Hijo que es bautizado). Después del Aposento Alto, en las explicaciones que da a los discípulos, Jesús claramente habla del Padre y del Espíritu Santo. Además, se ven los tres juntos en la conocida fórmula bautismal (Véanse Mateo 3.16-17; Romanos 8.9; 1 Corintios 12.3-6; 2 Corintios 13.14; Efesios 4.4-6; 1 Pedro 1.2; Judas 20-21; Apocalipsis 1.4-5). Todo el Nuevo Testamento revela «*un Dios sin división en una trinidad de personas, y tres personas inconfundibles en una unidad de esencia*».

«Lo glorioso de esta doctrina de la Trinidad —dice Herman Bavinck— consiste en que esta unidad absoluta no excluye, sino que demanda diversidad. Dios como ser no es una unidad ni una idea abstracta, sino una plenitud [en tres personas] de esencia, una infinita abundancia de vida, cuya diversidad se contempla en esa magnífica unión».[129] Por la grandeza de cada una de las tres Personas y por las distinciones gloriosas que poseen, debemos considerar a cada una de ellas independientemente.

Dios el Padre

La búsqueda del conocimiento de Dios trae tremenda satisfacción. «*Esta es la vida eterna, que te conozcan a ti, el único Dios verdadero, y a Jesucristo, a quien has enviado*»(Juan 17.3). No es una búsqueda infructuosa, que nos deja abrumados y desilusionados, como la que sintieron los exploradores españoles que salieron de España en busca de El Dorado.

Como nos indica Jorge Orlando Melo en su Historia de Colombia,[130] los exploradores Juan de la Cosa y Américo Vespucio cruzaron el Atlántico, de Sevilla a lo que ahora es Colombia, en busca de ricos tesoros. Uno muy codiciado era llamado El Dorado. Grande fue su desengaño, pero no fue solo de ellos sino de muchos otros marineros que en vano lo buscaron, pues ese tesoro aparentemente era una leyenda de los indígenas.

Dios, al contrario, no es un mito. Ni es una leyenda. No es un invento de la imaginación humana. Ni es simplemente una idea que el hombre ha creado sencillamente porque necesita creer en algo más grande que él, para así poder explicar los fenómenos de la vida. En realidad, todo lo que existe requiere de un Dios. Solo el necio dice en su corazón: *No hay Dios* (Salmo 14.1). Los cielos cuentan Su gloria, dan evidencia de que existe un hábil y sagaz Creador. Por tanto, nos entusiasma el hecho de que podemos explorar la Biblia, donde Él se revela, para descubrir sus grandes virtudes.

Leemos que Dios el Padre es el Supremo Creador, el Padre, el Gobernador de todo, y el justo Juez de todos los hombres. La Biblia nos lleva a afirmar que es infinitamente santo y bueno, que es perfecto en amor, que es el Señor del cielo y de la tierra. Reconociendo verdades como esas, proclamamos: *Señor, digno eres de recibir la gloria y la honra y el poder; porque tú creaste todas las cosas, y por tu voluntad existen y fueron creadas* (Apocalipsis 4.11).

Además, hemos aprendido que Dios es *el bienaventurado y solo Soberano, Rey de reyes, y Señor de señores, el único que tiene inmortalidad, que habita en luz inaccesible; a quien ninguno de los hombres ha visto ni puede ver, al cual sea la honra y el imperio sempiterno. Amén* (1 Timoteo 6.15-16).

El punto más importante acerca de Dios nos lo da su Hijo Jesucristo al enseñarnos que Dios es nuestro «Padre». Esta es una insigne revelación, verdad que nos da inmensa satisfacción, gozo y seguridad. Es a cuenta de esa realidad que podemos levantar nuestra vista al cielo y decir con confianza y seguridad: *Padre nuestro que estás en los cielos...*

Pero, ¿en qué sentidos es Dios «Padre»?

En primer lugar, podemos entenderlo en términos de su relación con la creación: Él es «*Dios de los espíritus de toda carne*» (Números 16.22). También, como les señala el apóstol Pablo a los atenienses, Él es Padre de todos los seres humanos: *Porque en Él vivimos, y nos movemos, y somos; como algunos de vuestros propios poetas también han dicho: Porque linaje suyo somos* (Hechos 17.28). Es, además, llamado el Padre de Israel: *¿No es Él tu padre que te creó? Él te hizo y te estableció* (Deuteronomio 32.6). Para nosotros que hemos sido adoptados por Cristo, Dios en forma muy especial es nuestro *Padre amante*. Por mediación de su Hijo nos ha hecho parte de su familia en una relación eterna.

Hay otro punto de interés al tratar el tema del Padre. En toda la Biblia Él ocupa el puesto de preeminencia. Por ejemplo, el Padre toma la iniciativa en los actos creativos: *Por la palabra de Jehová fueron hechos los cielos, y todo el ejército de ellos por el aliento de su boca* (Salmos 33.6). En Él está la autoridad y el poder: *Tuyo es el reino, y el poder, y la gloria, por todos los siglos* (Juan 6.13). San Pablo añade: *Las cosas invisibles de Él, su eterno poder y deidad, se hacen claramente visibles desde la creación del mundo* (Romanos 1.20). El que toma la iniciativa en cuanto a nuestra redención es el Padre: *De tal manera amó Dios al mundo, que ha dado a su*

Hijo unigénito, para que todo aquel que en Él cree, no se pierda, mas tenga vida eterna (Juan 3.16). Es a Él que se le atribuyen los gloriosos atributos de justicia (véanse Génesis 18.25; Deuteronomio 32.4; Juan 17.25; Romanos 3.26; 2 Timoteo 4.8), perfección, sabiduría, inmortalidad, y luz inaccesible (Mateo 19.17; Romanos 16.27; 1 Timoteo 6.16).

Dice el gran teólogo holandés, Herman Bavinck:

> «Dondequiera [en la Biblia] que al Padre se le da el nombre de Dios, en términos de economía divina, indica que Él es el primero. Es como un título oficial, que indica su posición y su rango; algo parecido a las distinciones que hay entre los hombres en cuanto al orden social y el honor que reciben, aun cuando todos pertenecen a la misma raza humana».[131]

Aunque tales verdades acerca del Padre nos maravillan, Dios nos hace saber otra que es aun más sublime. Por sobre toda otra relación, Dios es el Padre de Jesucristo, la *Segunda Persona de la Trinidad*. El apóstol Pablo afirma en Romanos 15.6: *Para que unánimes, a una voz, glorifiquéis al Dios y Padre de nuestro Señor Jesucristo*. En 2 Corintios 1.3 leemos: *Bendito sea el Dios y Padre de nuestro Señor Jesucristo*. Igualmente en Gálatas 1.1 y en Efesios 1.3. Es por esta relación tan especial con su único Hijo que llegamos a conocer a Dios como Padre.

Jesús explica esa relación: *Todas las cosas me fueron entregadas por mi Padre; y nadie conoce al Hijo, sino el Padre, ni al Padre conoce alguno, sino el Hijo, y aquel a quien el Hijo lo quiera revelar* (Mateo 11.27; véanse también Lucas 22.29; Juan 2.16; 5.17; 20.17). Esta enseñanza realza la respuesta de Jesús a Felipe en Juan 14.6-13:

> *Felipe le dijo: Señor, muéstranos el Padre, y nos basta. Jesús le dijo: ¿Tanto tiempo hace que estoy con vosotros, y no me has conocido, Felipe? El que me ha visto a mí, ha visto al Padre; ¿cómo, pues, dices tú: Muéstranos el Padre? No crees que yo soy en el Padre, y el Padre en mí? Las palabras que yo os hablo, no las hablo por mi propia cuenta, sino que el Padre que mora en mí, Él hace las obras.*

Solo conocemos al Padre a través del Hijo.

Esta relación de Hijo-Padre no comenzó cuando Jesús vino al mundo, en realidad trasciende lo temporal, es eterna y de propiedad sumamente personal: *Ahora pues, Padre, glorifícame tú al lado tuyo, con aquella gloria que tuve contigo antes que el mundo fuese* (Juan 17.5). *Más tarde dice: Padre, aquellos que me has dado, quiero que donde yo estoy, también ellos estén conmigo, para que vean mi gloria que me has dado; porque me has amado desde antes de la fundación del mundo* (Juan 17.24).

No podemos enfatizar esta relación demasiado. Es tan íntima, inseparable, tan amorosa y activa, que nos da la llave para entender la unidad tan absoluta y perfecta que existe en la Trinidad.

A pesar de la grandeza de Dios el Padre, las Escrituras nunca dicen que Él es el único Dios. En ninguna parte se crea una antítesis entre el Padre, por un lado, el Hijo y el Espíritu Santo por el otro. Debemos, pues, indagar en cuanto a las otras dos personas que también son Dios.

Jesucristo el Hijo es Dios

Cada año celebramos el aniversario del nacimiento de Jesús. ¿Acaso tendrá solo 2000 años de edad? Recordemos cuando el ángel Gabriel fue enviado por Dios a María para darle la nueva de que tendría un hijo. Confundida por la noticia, la virgen preguntó: *¿Cómo será esto? pues no conozco varón*. La respuesta de Gabriel es importantísima para la doctrina de Dios: *El Espíritu Santo vendrá sobre ti, y el poder del Altísimo[del Padre] te cubrirá con su sombra; por lo cual también el Santo Ser que nacerá, será llamado Hijo de Dios* (Lucas 1.34 y 35).

«¡Hijo de Dios!», ¿qué quiere decir la Biblia con ese nombre tan especial? Esta fue la gran controversia que ocupó a la iglesia y a los teólogos del siglo cuarto.

En cierto sentido, no es el nombre dado a un descendiente del rey David que a su tiempo llegó a ser adoptado como Hijo de Dios; tampoco es «Hijo de Dios» por la manera maravillosa en que nació de la virgen; de ningún modo es, como suelen algunos decir, el «Hijo de Dios» solo en un sentido ético; ni tampoco llegó a ser —como afirmaba Arrio (250-336 d.C.),[132] y hoy afirman los Testigos de Jehová —el «Hijo de Dios» como resultado de una declaración del Padre a consecuencia de su vida meritoria. Al contrario, el nombre afirma una relación eterna y única con el Padre.

San Agustín decía: «Él es el Hijo de Dios por naturaleza y desde toda la eternidad». Aclara que no fue a causa de su condición de Deidad que llamó a Jesús el «Hijo de Dios», sino por una identificación Padre-Hijo, una relación literal, particular y eterna. Conocemos esa relación porque fue revelada por el mismo Dios Padre.[133] Es de esa relación de igualdad que Atanasio hablaba:[134] Declaraba que por ser de la misma esencia y de la misma substancia del Padre, Cristo era verdadero Dios de verdadero Dios.

Así lo anunció el profeta Miqueas (5.2) cuando profetizó acerca de Belén Efrata: *De ti saldrá el que será Señor en Israel; y sus salidas son desde el principio, desde los días de la eternidad.* Igual lo afirma el escritor a los Hebreos: [Dios el Padre] *constituyó [a su Hijo] como heredero de todo, y por quien asimismo hizo el universo; el cual* [es] *el resplandor de su gloria, y la imagen misma de su substancia, y quien sustenta todas las cosas con la palabra de su poder, habiendo efectuado la purificación de nuestros pecados por medio de sí mismo, se sentó a la diestra de la Majestad en las alturas* (Hebreos 1.2-3).

No solo se establece que Jesús es el eterno Hijo de Dios, además leemos que Él es:

El Hijo amado en el cual el Padre tiene complacencia (Mateo 3.17; 17.5; Marcos 1.11; 9.7; Lucas 3.22; 9.35).

El unigénito Hijo de Dios (Juan 1.18; 3.16; 1 Juan 4.9).

El Hijo de Dios exaltado por encima de los ángeles y profetas (Mateo 13.32; 21.27; 22.2).

El Hijo que tiene una relación única con su Padre (Mateo 11.7).

El Hijo de Dios sobre toda otra cosa (Romanos 8.32).

El eterno Hijo de Dios (Juan 17.5, 24; Hechos 1.5; 5.5).

Vemos también que es igual al Padre en su conocimiento (Mateo 11.27); en su honor (Juan 5.23); en su poder creativo y redentor (Juan 1.3; 5.21,27); en sus obras (Juan 10.30); en su dominio (Mateo 11.27; Lucas 10.22; 22.29; Juan 16.15) y en su eternidad (Isaías 9.6). Todas estas declaraciones claramente indican que Él no es un ser inferior, creado, sino igual a Dios el Padre.

Además de ser «Hijo de Dios», Jesucristo también es llamado el «*Logos*». Palabra, razón, discurso o comunicación son los significados que se le dan a la palabra *logos*. Es Juan el apóstol quien más usa *Logos* como el nombre de Jesucristo. Lo observamos en los primeros versículos de su evangelio: *En el principio era el Verbo [**Logos**], y el Verbo era con Dios, y el Verbo era Dios. Este era en el principio con Dios. Todas las cosas por él fueron hechas, y sin él nada de lo que ha sido hecho, fue* *hecho ... Y aquel Verbo fue hecho carne, y habitó entre nosotros (y vimos su gloria, gloria como del unigénito del Padre), lleno de gracia y de verdad.*

Es por medio del **Logos** que el Padre se expresa. Dice el escritor a los Hebreos que el Padre *nos ha hablado por el Hijo, a quien constituyó heredero de todo, y por quien asimismo hizo el universo; el cual, siendo el resplandor de su gloria, y la imagen misma de su substancia, y quien sustenta todas las cosas con la palabra de su poder* (Hebreos 1.2-3). Vemos al **Logos** de Dios principalmente en las obras de la creación, la providencia y en la bendita obra redentora. Por la «palabra» de su boca todo es creado (Juan 1.3; Efesios 1.9-10). Por el poder de su «palabra» todo lo creado es preservado (Colosenses 1.17). Por el poder de su «palabra» nos viene toda bendición celestial (Efesios 1.3). Por el poder de su «palabra», gobierna la creación (Colosenses 1.16). Por el poder de su «palabra», un glorioso día nos llevará a una tierra nueva y a un cielo nuevo (Apocalipsis 21.1). ¡Qué maravilloso nombre, el **Logos** de Dios!

Ya que también tiene que ver con el Hijo en su relación con el Padre, hay otro nombre que debemos mencionar: al Hijo también se le llama la «*Imagen de Dios*». Esto es lo que implica la respuesta de Jesús a Felipe: *¿Tanto tiempo hace que estoy con vosotros, y no me has conocido, Felipe? El que me ha visto a mí, ha visto al Padre; ¿cómo, pues, dices tú: Muéstranos el Padre?* (Juan 14.6-13)

San Pablo escribiendo a los Colosenses les dice que *Cristo es la imagen del Dios invisible, el primogénito de toda creación* (1.15). También lo repite en 2 Corintios 4.4: *Cristo, el cual es la imagen de Dios.* La misma expresión la encontramos en Hebreos 1.3: [Cristo Jesús] *el resplandor de su gloria, y la imagen misma de su substancia* (Hebreos 1.3).

Del Padre leemos que es el bienaventurado y solo Soberano, Rey de reyes, y Señor de señores, el único que tiene inmortalidad ... *habita en luz inaccesible*. Se nos enseña que ninguno de los hombres [lo] *ha visto ni puede ver* (1 Timoteo 6.15-16). Por tanto, si hemos de conocer a Dios, solo será al ver a Cristo, ya que Él es la imagen de Dios. En otras palabras, el Hijo porta la imagen del Padre. Concluimos, entonces, que solo por medio de Jesucristo es que conocemos al trino Dios.

¿Es al reunir toda esta información bíblica que descubrimos la interacción entre el Padre y el Hijo? ¿Y qué en cuanto al Espíritu Santo? San Pablo señala: *Por tanto, nosotros todos, mirando a cara descubierta como en un espejo la gloria del Señor, somos transformados de gloria en gloria en la misma imagen, como por el Espíritu del Señor* (2 Corintios 3.18). No solo debemos comprender el misterio de la relación del Hijo con el Padre, para poder entenderlo necesitamos la mediación del Espíritu Santo. ¿Cómo es Él, entonces, la tercera persona de la Trinidad?

El Espíritu Santo es Dios

El nombre «Espíritu Santo» se origina por el modo de subsistencia que obviamente tiene la tercera persona de la Trinidad. Procede del Padre a la vez que procede también del Hijo, por lo cual su esencia es intrínsecamente divina. Por eso se le llama el Espíritu de Dios y también el Espíritu de Cristo. Este Espíritu, a su vez, tiene su propia identidad e individualidad como Persona divina. El nombre significa *viento* o *aliento*. Él es el aliento del Todopoderoso (Job 33.4; Salmos 33.6). Él es el principio inmanente de toda vida en todo lo creado.

Jesús, hablando del Espíritu Santo, enfatiza esa verdad: *El viento sopla de donde quiere, y oyes su sonido; mas ni sabes de dónde viene, ni a dónde va.* Él no es el espíritu de un hombre, ni de ninguna otra criatura, sino que singularmente es el Espíritu de Dios (Salmos 51.12; Isaías 63.10-11). Así como exhalamos aliento por nuestra boca, de forma parecida el Espíritu Santo procede del respiro de Dios y con ese aliento preserva todo lo que existe. Es en este sentido que la tercera Persona de la Trinidad es llamada Espíritu de Dios, Espíritu del Padre o Espíritu del Señor (Génesis 1.2; Isaías 11.2; Mateo 10.20); como también Espíritu de Cristo o Espíritu del Hijo (Romanos 8.2, 9; 1 Corintios 2.6, 2 Corintios 3.17, 18; Filipenses 1.19; Gálatas 3.2, etc.).

Es a causa de estas declaraciones que los padres de la iglesia, particularmente en el cuarto siglo, hablan de la «procesión del Espíritu».

Él procede del Padre o del Hijo. Es decir, la Biblia habla normalmente de que el Espíritu es dado, enviado, soplado o derramado por el Padre o por el Hijo (Números 11.29; Nehemías 9.20; Isaías 42.1; Juan 3.34; 14.26; 15.26; 16.7; Gálatas 4.6; Juan 20.22; Isaías 32.15; Hechos 2.17,18). En otras palabras, Él no obra independientemente. Lo que Él hace, es como respuesta a la voluntad del Padre y del Hijo.

De nuevo vemos que ninguna de las personas de la Trinidad obra aislada o independientemente. Siempre es «un Dios trino» en acción. Cuando pensamos que el Espíritu obra por sí mismo, entramos a una doctrina falsa que se llama *modalismo*. Cuando el Espíritu obra, la acción es coordinada con el Padre y el Hijo. Por ejemplo, leemos: *En el principio creó Dios los cielos y la tierra... y el Espíritu de Dios se movía sobre la faz de la tierra* (Génesis 1.1-2). Cuando el Padre obra o cuando obra el Hijo, igualmente obra el Espíritu Santo.

La Biblia muestra al Espíritu como persona, dándole atributos personales. Por eso se usa el pronombre personal al hablar de Él (Juan 15.26; 16.13,14). Él es santo; lo llaman el «Paracleto» (Juan 15.26; 1 Juan 2.1). Al Espíritu Santo se le atribuyen acciones personales: escudriña (1 Corintios 2.10); enjuicia (Hechos 15.28); escucha (Juan 16.13); habla (Hechos 13.2); enseña (Juan 14.26); intercede (Romanos 8.27); testifica (Juan 15.26).

Otro factor interesante de su obra en nosotros es que también es autor de toda oración efectiva: *El espíritu nos ayuda en nuestra debilidad; pues qué hemos de pedir como conviene, no lo sabemos, pero el Espíritu mismo intercede por nosotros con gemidos indecibles. Mas* [el Padre] *que escudriña los corazones sabe cuál es la intención del Espíritu, porque conforme a la voluntad de Dios intercede por los santos* (Romanos 8.26-27, véase también Zacarías 12.10).

La Biblia, además, afirma que el Espíritu Santo es divino. Los grandes atributos de Dios el Padre y el Hijo son igualmente atribuidos al Santo Espíritu: eternidad (Hebreos 9.14); omnipotencia (1 Corintios 12.4-6); omnipresencia (Salmos 139.7); y omnisciencia (1 Corintios 2.10). Esto destaca que el Padre, el Hijo y el Espíritu Santo son de la misma esencia. Aunque el Padre, el Hijo y el Espíritu tienen identificación independiente, la obra que hace el Espíritu es igual a la obra del Padre y la del Hijo en nosotros. El Espíritu nos habla y habita en nosotros, pero también podemos resistirlo y entristecerlo. La obra del Espíritu es, pues, indistinta a la de Dios, mostrando nuevamente que Él es uno con Dios.

Al tratarse de los dones que son impartidos a los hombres, se nos dice: *Ahora bien, hay diversidad de dones, pero el Espíritu es el mismo. Y hay diversidad de ministerios, pero el Señor* [Jesucristo] *es el mismo. Y hay diversidad de operaciones, pero Dios* [el Padre], *el que hace todas las cosas en todos, es el mismo* (1 Corintios 12.4-6). De nuevo se afirma que, aun en el caso de impartir los dones, el Espíritu obra en coordinación con el Padre y el Hijo, y no de forma independiente. La misma obra tripartita se observa en el bautismo de los que creen: *Se hace en el nombre del Padre, del Hijo y del Espíritu Santo* (Mateo 28.19). También en la bendición recibida de lo alto: *La gracia del Señor Jesucristo, el amor de Dios y la comunión del Espíritu Santo sean con todos vosotros. Amén* (2 Corintios 13.13). Por tanto, la obra del Espíritu es también la del Padre y del Hijo.

Otro aspecto interesante es que igual que el Hijo no tiene nada, ni obra, ni habla por sí mismo, sino que todo lo recibe del Padre (Juan 5.26,30; 16.15), el Espíritu recibe todo de Cristo (Juan 16.13,14). Como el Hijo glorifica al Padre (Juan 1.18; 17.4,6), también el Espíritu glorifica al Hijo (Juan 15.26; 16.14). Así como nadie viene al Padre sino por el Hijo (Mateo 11.27; Juan 14.6), nadie puede decir que Cristo es el Señor sin el Espíritu (1 Corintios 12.3). Vemos en estas aclaraciones lo entretejido que cada persona de la Trinidad está con las otras. La razón es que Dios es uno, aunque en tres personas.

El bendito Espíritu de Dios, en coordinación con el Padre y con el Hijo, es la fuente de toda bendición (Mateo 28.19; 1 Corintios 12.46; 2 Corintios 13.13; Apocalipsis 1.4). Toda vida, toda fuerza, toda bendición emana de Él. El Espíritu Santo es el autor de nuestras oraciones (Romanos 8.26). Es por ser tan bondadoso dador de todo de lo que viene del Padre y del Hijo que se nos pide no entristecerlo (Isaías 63.10; Efesios 4.30) y se nos advierte en cuanto a la blasfemia imperdonable en contra de Él (Mateo 12.31-32).

Vistos ya varios aspectos acerca de cada una de las tres personas divinas, surge la pregunta lógica: ¿Cómo pueden los tres ser uno?

Tres personas inconfundibles en una unidad de esencia

La Santa Trinidad —un Dios en tres personas— es un misterio que no podemos entender plenamente, a no ser por lo que la Biblia nos revela. No obstante, con los grandes maestros de la Biblia, podemos penetrar —hasta cierto punto— algo de ese misterio, puesto que Dios lo reveló.

Bavinck, por ejemplo, afirma: «Las tres personas no son meramente modos de expresión, sino individualidades auto suficientes e independientes... En Dios, las tres personas no son tres individuos juntos y a la vez separados, más bien son la triple auto distinción dentro del ser divino, ya que son la manifestación de la naturaleza divina en personalidades que causan el carácter tripersonal».[135]

Luego de leer esa declaración de Bavink tres o cuatro veces, entendemos que las tres personas participan de la misma esencia. Cada una tiene los mismos atributos. Cada una es Dios. Lo que se expresa con el término «persona» es que ese glorioso ser divino, el Trino Dios, se manifiesta en una triple existencia. «Es una unidad dentro de la cual se deriva una Trinidad», decía Agustín. Y advertía: «No hay tema más riesgoso para errar ni más difícil de estudiar que este, pero al mismo tiempo no hay otro cuyo descubrimiento sea más provechoso».[136]

San Agustín explica que, aun cuando las tres Personas son una en ser y esencia, difieren en su modo de existencia.[137] Aunque son una en su pensar, difieren en sus actividades. Cada Persona es idéntica a Dios, el ser completo, e igual a cada una de las otras dos; las tres operan en conjunto. Lo que se dice de Dios en cuanto a su persona se puede decir individualmente de cada una de las tres Personas. Aunque cada una se puede distinguir de la otra, en esencia son una: ¡un Dios! Debido a ello las declaraciones bíblicas referentes a Dios son, en cierto sentido, monoteístas. A la vez —y esto es lo que nos confunde— separadamente se le atribuye una naturaleza divina y sus perfecciones al Padre, al Hijo y al Espíritu Santo.

¿Cuál tiene que ser nuestra conclusión? El Padre, el Hijo y el Espíritu Santo son distintos objetos en una sola esencia divina. ¡Los tres son un Dios! Por eso podemos sostener que el modo trinitario de la divina existencia pertenece, o es intrínseco, a la esencia misma de Dios.

Como decíamos al principio: *Donde es demasiado hondo para andar, la fe puede nadar*. La materia es profunda. Su explicación complicada. Pero esta verdad trinitaria, como se expresa en la Biblia, es irrefutable.

Herejías contrarias al concepto de la Trinidad

Estas verdades acerca de la divinidad del Hijo y del Espíritu Santo no han sido aceptadas unánimemente. Varias agrupaciones las han rebatido con fuerza. El eje de la contienda yace en el concepto de un Dios en tres Personas. Todos los que se oponen a la doctrina de la Trinidad establecen como punto de partida que hay un solo Dios. Reconocen la importancia de Jesús y del Espíritu Santo, pero rechazan la idea de su coigualdad con el Padre. Su planteamiento es que hay un solo Dios, indivisible. Creen que es imposible que haya tres personas que son Dios, pues esto da pie a pensar en tres dioses. Ese rechazo produce un efecto que resulta en cinco herejías clásicas.

La primera surge entre los llamados «subordinacionistas».[138] Esta agrupación data de fines del primer siglo. Entre quienes la sostenían estaban Justino Mártir, Tertuliano, Clemente y Orígenes. Enseñaban que Jesús era inferior al Padre, por tanto subordinado a este, ya que solo el Padre es Dios. Estos padres de la Iglesia escribieron profundos tratados; en particular, acerca del Padre y Jesucristo, pero debido a sus conclusiones colocaron al Hijo y al Espíritu Santo en un plano inferior al al Padre.

Es importante recordar el crecimiento del cristianismo en el tercero y cuarto siglos. El poderoso general Constantino se convierte al evangelio tras una visión de la cruz —símbolo cristiano— en el año 312. Ya como emperador del imperio ordena plena libertad de culto. Pocos años después, con el emperador Teodosio (380 d.C.), emite el Edicto de Tesalónica declarando «la religión de Pedro» como el credo oficial del Imperio Romano —¡el mundo había sido conquistado por los pacíficos cristianos! Pero por popular que llegue a ser el cristianismo, esto no lo aísla de los falsos maestros y sus herejías.

La segunda herejía nace en Alejandría, Egipto, en el año 318. Surge una fuerte disensión entre un predicador llamado Arrio (280-336 d.C.) y un pastor, nombrado Alejandro, con su asistente Atanasio. Estos últimos convocan a un grupo de iglesias (sínodo) y excomulgan a Arrio por sus falsas enseñanzas. Pronto se formaron dos bandos, uno que respaldaba a Arrio y otro que se unió a Alejandro y Atanasio. Arrio y sus colegas llevaron las ideas de los subordicionistas a un nivel más grave. Toda la contienda gira alrededor de la persona de Jesucristo. Arrio negaba que Jesús es de la misma substancia o esencia del Padre. Aceptaba que el llamado Hijo de Dios era más que un mero hombre; pero enseñaba que este fue creado por el Padre y que ocupaba un lugar intermedio entre Dios y el hombre. Afirmaba que no hay una Trinidad como tal, y acusaba a los que sostenían esas doctrinas de proclamar la existencia de tres dioses. Claramente declaraba que el Hijo no es eterno, sino solo preexistente, y que llegó a ser divino por una declaración de Dios. (Los llamados Testigos de Jehová son los que hoy día afirman estas enseñanzas.)

El socinianismo del siglo dieciséis es la tercera herejía. Para sus seguidores, el Espíritu Santo es meramente una energía divina, sin personalidad, y Jesucristo es un simple hombre. Santo, pero creado por Dios en María mediante una concepción milagrosa. Sostenían que Él no era preexistente, más bien fue creado para proclamar a la humanidad una nueva ley. Al completar esa tarea, fue llevado al cielo donde se convirtió en partícipe de una gracia divina especial. Estas ideas nacieron con teólogos de Polonia en el cuarto siglo y de ahí fueron difundidas por Alemania y Europa.

El salto del socianismo al unitarianismo de los siglos dieciséis y diecisiete fue corto. Entonces se proyectó a Jesús solo como un simple hombre, quitándole toda su divinidad, aunque se aceptaba que era un gran ejemplo de virtud y piedad. Eliminaron la enseñanza de Jesús como Hijo de Dios de sus doctrinas cristianas. (Los liberales de nuestros días siguen ese mismo camino, y están en busca del «verdadero Cristo histórico», pues no aceptan el testimonio bíblico.) Esas conclusiones racionalistas acerca de Jesús y su relación con el Padre acabaron con la necesidad de la gracia divina para el hombre pecador. Por lo mismo, tampoco necesitan del Espíritu Santo.

Es interesante observar que las herejías requieren un tiempo de formación para adoptar apariencia de doctrina y, además perduran por siglos. Antes del arrianismo nació, a principios del tercer siglo, el sabelianismo (también llamado modalismo o patripasianismo). Con esta falsa doctrina surge otra rama herética. Igual que los arrianos, niegan la doctrina de la Trinidad, pero difieren con ellos en cuanto a sus conclusiones acerca del Padre, del Hijo y del Espíritu Santo. Mientras que los arrianos niegan la divinidad del Hijo y del Espíritu Santo, los sabelianos la aceptan. Su error consiste en concluir que el único y solo Dios se revela en la historia en tres modalidades: primero como Padre (al crear los cielos, la tierra y todo lo que en ellos hay); luego como Hijo (para salvar al hombre caído); y ahora como Espíritu Santo (para dirigir a su Iglesia). En otras palabras, el Padre, el Hijo y el Espíritu Santo son simplemente tres nombres para el mismo ser.

Ya que procede de nuestro mundo hispano —España— debemos mencionar a un médico español llamado Miguel Servet (1511-1553). Este vivió en los tiempos de la Reforma y sus enseñanzas fueron rebatidas fuertemente por Juan Calvino. Servet fue un serio seguidor de los sabelianos. Analizó, estudió y razonó las conclusiones de esa doctrina, y vilipendió las relativas a la Trinidad, llamándolas triteístas, y ateas. Acusó a los trinitarios de producir «un monstruo con tres cabezas», y «un Dios dividido en tres partes».

La tesis de Servet era que Dios no puede ser dividido, y que para mantener la divinidad de Cristo y del Espíritu Santo uno nunca debe hablar de «personas», sino de «disposiciones», de «manifestaciones» o de «modos divinos», ya que el único que es verdaderamente divino es el Padre. Dios es uno, proclamaba Servet, pero en Cristo se revela como Padre, Hijo y Espíritu. Ellos se relacionan entre sí en una manera similar a como se hace con el cuerpo y el alma y la actividad que estas dos producen.

Es interesante observar que esta teología de Servet sirvió como canal para las modernas teorías filosóficas trinitarias. Por ejemplo, la de Emanuel Kant, que decía que la verdadera religión es esa fe en Dios que le acepta como el santo Dador de la Ley, como el buen Gobernador del mundo, y como el justo Juez de la tierra (aunque reconocía que el Padre, en su trinidad sustituía otras cosas en lugar del Hijo y del Espíritu Santo).[139]

Como podemos imaginarnos, estas enseñanzas antagónicas a la doctrina bíblica sobre el Dios Trino llevaron a los teólogos ortodoxos a profundizar en la Palabra de Dios, buscando lo que ella realmente revela. Sabemos que la Biblia no nos declara una doctrina sobre la Trinidad claramente formulada. Nos da, sin embargo, todos los elementos necesarios para establecer con firmeza que Dios es un Dios en tres personas.

Atanasio entregó su vida por defender la divinidad de Cristo. A él se unieron Basil, Gregorio de Nicea, Gregorio Naziense. Asimismo Agustín, con incomparable profundidad, expuso la enseñanza bíblica acerca de la Trinidad en una exposición que abarca 15 tomos titulados *De Trinitate*, y que constituye la obra definitiva de la Iglesia Cristiana sobre el tema de la Santa Trinidad. Hasta hoy nadie iguala ese escrito en profundidad, extensión, argumentación y comprensión. Por ello la cristiandad aceptó que la esencia de Dios mora igualmente en cada una de las tres personas de la Trinidad, Padre, Hijo y Espíritu Santo.

Y una nota importante acerca de la historia de la Iglesia Cristiana: Alejandro, Atanasio y sus colegas (en el Concilio de Trento, en 325) en vez de usar argumentos salidos de la razón o de la imaginación, afirmaron la verdad acerca de la divinidad de Cristo el Hijo de Dios apegándose a citas y pasajes de la Biblia, aclarando el sentido de las palabras usadas en el texto bíblico.

Estos postulados, conocidos como el Credo de Atanasio, fueron aceptados por el Concilio como las verdades enseñadas de la Biblia acerca de Dios el Padre, Dios el Hijo y Dios el Espíritu Santo.

Posteriormente, en el Concilio de Calcedonia (378-454), la Iglesia las recibió como enseñanzas bíblicas claras y definitivas. Los arrianos, aunque siguieron protestando, tuvieron que aceptar que eran herejes.

Así fue como se reconoció en la temprana historia del cristianismo que la Iglesia fiel a la Palabra de Dios se levanta o se cae según la aceptación o el rechazo de la deidad de Cristo y del Espíritu Santo, formando junto con el Padre, la Santísima Trinidad. Desde entonces, así como no se puede concebir al sol independientemente de la luz, la iglesia cristiana no puede concebir al Padre sin el Hijo ni sin el Espíritu Santo.

Importancia de esta doctrina

¿Por qué le damos tanta importancia a esta doctrina de la Trinidad? Veamos algunas razones. Si Dios se revela como Trino, es porque quiere que así le conozcamos. Ese deseo se debe a su gran amor por nosotros, su creación. ¡Parece paradójico! Pensar que el santo, puro, inescrutable Dios —Padre, Hijo y Espíritu Santo— nos ama a nosotros, seres pecadores, débiles, imperfectos, llenos de problemas y de necesidades es algo grandioso. Además, ese amor es inquebrantable (Romanos 8.35). Para poder responder a esa clase de amor, por supuesto, es indispensable que procuremos conocer a cada una de las tres Personas, tal como se revelan en las Escrituras.

Es más, para entender con claridad el plan de redención es esencial que Dios sea Trino. Si no lo fuera, ¿cómo explicaríamos la encarnación, la muerte y la resurrección de Jesucristo? ¿Cómo entenderíamos a Cristo, ahora sentado a la diestra del Padre? ¿Cómo apreciaríamos la obra terrenal del Espíritu Santo como nuestra guía y Consolador? *Porque de tal manera amó Dios* [el Padre] *al mundo, que ha dado a su Hijo unigénito* [la segunda persona de la Trinidad], *para que todo aquel que en Él cree* [por la obra soberana del divino y Santo Espíritu] *no se pierda, mas tenga vida eterna.*

Esta doctrina también nos ayuda a conocernos a nosotros mismos. Juan Calvino explicó que sin conocer a Dios, el Creador, es imposible conocernos a nosotros mismos. Cuando nos consideramos tal como somos, necesariamente tenemos que mirar a quien nos hizo, al que está detrás, delante, encima y debajo de nosotros (Salmos 139.7-12). Por tanto, si somos hechos a su imagen, ¿cómo entenderemos nuestra humanidad y espiritualidad sin conocer al que nos hizo, especialmente por el simple hecho de que se ha revelado a nosotros y quiere que le conozcamos?

Además, el Trino Dios mora en los que hemos respondido a su bendito llamado de salvación. Ahora somos templo de Dios (1 Corintios 3.16). ¡Insólita verdad esta, que ¡el Trino Dios mora en sus hijos! *Por lo cual estoy convencido de que ni la muerte, ni la vida ... ni ninguna otra cosa cr*eada nos podrá separar del amor de Dios, que es en Cristo Jesús, Señor nuestro (Romanos 8.38-39).

Finalmente, esta sublime verdad nos hace anhelar el cielo. Pues ahora, al comprender limitadamente al Padre que tanto nos amó, anhelamos ir a ese glorioso lugar eterno que nos espera. Allí llegaremos a conocerle completa e íntimamente. Si ahora Dios es grandioso, ¿cómo será cuando estemos en su presencia celestial? Ahora lo conocemos, aunque sea a través de un velo oscuro. Pero vendrá el día en que el velo presente que lo esconde será quitado. En verdad, si aquí en la tierra, pese a nuestra condición de pecado e imperfección, podemos disfrutar gloriosamente del Trino Dios, ¿cómo será en el cielo?

Conclusión

Al llegar a la conclusión de este breve estudio sobre la Trinidad espero que entendamos mejor la definición de León el Grande: *Nuestro Dios es un Dios sin división en una Trinidad de personas, y tres personas inconfundibles en una unidad de esencia.*

Como hemos visto, León nos dio una buena definición, pero ni con un estudio como este es posible entender claramente todos los aspectos de la gloriosa majestad y magnificencia de nuestro Dios. Como Moisés tendremos que quedar satisfechos con solo «ver» sus gloriosas «espaldas» (aunque más que Moisés, tenemos los beneficios adicionales de todo lo que nos reveló Jesucristo y lo que por medio de fieles maestros de la Biblia se nos ha regalado a través de la historia de la Iglesia). A la vez, ¡todo lo poco que conocemos es mucho!

Si aquel vistazo de Dios que tuvo Moisés en su escondite entre las peñas del Sinaí satisfizo su anhelo de conocer la gloria del Todopoderoso, cuanto más debe ser el gozo nuestro por todo lo que hoy tenemos al alcance para estudiar y conocer a nuestro glorioso Dios. Tenemos su Palabra. Tenemos el extenso testimonio de su Hijo amado. Tenemos a grandes maestros que se han dedicado a ayudarnos a entender algo de este misterioso e incomparable Dios. Tenemos excelentes escritores que procuran resumir estas doctrinas en términos que podamos entender. Nos toca, pues, ponernos a trabajar, a leer, a escudriñar la Palabra, a escalar nuestro propio santo monte en busca de su majestuosa gloria.

¿Habrá más importante tarea que esa? ¿Habrá mejor deleite? ¿Habrá mayor satisfacción?

DIOS

¡Señor, en el murmullo lejano de los mares
vibrar oí tu acento con noble majestad;
oílo susurrando del monte en los pinares;
oílo en el desierto cual ronca tempestad.

Tú diste a la esperanza la forma de un hada;
Purísima inocencia le diste a la niñez;
Si diste sed al hombre, le diste la cascada;
Si hambre, dulces frutos de grata madurez.

Y diste al hombre acentos para cantar tu Hosanna
Cuando la negra noche le pide oración;
Mas calla el hombre entonces; por eso en la montaña
Los pájaros te ofrecen universal canción.

«¡Jehová!», dicen las brisas; «¡Jehová!», dice el torrente;
«¡Jehová!», dicen los Andes, y el huracán, «¡Jehová!»
Y todas las criaturas te llevan en su mente,
Porque doquier impreso tu santo nombre está.

— Abigail Lozano
(venezolano, 1821-1866)
estrofas escogidas

Capítulo 11: Dios y las pruebas de su existencia

Adoramos a un Dios en Trinidad, y Trinidad en Unidad, ni confundiendo las Personas, ni dividiendo las substancias, pues hay una Persona que es el Padre, otra que es el Hijo, y sin otro que es el Espíritu Santo: aunque la deidad del Padre, del Hijo y del Espíritu Santo es una, la gloria es igual, y la majestad co-eterna.
— Credo de Atanasio, c. 500

La rebelión primera debe ser contra la tiranía suprema de la teología, contra el fantasma de Dios. Mientras tengamos un amo en los cielos, seguiremos siendo esclavos en la tierra», decía Pedro Kropotkin (1842-1921), ateo, revolucionario ruso y teórico de la doctrina anarquista. Louis Augusto Blanqui (1805-1881) líder socialista revolucionario francés fundó un diario en 1880 que tituló: «Ni Dios, ni amo». ¿En qué manera se contestan declaraciones como esas?

Aarón Arrowsmith cuenta acerca de un filósofo incrédulo que le preguntó a un creyente: «¿Dónde está Dios?» El cristiano, con mucha sabiduría, le respondió: «Permítame contestarle con otra pregunta, ¿dónde es que no está Él?» Ante la certeza de que son muchos los que quieren deshacerse de Dios hoy, ¿podremos comprobar con seguridad que Él existe, o será —como se nos acusa— meramente algo que nosotros los cristianos inventamos?

En esta sección final consideraremos algunos de los argumentos para comprobar la existencia de Dios. Estos tratan respecto a la evidencia de la existencia de Dios independientemente de la que viene directo por revelación (es decir, por considerar y estudiar la creación o por lo que revela la Biblia). Una gran pregunta es: ¿Podemos basados en la pura razón comprobar que Dios existe? Para decirlo de otra manera: ¿Qué papel corresponde a la razón por sí sola en la investigación de la existencia de Dios?

Entre los años 1226 y 1274 vivió en Italia un filósofo, monje y teólogo que tenía por nombre Tomás de Aquino. Este llegó a ser conocido como el «Doctor Angélico», y uno de los hombres más sabios del mundo. Aquino escribió dos muy famosas obras: *Suma contra los gentiles* (publicada en 1264), en la que arguye que la razón y la fe son compatibles. Luego, en 1265, comenzó su obra cumbre, *Suma Teológica* (la que nunca completó). En esta trata la naturaleza de Dios, la moralidad y la obra de Jesucristo.

Es interesante observar que hasta que surgió Aquino, el teólogo más reconocido por la Iglesia fue Agustín de Hipona (354-430), gran proponente de la salvación solo por la fe (es el teólogo antiguo más seguido por los evangélicos). Pero en 1879, el Papa León XIII lanzó una edición nueva de los escritos de Aquino, confirmándolo como el teólogo oficial de la Iglesia, destituyendo así a Agustín.

Sea como sea, en *Suma contra los gentiles,* Aquino presenta sus famosos argumentos, dando pruebas razonadas de la existencia de Dios. Estas pruebas han sido celebradas por algunos y criticadas como insuficientes por otros.[140] Al incluirlas aquí, mi intención no es defenderlas, más bien es demostrar el tipo de argumentación filosófica que se usa para tratar cosas de índole metafísica. Es decir, convencer a un incrédulo con argumentos razonables de que Dios tiene que existir. Veremos que los argumentos son claros y fascinantes, a la vez que persuasivos. (Además, nos obligan a usar algo de nuestra materia gris, sirviéndonos de buen ejercicio mental.)

La pregunta básica, sin embargo, es: ¿Será posible persuadir a un ateo, a uno que rechaza *de facto* la existencia de Dios, de que *Él es* solo con argumentos? ¿Qué tipo de argumentos naturales tendríamos que emplear? Y, aun si lográramos contar con los mejores argumentos, ¿persuadiríamos al ateo realmente? La respuesta a la que varios pensadores cristianos han llegado es que a Dios no se le puede conocer por medio de argumentos. Él tiene que iluminar la mente antes de que el incrédulo cambie de pensar, pues este no acepta ni siquiera la idea de la existencia de Dios, ni mucho menos lo que afirma que la Biblia es la verdad infalible.

Creemos que llegamos a la fe por la gracia de Dios, y no por argumentaciones ni razonamientos de ningún tipo. Quizás algunos argumentos sirvieran para eliminar ciertas dudas, pero *la fe es por el oír y el oír por la palabra de Dios*. Además, *por gracia sois salvos por medio de la fe, y esto no de vosotros, pues es don de Dios*. Para que crea alguien que está muerto en sus delitos y pecados, Dios primero tiene que darle vida (véase Efesios 2.1). Es eso, precisamente, lo que leemos en Hechos 16.14 en cuanto al caso de la mujer llamada Lidia: *El Señor abrió el corazón de ella para que estuviese atenta a lo que Pablo decía*.

Concluimos, pues, que cualquier argumentación, por buena que sea, tiene sus graves limitaciones para llevar alguien a los pies de Jesucristo. Aunque, a la vez, tienen cierto valor apologético. Quizás la idea de nuestro incomparable Dios —unido a su bendita Palabra— no satisfaga a un intelectual, pero sacia completamente al alma sedienta que ha encontrado paz en nuestro Padre bendito. Conociendo ya, aunque sea por encima, donde radican los problemas con este tipo de argumentación, analicemos algunos de ellos, para ver lo que nos dice este filósofo del pasado.

Tomás de Aquino indica que la existencia de Dios no es evidente en sí misma (tiene que ser revelada). Una verdad es evidente (es decir, se puede aceptar) una vez que ha sido entendida, de modo que no es necesaria ninguna otra idea para aclararla. Por ejemplo, es evidente en sí que el *todo* es mayor que cada una de sus *partes*. La mente es capaz de asimilar este concepto tan pronto como capta tanto el significado como la relación de los términos *todo* y *parte*.

Digamos que asumimos que Dios es un ser infinitamente perfecto. Podríamos estudiar esta idea sin hallar jamás una razón de peso para sostener que el concepto representa un ser fuera de nuestra mente. Tal Dios no tendría necesariamente que existir, sería solo una creación de nuestro genio creativo. De acuerdo con Aquino, esta es simplemente otra manera de decir que la existencia de Dios no es de por sí evidente. Que uno piense en algo no establece que ello realmente exista. La existencia de todo ser, ente u objeto requiere comprobación.

Aquino también señala que en los escritos cristianos de la antigüedad existen indicios ciertos de que los padres de la Iglesia daban por sentado que la existencia de Dios podía deducirse aun por la simple luz de la razón, pero no todos ellos formularon razonamientos demostrativos. Aquino nos recuerda que el primer intento de una demostración racional se halla en la literatura cristiana de Atenágoras, escrita en el siglo segundo (177 d.C.). También se refiere a los razonamientos que dieron fama a San Agustín: argumentos metafísicos y teológicos sobre grados de perfección y acerca de la concepción del universo, los que fueron incorporados en el cuarto y quinto lugar en esta serie de Aquino.

Principios de evidencia propia

Aquino explica que la comprensión de los principios de identidad (contradicción y causalidad) es esencial para poder entender los argumentos que presentará a favor de la existencia de Dios.

Expliquemos esto. El principio de identidad significa que una cosa tiene que ser ella misma —tratar de negarlo y de actuar como si no fuera cierto resultaría caótico. El principio de contradicción asume que es imposible que una cosa exista y no exista al mismo tiempo —no existe un término medio entre el ser y el no ser. Ambos conceptos son tan diametralmente opuestos que si uno es cierto el otro no lo puede ser. El principio de la causalidad afirma que todo efecto tiene una causa. Con esto aclarado, el gran filósofo Aquino nos lleva a sus cinco interesantes argumentos, los cuales presentamos en una manera sencilla para una mejor comprensión:

Primero: ¿De dónde viene el primer movimiento?

El argumento del movimiento se origina en la observación de que hay cierto desplazamiento en el universo. Concluye con que existe una causa primera que inicia ese movimiento, el cual es Dios. Los argumentos que siguen no deben considerarse aislados, todos son eslabones de una cadena significativa que sostiene la conclusión final.

1. El argumento del movimiento empieza con la observación de que hay cosas que se mueven en el mundo que nos rodea, aves que vuelan, gente que camina, hojas que caen de los árboles.

2. Pero la idea de movimiento ha de entenderse como algo más que trasladarse de un lugar a otro. Una descripción mejor es

la de una actividad que progresa hacia la perfección. Un árbol que crece, un hombre que aprende, una fruta que madura son también ejemplos de cuerpos en movimiento, ya que es obvio que están adquiriendo algo que antes no tenían.

3. Un objeto no puede estar en movimiento y en reposo al mismo tiempo, ya que el reposo es ausencia de movimiento, y este es ausencia de reposo.
4. Si un objeto en movimiento estuvo una vez en reposo, es que recibió movilidad de una causa externa. Estando en reposo no podría darse a sí mismo lo que no tiene.
5. Una serie de agentes subordinados en movimiento exhiben movilidad recibida. Extender la serie no implica la presencia inicial de movimiento.
6. El movilizador que primero puso en marcha el movimiento no puede haberlo recibido de otro, pues entonces no sería más que un simple eslabón de una cadena.

La única posibilidad que queda es que ese agente movilizador esté fuera de la serie o cadena, y que su perfección no sea recibida en medida alguna. Se trata, pues, del primer motor. Como este ser no ha recibido su existencia de ningún otro, nunca tuvo un principio, siempre existió. Y si fue siempre así, es necesariamente eterno. Y si es eterno por necesidad, es infinito. Y si es un ser infinito, es Dios. Por lo tanto, el primer movilizador o agente a quién nada mueve —pero que mueve todo— es Dios.

Segundo: ¿Por qué ocurre lo que sucede?

El argumento de la causalidad empieza con la observación de que hay cosas que son efectos de causas. Esto lleva a la conclusión de que existe una causa primera no causada por otra que, como vimos, necesariamente es Dios.

1. El punto de partida del segundo argumento respecto a la existencia de Dios es el hecho de que hay cosas en el mundo que son evidentemente producto de causas eficientes. En otras palabras, tales cosas fueron hechas. Se necesita solo un ejemplo para proveer el punto de partida necesario, aunque podrían citarse millones: un edificio, un automóvil, un libro, un reloj, un aeroplano, un traje de vestir y cantidad de otras cosas que podrían caer en la misma categoría.

2. El producto o efecto usado como punto de partida de este argumento no es evidentemente la causa de sí mismo, pues una causa es distinta de su efecto. Una cosa tiene que existir antes de que pueda actuar.
3. Si la causa fuera a la vez un efecto, entonces habría sido causada por otra causa anterior. La capacidad de esta causa intermedia para producir un efecto es evidentemente una capacidad recibida.
4. Para que una causa pueda estar en verdad fuera de una serie de causas con capacidad recibida, la primera de donde emanó el poder para producir los efectos tiene que haber sido una causa no causada, ya que todas ellas tienen su poder, o recibido o no recibido. Y como nunca tuvo un principio, siempre existió. Y si siempre existió, es necesariamente eterna. Y si es eterna, es infinita. Por tanto, la primera causa no causada es Dios.

Tercero: ¿Por qué existen cosas que no necesitan existir?

El argumento de la contingencia. Este empieza con la observación de que existen cosas que no requieren existencia. Eso nos lleva necesariamente a la conclusión de que hay un ser existente. Expliquémoslo a continuación.

Un objeto puede tomarse como punto de partida para varios argumentos, pero cada uno contempla a ese objeto desde un ángulo diferente. Debemos observar cuidadosamente los diferentes puntos de partida de estos argumentos de causalidad y contingencia:

1. En el mundo que nos rodea hay cosas que ciertamente existen pero que no tienen por qué existir. Los millones de plantas y animales pertenecen a esta categoría. Nacieron, viven y, al cabo, cesan de existir —la generación y la corrupción corroboran su inestabilidad.
2. Si hubo un tiempo en que una cosa no existió, ello establece el hecho de que no es necesario que tal cosa exista. Podemos asumir lo mismo cuando una persona o animal nace o cuando un árbol germina y empieza a crecer. Antes no existían, pero ahora sí. Por ejemplo, los biólogos han calculado el tiempo en que comenzaron a existir los seres vivientes en la tierra.
3. Hay cosas que existen ahora, aunque hubo un tiempo en que no existían. Es obvio que no se dieron existencia a sí mismas,

y sería absurdo decir que una cosa puede haber actuado antes de existir.

4. Es cierto que las cosas que han recibido su existencia dependen de una fuente ajena para su perfeccionamiento, lo cual nos lleva a la conclusión de que su existencia es contingente.

5. ¿De dónde podrían haber derivado su existencia tales seres contingentes? Únicamente de un ser cuya existencia no fue recibida. Tiene pues que ser un ser que no depende de ningún otro. Al no tener principio, significa que siempre fue. Y si siempre fue, es por necesidad eterno. Y si es eterno, necesariamente es infinito. Y el único ser infinito es Dios. Por tanto, Dios es irrevocablemente el ser existente.

Cuarto: ¿Qué aprendemos de las cosas perfectas que existen?

El argumento de la perfección parte de la observación de que algunas cosas tienen perfección limitada, lo que lleva a concluir en la existencia de un ser ilimitadamente perfecto, el cual es Dios.

1. Hay en el mundo que nos rodea objetos individuales que muestran perfecciones de verdad, bondad, vida, belleza y otras. Vemos que estos objetos poseen esas perfecciones en grado limitado. Una flor, por ejemplo, ostenta una belleza limitada pues existen muchas otras cosas además de ella; el árbol, también este tiene vida limitada pues hay muchas otras cosas vivientes además de él. El grado de perfección en un objeto dado está limitado por el grado de la misma perfección que otros objetos poseen o puedan poseer.

2. Las perfecciones antes citadas son ilimitadas en sí mismas, todos los objetos bellos del pasado, el presente y el futuro no agotan la perfección de la belleza.

3. Dado que pueden existir objetos con limitada perfección, sin perjuicio y además de aquellos ya en existencia, se deduce de ello que la fuente de toda perfección no es un ser con limitada perfección. Lo imperfecto implica que existe lo perfecto. Las criaturas individualmente o en conjunto pueden tener perfección sólo en grado limitado, por lo tanto, no pueden ser la fuente de la perfección que muestran en sí mismas.

4. Ya que los seres limitados no son la fuente de su propia perfección, hemos de concluir que esta fuente es un ser

independiente y superior al universo creado, es decir, un ser cuya perfección es ilimitada.

Decir que puede ser una mezcla de perfección limitada e ilimitada sería una contradicción, el ser que posee perfección ilimitada tiene que ser ilimitado en cada aspecto de la perfección. Verdad, bondad, belleza, vida, etc. Este ser infinitamente perfecto es otra manera de expresar a Dios, por lo tanto, Dios existe.

Quinto: ¿Qué se deduce del gobierno del mundo?

El argumento del gobierno del mundo parte de la observación de que las cosas sin inteligencia —el sol, la luna, la tierra y todo lo creado— actúan en forma ordenada y sistemática como si obedecieran un plan calculado y bien pensado.

1. Hay muchas cosas que actúan por lo general o siempre de la misma manera y con cierta o exacta regularidad —la salida del sol cada veinticuatro horas, la aparición de la luna, las estaciones del año.
2. En ese actuar, hay intencionalidad. Por ejemplo, el sol causa o produce el vapor que se transforma en nubes que lo condensan para luego precipitarse en forma de lluvia sobre los pastos que hacen crecer la yerba. Esta, a su vez, alimenta a las vacas que dan la leche que mezclamos con el cereal en las mañanas. Tal intencionalidad tiene que venir de una inteligencia.
3. Este actuar en lo creado no puede ser accidental o fortuito, tiene que proceder de una inteligencia que dirige todo lo que sucede en el mundo. Solo un poder inteligente, capaz de pensar y razonar, puede gobernar al mundo de una forma tan perfecta.

Algo que no tiene capacidad para pensar no puede perseguir un fin, a no ser que esté dirigido por alguien dotado de conocimientos e inteligencia; por tanto, existe un ser que es inteligente que dirige a este mundo y a todas las cosas naturales a su fin. A este ser lo llamamos Dios.

Con estas cinco pruebas, Aquino pensó que comprobaba que Dios existe en el dominio de la realidad.

Muchos filósofos creen que el teólogo agotó las pruebas teístas. Niegan que con ellas pudiera comprobar la existencia de Dios, declarando que ya no hay que intentar nada más al respecto. Nosotros afirmamos lo contrario. Estas «pruebas» fortalecen nuestra fe y confirman lo evidente de la existencia de Dios. Hagamos, por lo tanto, los intentos que podamos para crear otras pruebas. A continuación, basados en el mismo procedimiento, presentamos dos más:

¿Qué nos dicen las cosas perfectas que existen?

El argumento del designio parte de la observación de que hay cosas que sirven para un fin, lo que lleva a la conclusión de que debe haber un ser con una inteligencia propia no adquirida para crearlos. El punto de partida de este argumento para comprobar la existencia de Dios es que en el mundo que nos rodea hay cosas que tienen un designio, o sea, que sirven a un propósito.

1. Las aves tienen alas para volar; los peces, agallas para respirar; las plantas, raíces para absorber los jugos nutritivos del suelo; el hombre, ojos para ver.

2. Aquel que diseña o concibe algo debe primero pensar en la finalidad de ello y luego poner sus partes de tal modo que puedan cumplir con el designio para el cual fue concebido.

3. Las cosas materiales no se pueden diseñar a sí mismas, pues tendrían que existir antes de poder funcionar. Además, solo un poder no material, capaz de pensar, puede concebir un designio o propósito tal.

Un objeto material que muestre tener un propósito, evidentemente lo recibió de un poder ajeno que podía obrar inteligentemente. La inteligencia ajena que concibe o diseña un objeto con un propósito posee conocimiento adquirido o no adquirido; por tanto, tiene que haber un ser que es inteligencia no adquirida y al cual llamamos Dios, ello prueba que Dios existe.

¿Tiene Dios esencia y existencia?

La existencia y la esencia de Dios son idénticamente lo mismo. Se entiende por esencia lo que hace a una cosa ser lo que es (es lo que le da a un objeto su esencial naturaleza, sus peculiaridades propias y la distinción que lo separa de otras clases de objetos). Por ejemplo, un árbol es diferente de un animal porque su esencia es diferente, no por su forma y tamaño.

1. Una esencia se alza del reino de la posibilidad hacia el de la realidad cuando se la combina con la perfección que se conoce como existente.
2. Cada cosa creada se compone de esencia y existencia, no importa su carácter material o no material; y cada compuesto de esencia y de existencia presupone la preexistencia de un agente que le agregó existencia a una esencia.
3. Esencia y existencia no se pueden combinar por sí mismas, pues esto implicaría acción, y una esencia tiene que tener existencia antes que poder de actuar.

Puesto que Dios tiene ciertamente esencia y existencia comprobamos que Él existe en el campo de la realidad.

Precisamente, eso es lo que vemos en la conclusión de cada uno de los cinco caminos de Santo Tomás, que ningún objeto o agente podría existir antes que Dios, porque Dios es necesariamente eterno. Por lo tanto, no hubo un agente preexistente que podría haber hecho la combinación de esencia y existencia en Dios. Estas dos cosas están en Él pero no combinadas. Las dos necesariamente tienen que ser una y la misma cosa. Una cosa creada es esencia con existencia. En Dios, sin embargo, esencia es existencia; está en su naturaleza existir.

¿Qué ganamos con este repaso de estos antiguos argumentos? Casi seguro que con ellos no podremos convencer totalmente a un ateo. Pero en cuanto a nosotros como creyentes, creo que son buenos y útiles. Quizás uno que otro se preste a cierta ambigüedad, pero al considerarlos con toda la evidencia a nuestro alcance, nos dan más razones para saber que estamos en lo cierto. No solo es el poderoso Creador de todo en el cielo y en la tierra, Él es mi Dios y mi Señor. Él me hizo como soy —a Su divina imagen. Esa imagen incluye la habilidad de pensar y razonar. Y con la mente que me dio, puedo razonar —razonamientos que me llevan a la segura conclusión de que Dios en verdad es. Es más que una invención de mi imaginación.

LA CIENCIA SIN FE

¿Qué es la ciencia sin fe? Corcel sin freno
A todo yugo ajeno,
Que al impulso del vértigo se entrega,
Y a través de intrincadas espesuras,
Desbocado y a oscuras
Avanza sin cesar y nunca llega.

¡Llegar! ¿Adónde?... El pensamiento humano
Su ley oculta y misteriosa infringe.
En la lumbre del sol sus alas quema,
Y no aclara el problema,
Ni penetra el enigma de la esfinge.

¡Sálvanos, Cristo, sálvanos, si es cierto,
Que tu poder no ha muerto!
Salva a esta sociedad desventurada,
Que bajo el peso de su orgullo mismo
Rueda al profundo abismo
Acaso más enferma que culpada.

La ciencia audaz, cuando de ti se aleja
En nuestras almas deja
El germen de recónditos dolores.
Como al tender el vuelo hacia la altura,
Deja su larva impura
El insecto en el cáliz de las flores.

Si en esta confusión honda y sombría
Es, Señor, todavía
Raudal de vida tu palabra santa,
Di a nuestra desalentada y yerta:
—¡Anímate y despierta!
Como dijiste a Lázaro: —¡Levanta!

—Gaspar Nuñez de Arce
(español, 1834-1903)

Más que maravilloso

BIBLIOGRAFÍA

Alexander, Anthony F., *College Dogmatic Theology*, Henry Regnery Company, Chicago, 1962.

Angeles, Peter A., *The Problem of God, A Short Introduction*, Prometheus Books, Buffalo, NY, 1980.

Atkinson, James, *Lutero y el nacimiento del protestantismo*, Alianza Editorial, Madrid, 1971.

Bavinck, Herman, *The Doctrine of God*, Banner of Truth, Edingburg, England, 1977.

Bernard, David K., *The Trinitarian Controversy in the Fourth Century*, Word Aflame Press, Hazelwood, MO, 1996.

Berkhof, Luis, *Teología Sistemática*, T.E.L.L., Grand Rapids, MI, 1981.

Berry, Stephen R., *Sons of God*, PCA Historical Center, St. Louis, MO, 1997.

Bickersteth, Edward H., *The Trinity*, Kregel Publications, Grand Rapids, MI, 1980.

Bloesch, Donald G., *Essentials of Evangelical Theology*, Vol. 1, God, Authority & Salvation, Harper and Row, New York, 1978.

Boettner, Loraine, *The Reformed Doctrine of Predestination*, The Presbyterian and Reformed Publishing Company, Philadelphia, PA, 1932.

Boice, James M., <u>Los fundamentos de la fe cristiana, una teología exhaustiva y comprensible</u>, LOGOI-UNILIT, Miami, FL, 1996.

Bray, Gerald, *The Doctrine of God*, InterVarsity Press, Downers Grove, IL, 1993.

Brown, Stephen, *If God Is In Charge*, Thomas Nelson Publishers, Nashville, TN, 1983.

Buswell, Oliver J., <u>Teología Sistemática</u>, LOGOI, Miami, FL, 1980.

Carnell, E.J., *The Case for Biblical Christianity*, Eerdmans, Grand Rapids, MI, 1969.

Coray, Henry W., *Against the World, The Odyssey of Athanasius*, Inheritance Publications, Neerlandia, Alberta, Canadá, 1992.

Clifford, Alejandro, *Joyas de la poesía cristiana española,* Logoi, Miami, FL, 1972.

Connelly, Douglas, Miracles, *What the Bible Says,* InterVarsity, Downers Grove, IL, 1997.

Confesión de fe de Westminster, edición conjunta, El Faro, México, Libros Desafío, Grand Rapids, MI, 5a edición, 1995.

Custance, Arthur C., *The Sovereignty of Grace,* Presbyterian and Reformed Publishing Company, Phillipsburg, NJ, 1979.

Donner, Theo G., *Una nueva forma de pensar,* Seminario Bíblico de Colombia, Medellín, Colombia, 1993.

Edwards, David L., *Glimpses of God,* Chalice Press, St. Luis, Missouri, 1995.

Erickson, Millard J., *Postmodernizing the Faith,* Baker Books, Grand Rapids, Michigan, 1998.

Erickson, Millard J., *Christian Theology,* segunda edición, Baker Books, Grand Rapids, MI, 1998.

Erickson, Millard J., *God the Father Almighty, a contemporary exploration of the Divine Attributes,* Baker Books, Grand Rapids, MI, 1998.

Frangipane, Francis, *Los campos de la lucha espiritual,* Editorial Carisma, Miami, FL, 1996.

Garrett, James Leo, *Teología Sistemática,* Casa Bautista de Publicaciones, El Paso, Texas, 1996.

Gray, James M., *Basic Christian Doctrine,* Moody, Chicago, IL, 1987.

Grenz, Stanley J., y Olson, Roger E., *Who Needs Theology, an Invitation to the Study of God,* InterVarsity, Downers Grove, IL, 1996.

Grenz, Stanley J., *A Primer on Postmodernism,* Eerdmans, Grand Rapids, Michigan, 1996.

Guinnes, O.S., *Dining with the Devil,* Baker Book House, Grand Rapids, Michigan, 1993.

Guinness O. S. y Seel, John, *No God but God, Breaking with the Idols of Our Age,* Moody, Chicago, IL, 1992.

Henry, Carl F.H., *God, Revelation and Authority,* Vol. III y VI, Word Books, Waco, TX, 1979.

Hodge, Charles, *Systematic Theology*, Vol I, Eerdmans, Grand Rapids, MI, 1979.

Horton, Michael, *In the Face of God*, Word Publishing, Dallas, Texas, 1996.

INDEF, *Poder y Misión*, Instituto Internacional de Evangelismo a Fondo, San José, Costa Rica, 1997.

Loi, Isidoro, *Que Dios se lo pague*, A&P Editores, Santiago, Chile, 1998.

Koster, John P., *The Atheist Syndrome*, Wolgemuth & Hyatt, Brentwood, Tennessee, 1989.

Lacueva, Francisco, *Curso práctico de Teología Bíblica*, CLIE, Barcelona, España, 1998.

Lewis, C.S., *God in the Dock, Essays on Theology and Ethics*, Eerdmans, Grand Rapids, MI, 1970.

Lewis, Donald y Alister, McGrath, eds., *Doing Theology for the People of God, studies in honor of J.I. Packer*, InterVarsity, Downers Grove, IL, 1996.

Lewis, Gordon R., y Demarest, Bruce A., *Integrative Theology*, Vol. 1, Knowing Ultimate Reality, The Living God, Zondervan, Grand Rapids, MI, 1987.

Luther, Martin, *The Bondage of the Will* (traducción al inglés por J.I. Packer y O.R. Johnson 1957), Fleming H. Revell, Grand Rapids, Michigan.

Macleod, Donald, *Behold Your God*, Christian Focus Publications, Fearn, Rossshire, Scotland, 1995.

Mead, Frank S., *The Encyclopedia of Religious Quotations*, Fleming H. Revell Company, New Jersey, 1965.

Monroy, Juan Antonio, *Dios en busca del hombre*, CLIE, Barcelona, España, 1999.

Noll, Stephen F., *Angels of Light, Powers of Darkness, Thinking Biblically about Angels, Satan & Principalities*, InterVarsity Press, Downers Grove, IL, 1998.

Nyenhuis, Gerald, *Comentario del Catecismo de Heidelberg*, edición conjunta de El Faro, México y Desafío, Grand Rapids, MI, 1990.

Nyenhuis, Gerald, *La Biblia, Dios, el hombre, Jesucristo y la salvación*, Publicaciones El Faro, México, D.F., 1997.

Piper, John, *The Pleasures of God, Meditations on God's Delight in Being God*, Multnomah Press, Portland, OR, 1991.

Platinga, Alvin C., *God, Freedom and Evil*, Eerdmans, Grand Rapids, MI, 1996.

Pinnock, Clark H., *Flame of Love*, InterVarsity Press, Downers Grove, IL, 1996.

Pinnock, Clark H., *Set Forth Your Case*, The Craig Press, Nutley, NJ, 1968.

Richardson, Stanton W., *Manual de Teología Bíblica*, CLIE, Barcelona, España, 1998.

Rusch, William G., *The Trinitarian Controversy*, Fortress Press, Philadelphia, 1980.

RYZY-RYSKI, Uladyslau, *Monumento doctrinal de la Reforma*, Publicaciones El Faro, México, D.F., 1970.

Scalise, Charles J., *From Scripture to Theology, a Canonical Journey into Hermeneutics*, InterVarsity, Downers Grove, IL, 1996.

Seel, John, *The Evangelical Forfeit*, Baker Book House, Grand Rapids, MI, 1993.

Shelley, Bruce L., *Theology for Ordinary People, what you should know to make sense out of life*, InterVarsity, Downers Grove, IL, 1993.

Sproul, R.C., *Chosen by God*, Tyndale Publishing House, Wheaton, IL, 1986.

Sproul, R.C., *Las grandes doctrinas de la Biblia*, LOGOI-UNILIT, Miami, FL, 1996.

Sproul, R.C., *The Character of God, Discovering the God Who Is*, Servant Publications, Ann Arbor, MI, 1989.

Sproul, R.C., *The Invisible Hand*, Word, Dallas, Texas, 1996.

Sproul, Gerstner y Lindsley, *Classical Apologetics*, Academica Books, Zondervan, Grand Rapids, MI, 1984.

Warfield, B.B., *Counterfeit Miracles*, Banner of Truth, Edinburgh, England, 1976.

Wells, David F., *No Place for Truth, Or Whatever Happened to Evangelical Theology*, Eerdmans, Grand Rapids, MI, 1993.

Whitney, Oates J., ed., *Basic Writing of Saint Augustine*, Vol. II, Baker Book House, Grand Rapids, MI, 1948, reimpreso en 1992.

Zacharias, Ravi, *Puede el hombre vivir sin Dios*, Caribe, Miami, Florida.

Más que maravilloso

NOTAS

[1] Miguel de Cervantes, *Don Quijote de la Mancha*, J. Pérez del Hoyo, Ed. Alberto Aguilera, Madrid, 1970, II:15.

[2] En la Biblia hay varios relatos de visiones divinas que tuvieron personajes importantes (Moisés, en Éxodo 33 y 34; Isaías, en el capítulo 6; Daniel, en el capítulo 10; y Pablo, en 2 Corintios 12). Podríamos decir que cada una de esas visiones nos deja boquiabiertos, con escasa capacidad para entender la gloria de lo descrito.

[3] La palabra «bendito», en esta frase, es la misma que se usa en el sermón del monte, «bienaventurado», que en versiones más modernas correctamente se traduce «feliz». La frase, entonces, debería ser «el evangelio del Dios feliz».

[4] Una *teofanía* o *angelfanía* es la palabra teológica para describir una aparición de Dios o de un ángel respectivamente: *teo* quiere decir Dios; *fanía*, aparición.

[5] Peter Brown, *Agustín de Hipona, una biografía*, University of California Press, CA, 1967. Véanse pp. 414-418, y la forma en que juzgaba lo milagroso.

[6] El «Ángel de Jehová» está en mayúscula, indicando que el mensajero (ese es el significado de ángel) es nada menos que la Segunda Persona de la Trinidad.

[7] Brown, op. cit., p. 246.

[8] Ibid., p. 318.

[9] La Biblia nos enseña que a Dios lo conocemos por la revelación que nos da a través de la naturaleza (Ro 1.19-21), de su persona en las propias Escrituras (Jn 5.39; Lc 24.27), y de Jesucristo, Dios encarnado (Jn 14.9-11; Heb 1.1-2). Decimos que solo se conoce a Dios en la Biblia porque únicamente en ella se aclara lo que se sabe de Él en la naturaleza y por medio de Jesucristo. Sin la Escritura carecemos de una definición clara de Dios.

[10] Autores varios, *Stories of the Heart*, Multnomah Press, Portland, Oregon, selección de Max Lucado, pp. 145-147. Me tomé la libertad de condensar y poner el relato en mis propias palabras.

[11] En el capítulo 10 damos un ejemplo de cómo tratar la existencia de Dios en términos filosóficos.

[12] Dr. Gerald Nyenhuis, *El Dios que adoramos*, Logoi, Miami, FL, p. 34.

[13] Recomiendo dos de sus publicaciones, las cuales son muy útiles para el estudiante: *Fundamentos de la fe cristiana*, de James Montgomery Boice, y *Hacia el conocimiento de Dios*, de J.I. Packer; dos obras de profundo contenido teológico.

[14] Gerald Bray, *The Doctrine of God*, InterVarsity, Downers Grove, Illinois, 1993, pp. 82-85. Teólogo inglés.

[15] Francisco Lacueva, *Curso Práctico de Teología Bíblica*, CLIE, Barcelona, 1998, pp. 75-79.

[16] Stanton W. Richardson, *Manual de Teología Bíblica*, CLIE, Barcelona 1998, p. 98. Teólogo de la Alianza Cristiana y Misionera.

[17] A.A. Hodge, *Systematic Theology*, Zondervan, Grand Rapids, Michigan, 1860, p. 140. Teólogo presbiteriano (no tan contemporáneo, aunque excelente).

[18] Gerald Bray, *The doctrine of God*, InterVarsity, Downer's Grove, Illinois, 1993, p. 96.

[19] Millard J. Erickson, *God the Father Almighty*, Baker, Grand Rapids, Michigan, 1998, p. 97. (Estos argumentos siguen los pasos filosóficos argumentados por Platón, en La República 2.381.) Erickson es un teólogo bautista.

[20] Clark Pinnock, et all, *The Openness of God: A Biblical Challenge to the Traditional Understanding of God*, InterVarsity, Chicago.

[21] Erickson, *God the Father Almighty*, p. 108.

[22] Ibid., p. 112.

[23] La Biblia nos enseña que a Dios lo conocemos por la revelación que nos da a través de la naturaleza (Ro 1.19-21), de su persona en las propias Escrituras (Jn 5.39; Lc 24.27), y de Jesucristo, Dios encarnado (Jn 14.9-11; Heb 1.1,2). Decimos que solo se conoce a Dios en la Biblia porque únicamente en ella se aclara lo que se sabe de Él en la naturaleza y por medio de Jesucristo. Sin la Escritura carecemos de una definición clara de Dios.

[24] La Biblia nos enseña que a Dios lo conocemos por la revelación que nos da a través de la naturaleza (Ro 1.19-21), de su persona en las propias Escrituras (Jn 5.39; Lc 24.27), y de Jesucristo, Dios encarnado (Jn 14.9-11; Heb 1.1,2). Decimos que solo se conoce a Dios en la Biblia porque únicamente en ella se aclara lo que se sabe de Él en la naturaleza y por medio de Jesucristo. Sin la Escritura carecemos de una definición clara de Dios.

[25] Herman Bavinck, *La doctrina de Dios*, The Banner of Truth Trust, Edinburg, Inglaterra, 1951, p. 56.

[26] Faustino Martínez, *A Dios*, primera y última estrofas (español, siglo XIX).

[27] Se puede decir que Dios es el Padre de todos, ya que todo ha sido creado por Él. A su vez, hay tal relación de intimidad con Él que solo se conoce cuando llegamos, por la gracia de Jesucristo, a formar parte de su familia.

[28] Para una discusión más amplia de estos conceptos, véase *Los fundamentos de la fe cristiana* por James Montgomery Boice, LOGOI/Unilit, Miami, Florida, pp. 118-124.

[29] L. Berkhof, *Teología Sistemática*, La Antorcha de México, 1981, p. 207

[30] Fue escrito en 1563 por dos holandeses, Zacarías Ursino — discípulo de Juan Calvino — y Gaspar Oleviano — discípulo de Melanchton y Lutero.

[31] Esta confesión fue escrita por órdenes de Carlos I, rey de Inglaterra, durante un período de cinco años —1643 a 1648—, para lo que se convocó a 121 teólogos y 30 laicos a fin de deliberar acerca del verdadero contenido de la fe cristiana. Este documento es reconocido como uno de los mejores sumarios escritos sobre lo que creemos como evangélicos. Copias de *La Confesión de Fe de Westminster* se pueden conseguir a través de Libros Desafío, 2850 Kalamazoo Ave. SE, Grand Rapids, Michigan 49560. Tanto el *Catecismo de Heidelberg* como *La Confesión de Fe* también se pueden conseguir en Publicaciones El Faro, Aptdo. Postal 21-965, 04000 D.F., México.

[32] Stephen Brown, *If God is in Charge* [Si Dios es el que controla], Nelson, Nashville, TN., p. 15.

[33] Hellen Holtzen, *Home is a Bubble*, Ranger Rick, Enero 1987, p. 14-15, citado por John Piper en *The Pleasures of God*, Multnomah, Portland, Oregon, p. 90.

[34] Douglas H. Chadwick, "Listening to Humbacks" [Escuchando a las ballenas jorobadas], revista National Geographics, julio de 1999, p. 111.

[35] John Piper es uno de los más reconocidos teólogos de hoy en día, es pastor bautista en Minneapolis, Minnesota.

[36] Relatos y datos contados por John Kostner en *The Atheist Syndrome* [El síndrome ateo], Wolgemuth & Hyatt, Brentwood, Tennesee.

[37] Amado Nervo (mexicano, 1870-1919), *Tú*.

[38] R.C. Sproul, *The Character of God*, Servant Publications, Michigan, p. 125.

[39] Gerald Nyenhuis, *El Dios que Adoramos*, Logoi-Unilit, Miami, pp. 26-27.

[40] La Asamblea General de la Iglesia Presbiteriana en América, reunida en Greenville, South Carolina, junio 15 al 18, 1999.

[41] Norman Geisler *Apologética*, LOGOI-Unilit, Miami, Florida, p. 182. Recomendamos esta magnífica obra para un estudio profundo de la veracidad e inerrancia de la Biblia.

[42] Tomado del Miami Herald, agosto 26 de 1999, p. 17A.

[43] C.S. Lewis, *God in the Dock*, Eerdmans, Grand Rapid, Michigan, 1970, pp. 77-79.

[44] Predicador y teólogo español que colabora periódicamente en retiros y congresos auspiciados por FLET.

[45] Terry Law en su libro, *La verdad sobre los ángeles* (Editorial Carisma, Miami, 1996, pp. 94, 98), clasifica a los ángeles que protegen a las personas como «ángeles que administran a la gente». Estas clasificaciones que Law da a los ángeles son arbitrarias; los ángeles como mensajeros de Dios hacen lo que Él les ordena.

[46] A.A. Hodge, *Outlines of Theology*, Zondervan, p. 250.

[47] Los términos usados para esta relación son «íncubo» y «súcubo». Según la opinión popular, el diablo o un demonio con apariencia de varón o mujer, respectivamente, tiene comercio carnal con una mujer o con un hombre.

[48] Anthony F. Alexander, *College Dogmatic Theology*, Henry Regnery Company, Chicago, 1962, p. 59.

[49] Véanse también Mateo 22.29-30, Marcos 12.24-25, donde se indica igualmente que los ángeles no tienen sexo.

[50] Para profundizar en el tema, léanse los comentarios de Terry Law, que asume que sí pueden tener relaciones sexuales, sin ofrecer más base que unas «teorías» ofrecidas por otros. Véase *La verdad sobre los ángeles*, pp. 158 y 256-260.

[51] Filón, Josefo, Justino Mártir, Tertuliano, Cipriano, Ambrosio, entre otros, sostenían esta interpretación.

[52] Los que defienden la postura de que fueron hombres y no ángeles incluyen a Julio Africano, Juan Crisóstomo, Agustín de Hipona, Cirilo de Alejandría, Jerónimo, Martín Lutero, Felipe Melanchton, Juan Calvino, B. H. Carrol, C.I. Scofield, C. Leupold, etc.

[53] Anthony Alexander, *op. cit.*, p. 64 y 65, respectivamente.

[54] Esta antibíblica idea de ángeles sosteniendo relaciones sexuales con seres humanos, ahora se populariza con una novela publicada por Zondervan, titulada Nephilim — nefilim, palabra hebrea traducida «gigante »—, por Lynn A. Marzulli (un músico y compositor de California que supuestamente tiene mucho conocimiento acerca de OVNIS). En la trama de la novela, un periodista llamado Art Mackenzie, hace un viaje a Israel. Allí descubre no solo los restos de un nefilim, sino que estos nefilim (ángeles caídos) de nuevo están en la tierra y reproduciéndose, afectando todo el futuro de la raza humana. ¿Cómo podemos proteger al mundo de estos terribles demonios? Al considerar esta nueva novela, ¿pasará algo parecido a lo que ocurrió con la novela de Frank Peretti (*Esta patente oscuridad*) que fomentó la actual ola de guerra espiritual? ¿Será una nueva ola la que difunde por las iglesias esta fantasía de una lucha contra demonios teniendo relaciones sexuales
con seres humanos?

[55] *Ibid.*, p. 132.

⁵⁶ Oliver Buswell afirma: «Algunos argumentan que el hecho de que los ángeles caídos fueran "atados" y consignados al *tartaros* [*Porque si Dios no perdonó a los ángeles que pecaron, sino que arrojándolos al infierno* (griego: **tartaros**) *los entregó a prisiones de oscuridad, para ser reservados al juicio*] indica que no eran los mismos demonios de los que habla la Biblia, como los que están activos en el mundo. Este argumento no es concluyente. El Señor mismo dijo que Satanás había sido "atado" cuando Él, Cristo, echaba demonios (Mateo 12.29; Marcos 3.27). Satanás en aquel entonces no estaba atado en el sentido completo que lo encontramos en Apocalipsis 20.1-3, pero sí en cuanto a lo que explica Génesis 3.14-15. El final de Satanás y los ángeles caídos ha sido declarado, como se indica en Job 1 y 2, totalmente atados por la voluntad permisiva de Dios. Al decir esto no negamos su poder activo en el mundo dentro de las normas indicadas en las Escrituras en cuanto a sus actividades presentes».

⁵⁷ Hoy día las apariciones de ángeles a los evangélicos es tan común como las de la virgen a los católicos. Cuidémonos de exageraciones e interpretaciones de eventos — especialmente sueños y supuestas visiones— atribuyéndoles virtudes espirituales que en realidad no tienen. Creo que a veces son maneras de lucir más espirituales, como si estamos en mejor comunión con Dios que otros. Eso en cierta forma es orgullo espiritual.

⁵⁸ Para profundizar en el tema, véase *Manual de Teología*, por Stanton W. Richardson, teólogo de la Alianza Cristiana y Misionera, publicado por CLIE, pp. 135-152; también *Teología Sistemática*, por James Leo Garrett, pp. 376 - 390.

⁵⁹ Stanton Richardson, *op. cit.*, p. 138.

⁶⁰ Luis Berkhof, *Teología sistematica*, T.E.L.L, Grand Rapids, Michigan, p. 175.

⁶¹ A.A. Hodge, *Outlines of Theology*, 1860, Zondervan, Grand Rapids, MI,1979, p. 255.

⁶² *Ibid.*, p. 150.

⁶³ *Confesión de fe de Westminster*, Publicaciones El Faro, Aptdo. Postal 21965, México 04100, D.F., p. 27.

⁶⁴ Una de las características principales de la *Confesión de fe de Westminster* es que respalda cada declaración con las citas bíblicas correspondientes.

⁶⁵ Juan Calvino, *Concerning the Eternal Predestination of God*, 1552.

⁶⁶ Norman Geisler, *Tomás Aquino, una apreciación evangélica*, Baker Book House, Grand Rapids, MI., 1991, pp. 161-162.

⁶⁷ Es preferible hablar de «soberanía limitada», ya que como seres humanos todos tenemos limitaciones.

⁶⁸ Aseidad quiere decir autoexistente, o que existe por sí mismo.

⁶⁹ Edward Rommen, *et. al.*, *Poder y misión*, IINDEF, Costa Rica, 1997, p.22., citando a Charles Kraft.

⁷⁰ Peter Wagner,*Territorial Spirits*, Wrestling with dark angels: toward a deeper understanding of the supernatural forces in spiritual warfare, p. 77.

⁷¹ Charles Kraft, citado en *Poder y misión*, p. 49.

⁷² Kim Riddlebarger, *La religión de poder*, Moody Press, Chicago, 1992.

⁷³ Terry Law, *La verdad sobre los ángeles*, Carisma, Miami, FL, 1996, p. 263.

⁷⁴ Kenneth Hagin, padre, exponente reconocido de la posesión satánica de los creyentes.

⁷⁵ Francis Frangipane, *Los campos de la lucha espiritual*, Carisma, Miami, FL, 1996, primer capítulo, «El dominio de Satanás».

[76] «Teodicea» es un término que significa «justificación de Dios», frente a las objeciones que el incrédulo suscita contra Él a causa de las muchas clases de mal existentes en el mundo. El vocablo fue acuñado por Leibeniz en 1710. El Dr. R.C. Sproul, en su libro *The Invisible Hand* (Word Books), dedica un gran capítulo al tema, Providence and the Problem of Evil [La Providencia y el problema del mal], comenzando en la página 160.

[77] Énfasis nuestro.

[78] Aclaramos que Dios creó a Adán en perfección, «bueno en gran manera», es decir, sin pecado. Parte de esa perfección incluyó dotarlo de libre albedrío, haciéndolo un ser con poder de autodecisión. Adán, con su libre albedrío, y sin necesidad alguna, escogió desobedecer. Así que no fue Dios el que creó el mal, al contrario, lo originó el propio Adán. Acto similar al que protagonizó el ángel Lucifer cuando abusó del libre albedrío con que fue dotado. Puesto que le dio a Satanás libre albedrío, no podemos culpar a Dios por el mal que el diablo hizo. El mismo Lucifer, sin necesidad alguna, pretendió el trono de Dios por su propia voluntad. Es decir, debido a su pecado se convirtió en Satanás y fue echado del cielo. ¿Culparemos a Dios por darle libre albedrío?

[79] La «disciplina», en el sentido bíblico tiene que ver con «discipulado». Implica enseñanza, proceso de aprendizaje.

[80] James Atkinson, *Lutero y el nacimiento del protestantismo*, Alianza Editorial, Madrid, p. 232.

[81] Podemos comparar la actividad de Dios y Satanás en las siguientes parejas de textos: 1 Crónicas 21.1 y 2 Samuel 24.1; Lucas 22.31 y 22.32; y 2 Corintios 4.4 y Romanos 11.25. Satanás fue definitivamente vencido por la muerte y la resurrección de Jesucristo (véanse Mateo 8.29; 16.18; 25.41; Lucas 10.17-18; 11.21-22; Juan 17.15; 1 Juan 2.14; 3.8; 5.18; Romanos 8.37-39; 16.20; Hebreos 2.14-15; Colosenses 1.13; 2.15, Apocalipsis 20.10).

[82] Latín: *pro*, antes; *video*, ver; que literalmente significa «prever», o ver de antemano.

[83] Citado por Herman Bavinck en *The Doctrine of God* [La doctrina de Dios], The Banner of Truth Trust, Edinburg, England, 1951, p. 188.

[84] Usamos la frase «soberanía limitada» ya que libre albedrío da la idea de que uno puede hacer lo que quiera sin limitaciones. La realidad es que solo Dios tiene libre albedrío en ese sentido. Como humanos, todos tenemos limitaciones, sea por nuestra salud, nuestra edad, las leyes de la comunidad, las costumbres sociales, etc. A la vez, tenemos cierta soberanía limitada. Hay muchas cosas que podemos determinar y controlar dentro de algunos límites.

[85] R.C. Sproul, *Las grandes doctrinas de la Biblia*, LOGOI, Miami, FL, 1996, p. 68.

[86] Citado por James Leo Garrett, h., en *Teología Sistemática*, Casa Bautista de Publicaciones, El Paso, TX, 1996, I: 341.

[87] Dice John Piper en *The Pleasures of God* [Los placeres de Dios] (Multnomah, Portland, OR, p. 74): «Es verdad que Satanás tiene mucho poder en la tierra. Se le llama "el príncipe de este mundo" (Juan 12.31), "el dios de este mundo" (2 Corintios 4.3-4), "el príncipe de las potestades del aire" (Efesios 2.2). Hasta le ofreció a Jesús "todos los reinos de este mundo" si se postraba a adorarlo (Lucas 4.5-7). Sin embargo, en la Biblia se presenta a Dios claramente como el Señor de la tierra, a pesar de que muestra a Satanás como "el dios de este mundo". Por ejemplo, la autoridad que tienen los gobernantes de la tierra viene de Dios (Romanos 13.1), incluso el poder de Pilato para condenar a Jesús (Juan 19.10-11); es Dios el que "pone y quita a los reyes" (Daniel 2.20,21); *Él hace según su voluntad en el ejército del cielo, y en los habitantes de la tierra, y no hay quien detenga su mano, y le diga: ¿Qué haces?*»

[88] Hay varias maneras de interpretar el Apocalipsis de San Juan: a) **Futurista**: afirma que del capítulo cuatro en adelante todo se relaciona con los eventos inmediatos, tanto previos como posteriores, de la segunda venida de Jesucristo; b) **Histórica**: destaca que el libro enfoca la revelación en la historia, presente y pasada, mostrando el plan de Dios por las edades; c) **Pretérita**: alega que lo que contiene el libro ha pasado, ya sucedió; es decir que Juan preparaba a los creyentes para los eventos que sucederían en la caída de Jerusalén en el año setenta, con la invasión de Tito; d) **Idealista**: los que así interpretan el libro ven todo simbólico, poético, espiritual más que en forma literal.

[89] James Leo Garrett, *Teología Sistemática*, Casa Bautista de Publicaciones, El Paso, TX, 1996, I:357.

[90] *Ibid.*, p. 339.

[91] *Catecismo Mayor*, pregunta 18, Publicaciones El Faro, México

[92] Stanton Richardson, en su *Manual de Teología* nos da este bosquejo fácil de seguir.

[93] Millard J. Erickson, *God the Father Almighty*, Baker Books, Grand Rapids, MI, prefacio, p. 9.

[94] *Ibid.*, pp. 25-28

[95] *Ibid.*, p. 31.

[96] *Ibid.*, p. 71.

[97] El Catecismo de Heidelberg lo escribieron en 1563 d.C. dos holandeses, Zacarías Ursino —seguidor de Juan Calvino— y Gaspar Oleviano —discípulo de Melanchton y Lutero. Aquí se cita la respuesta a la pregunta 27.

[98] *La Confesión de Fe de Westminster* fue escrita durante un período de cinco años —1643 a 1648—, por órdenes de Carlos I, Rey de Inglaterra. Este rey cristiano convocó a 121 teólogos y 30 laicos, para deliberar sobre el verdadero contenido de la fe cristiana, con el fin de elaborar una confesión común y útil para la iglesia. Hasta el día de hoy, este documento es reconocido como uno de los sumarios más importantes para los evangélicos. Copias de la Confesión de Fe de Westminster se pueden conseguir a través de Libros Desafío, 2850 Kalamazoo Ave. SE, Grand Rapids, Michigan 49560. Tanto el Catecismo de Heidelberg como la Confesión de Fe también se pueden solicitar de Publicaciones El Faro, Apdo. Postal 21-965, 04000 D.F., México.

[99] El *Catecismo Mayor*, pregunta 12 (se pueden conseguir copias de este antiguo documento escribiendo a Publicaciones El Faro, Apdo. Postal 21-965, México 21, D.F.).

[100] *Ibid.*, p. 56.

[101] Millard J. Erickson,*Christian Theology*, Baker Books, Grand Rapids, MI, 1998, pp. 306-307.

[102] La creencia se llama «Free Will Theism» (teísmo del libre albedrío). Millard Erickson, en *God the Father Almighty* (Baker, Grand Rapids, Michigan), dedica un capítulo excelente al tema (pp. 67-92). También véanse los autores, Clark Pinnock, Richard Rice, John Sanders, William Hasker y David Basinger en *The openness of God: a Biblical Challenge to the Traditional Understanding of God* [La franqueza de Dios: un reto bíblico al entendimiento tradicional de Dios], InterVarsity Press, Downers Gove, IL, pp. 11-15.

[103] Este es uno de los siete argumentos que presenta Sylvester Paul Schilling y que usan los ateos modernos para rechazar el concepto de Dios, citado por James Leo Garrett, h., en *Teología sistemática*, Casa Bautista de Publicaciones, El Paso, Texas, 1996, p. 201.

[104] A.A. Hodge, *Outlines of theology*, Zondervan, Grand Rapids, Michigan, 1979, p. 289.

[105] *Ibid.*, p. 281.

[106] *Ibid.*, p. 282.

[107] J. Oliver Buswell, Jr., *El hombre y su vida de pecador*, LOGOI, Miami, Florida, pp. 48-49.

[108] Oliver Buswell Jr.,*Teología Sistemática*, LOGOI, Miami, pp. 143-144.

[109] Véase Deuteronomio 28, donde se dan las bendiciones de la obediencia y las consecuencias de la desobediencia.

[110] The openness of God: a Biblical Challenge to the Traditional Understanding of God, p. 92.

[111] Los capítulos del libro los titula: El placer de Dios en su Hijo; El placer de Dios en todo lo que hace; El placer de Dios en su creación; El placer de Dios en su renombre; El placer de Dios en la elección; El placer de Dios en la herida de su Hijo; El placer de Dios al bendecir a los que esperan en Él; El placer de Dios en las oraciones de los justos; El placer de Dios en la obediencia personal y en la justicia pública. Hermoso libros, que dan un vistazo muy original de la persona de Dios.

[112] Carlos Spurgeon (1834-1892) sirvió como pastor del famoso Tabernáculo Metropolitano, en Londres, por unos 30 años. Sus sermones eran tan poderosos que la gente se convertía en su iglesia todos los domingos. Aun hoy son muy conocidos sus sermones.

[113] Charles H. Spurgeon, Autobiography [Autobiografía], 1(Edinburgh: Banner of Truth Trust, 1962, orig. en 4vols. 1897-1990), pp. 164-165.

[114] John Piper, op. cit., p. 134.

[115] A.A. Hodge, *Outlines of Theology*, Zondervan, Grand Rapids, Michigan, 1979, p. 289.

[116] Stanton Richardson, *Manual de Teología bíblica*, Editorial CLIE, Barcelona, 1998, p. 255.

[117] Esta cita es parte de la respuesta de Martín Lutero en su libro *The Bondage of the Will* [La esclavitud de la voluntad], escrito contra el argumento expuesto por Desiderius Erasmus Roterodamus el famoso humanista y teólogo católico, en su Diatribe on Free Will [Discusiones sobre el libre albedrío], obra esta que procuraba destruir la doctrina de la justificación por la fe defendida por el monje agustino.

[118] Luis Berkoff, *Teología Sistemática*, pp. 120-121.

[119] Charles Caldwell Ryrie, *Teología Básica*, Editorial Unilit, Miami, pp. 311-312.

[120] Arthur W. Pink, *The Sovereignty of God* [La soberanía de Dios], pp. 42-43.

[121] A.A. Hodge, *Outlines of Theology* [Bosquejos de Teología], Zondervan, Grand Rapids, Michigan, 1860, p. 200.

[122] Gerald Bray, *The Doctrine of God*, InterVarsity, Downer's Grove, Illinois, pp. 208-209.

[123] Ideas tomadas de Herman Bavink, *La doctrina de Dios*, p. 402.

[124] *Ibid.*, p. 402.

[125] Es un error pensar que los grandes cristianos del pasado fueran «católicos, apostólicos y romanos» (como alega el concepto moderno), y que por lo tanto no deben ser ni leídos ni creídos. Antes del Concilio de Trento (1545-1563) había una sola iglesia cristiana, que evolucionó de la iglesia primitiva. Luego de este concilio la iglesia occidental se dividió en dos ramas: la Protestante y la Católica Romana, ambas del mismo tronco.

[126] Escojo entre muchas ilustraciones antiguas mencionadas por Herman Bavinck, La doctrina de Dios, The Banner of Truth Trust, Edinburgh, Inglaterra, p. 322.

[127] *Ibid.*, p. 323.

[128] San Agustín, en su libro La Trinidad, rechaza este tipo de conclusión —que el Padre nunca se ha revelado—, arguyendo que por ser indivisible, el Padre (junto con el Hijo y el Espíritu Santo) necesariamente estaba presente en las teofanías (las representaciones de Dios) del Antiguo Testamento.

[129] Bavinck, op. cit., p. 298.

[130] Melo, Jorge Orlando (1998)Historia de Colombia, la dominación española, Santa Fe de Bogotá: Imprenta Nacional de Colombia, pp. 87-88.

[131] Herman Bavinck, The Doctrine of God, The Banner of Trust, Edinburg, Inglaterra, 1977, p. 268.

[132] Arrio era un sacerdote que servía a una iglesia en Alejandría, África del norte, discípulo de Paulus y Luciano, ambos expulsados de la congregación por enseñar ideas platónicas mezcladas con legalismo judío. Arrio, siguiendo los conceptos de Luciano, enseñaba que Jesús no era eterno, pues el padre debe existir antes que el hijo. Cristo, al ser Hijo de Dios, tiene que haber sido creado; por lo tanto, no es ni eterno ni uno con el Padre. (Véase Henry W. Corey, Against the World, the odyssey of Athanasius, Inheritance Publications, Neerlandia, Alberta, Canadá, p. 14.

[133] Bavinck, op. cit., p. 270.

[134] Ibid., p. 282.

[135] Ibid., pp. 298, 301.

[136] San Agustín, ed. Whitney J. Oates, Basic Writings of Saint Augustine, Baker Book House, Grand Rapids, Michigan, p. 670.

[137] Ibid., p. 672.

[138] Acerca de estas herejías, véanse los sumarios dados en The New International Dictionary of the Christian Church, edición revisada de 1878, Zondervan, Grand Rapids, Michigan, J.D Douglas, editor.

[139] Bavinck, op. cit., p. 292.

[140] Para un análisis más profundo de estas pruebas recomiendo a Oliver Buswell, *Teología Sistemática*, LOGOI, pp. 57-64.

www.ingramcontent.com/pod-product-compliance
Lightning Source LLC
Chambersburg PA
CBHW071657090426
42738CB00009B/1563